# 饭店开业筹备

**管理实务** ◀ ——如何开第一家饭店

Fandian Kaiye Choubei
Guanli Shiwu

➤ 盛 鹏 ◎ 编著

北京·旅游教育出版社

策　　划：景晓莉

责任编辑：景晓莉

**图书在版编目(CIP)数据**

饭店开业筹备管理实务：如何开第一家饭店／盛鹏编著. --北京：旅游教育出版社，2017.8（2023.2重印）
　ISBN 978-7-5637-3607-2

Ⅰ. ①饭… Ⅱ. ①盛… Ⅲ. ①饭店—经营管理　Ⅳ. ①F719.2

中国版本图书馆 CIP 数据核字（2017）第 175010 号

## 饭店开业筹备管理实务
### ——如何开第一家饭店

盛鹏　编著

| | |
|---|---|
| 出版单位 | 旅游教育出版社 |
| 地　　址 | 北京市朝阳区定福庄南里 1 号 |
| 邮　　编 | 100024 |
| 发行电话 | (010)65778403　65728372　65767462（传真） |
| 本社网址 | www.tepcb.com |
| E-mail | tepfx@163.com |
| 排版单位 | 北京旅教文化传播有限公司 |
| 印刷单位 | 唐山玺诚印务有限公司 |
| 经销单位 | 新华书店 |
| 开　　本 | 787 毫米×1092 毫米　1/16 |
| 印　　张 | 19.25 |
| 字　　数 | 333 千字 |
| 版　　次 | 2017 年 8 月第 1 版 |
| 印　　次 | 2023 年 2 月第 2 次印刷 |
| 定　　价 | 42.00 元 |

（图书如有装订差错请与发行部联系）

# 前 言

前日,接到旅游教育出版社来电,告诉我这本书准备再版,并询问我是否要做一些内容的更新。放下电话,细细想来,距离第一版已经过去8年多了,不禁感叹时间过得真快。

由于工作原因,我一年中大部分时间,白天都会奔波在各地的酒店建设工地上,晚上则在各式各样高端的酒店里栖身。与酒店的总经理或经理们聊天,大家都说2014年是中国酒店业的"寒冬",酒店一方面要承担着人力成本和能源成本不断上涨的压力,还要支撑着客源减少、利润下滑的经营局面,如何度过酒店业的"寒冬",是那一年酒店人的共同心声。但是,在那一年也能看到,各式各样的主题酒店、精品酒店和民宿客栈开始发展起来。

在2015年下半年,在这样的聊天中,我听到的已不再是抱怨,而是大家都在分享着已出现回暖的经营指标。从他们的目光中,我看到的有暂时的悲观,更有一种笃定的希望。

回想这8年中,中国旅游饭店业发生了很多故事。譬如随着物业租金和人力成本的不断上涨,经济型酒店投资热潮已是"无可奈何花落去";"国8条"的实施更是对以政务接待为主的高端酒店产生了巨大影响,甚至出现了五星级酒店门可罗雀、部分餐饮设施大面积关停的现象。2015年下半年,业内发生了"锦江投资铂涛""首旅并购如家""华住收购中州"的大事件,结合国际上"万豪收购喜达屋"这样的超级并购,2016年成为酒店业"超级并购"的一年,业界大品牌融合以超乎寻常的速度加快进行。

有同仁问我中国酒店业什么时候可以全面复苏?我只能说,十三五初期将仍是缓慢回升期,也许还有波折。面对这样的形势,我们首先要做好自己,毕竟复苏需要时间。但我始终坚信,"不经一番寒彻骨,哪得梅花扑鼻香。"中国酒店业还会迎来她的春天。

近年来,由于工作原因我参与主持了多家中高档酒店的开业策划和经营管理工作,有很多教训,同时也积累了一些经验。本着总结经验以期与业内同仁共享的初衷,希望借此书的出版能得到业内专家和读者的指正,从而使自己获益。

《饭店开业筹备管理实务》一书全面总结了饭店开业筹备的各项活动及实施方案，从饭店开业前的项目筹划到开业典礼的筹备、开荒计划的制订，从饭店项目工程建设中的焦点问题到如何采购饭店经营用品，从如何合理定价、如何进行营销规划到如何定岗定编……为投资者和经营管理者投资和管理饭店提供了行之有效的解决方案。为加强本书的实用性，书中还设计了内容和形式广泛的各种管理表格，并附有各种已成功实施的开业筹备案例。

　　此版是在第1版基础上进行的全新改版，为第2版。

　　全书共分为十章，第一章，"认识饭店"；第二章，"饭店业在新形势下的痛点与热点"；第三章，"饭店项目先期筹划"；第四章，"饭店项目工程建设中的焦点问题"；第五章，"饭店开业筹备计划管理"；第六章，"饭店开业组织管理"；第七章，"饭店开业价格管理与营销管理"；第八章，"饭店开业前经营用品采购计划"；第九章，"饭店开业VI设计"；第十章，"饭店开业经营预算管理"。

　　新版变动情况摘要如下：

　　1. 新增第2版前言。

　　2. 更新替换了第二章第一节的所有内容。

　　3. 更新替换了第三章第三节的所有内容。

　　4. 第四章第一节新增"三、饭店建筑面积与功能设计指标参考"，第二节新增"二、饭店灯光设计原理""九、饭店设计新思路"等三处内容。

　　5. 新增第六章第三节的所有内容。

　　6. 更新替换了第七章第三节的所有内容。

　　7. 更新替换了第十章第三节的所有内容。

　　在这里还要感谢本书的编辑校对老师，感谢她们对我的鼓励和帮助，以及辛勤的劳动，才能让此书有一点价值和生命力！

作者于北京

# 目 录
## CONTENTS

**第一章　认识饭店** ········································································· 1
　　第一节　饭店是做什么的 ····························································· 1
　　第二节　业界如何对饭店进行分类和定级 ········································ 6
　　第三节　饭店业是什么性质的行业 ················································ 10

**第二章　饭店业在新形势下的痛点与热点** ············································· 17
　　第一节　中国旅游饭店业发展现状 ················································ 17
　　第二节　国际饭店业的发展现状及趋势 ·········································· 19
　　第三节　中国饭店业面临的挑战 ··················································· 21
　　第四节　中国饭店业发展趋势 ······················································ 25
　　第五节　饭店经营管理的运营模式及特点 ······································· 28

**第三章　饭店项目先期筹划** ······························································ 31
　　第一节　饭店项目先期筹划需要考虑的问题 ···································· 31
　　第二节　如何进行饭店项目的先期筹划 ·········································· 34
　　第三节　H温泉度假酒店产品定位、市场研究及经济评价报告 ············· 44

**第四章　饭店项目工程建设中的焦点问题** ············································· 94
　　第一节　项目建设流程及规划误区 ················································ 94
　　第二节　如何规划设计饭店项目 ··················································· 100

**第五章　饭店开业筹备计划管理** ························································ 124
　　第一节　如何制订饭店开业筹备工作计划 ······································· 124
　　第二节　如何制订饭店开荒计划及筹备开业典礼 ······························ 134

## 第六章　饭店开业组织管理 … 144
- 第一节　几点必须了解的知识 … 144
- 第二节　设计组织管理的内容 … 146
- 第三节　饭店绩效管理文件 … 157

## 第七章　饭店开业价格管理与营销管理 … 173
- 第一节　如何制定饭店产品价格体系 … 173
- 第二节　如何规划饭店营销管理系统 … 179
- 第三节　饭店经营方案案例分析 … 188

## 第八章　饭店开业前经营用品采购计划 … 209
- 第一节　几点必须了解的知识 … 209
- 第二节　饭店经营用品采购计划案例分析 … 210

## 第九章　饭店开业 VI 设计 … 266
- 第一节　几点必须了解的知识 … 266
- 第二节　饭店各种指示性标牌设计 … 269

## 第十章　饭店开业经营预算管理 … 277
- 第一节　几点必须了解的知识 … 277
- 第二节　如何编制经营预算 … 280
- 第三节　经营预算编制案例分析 … 286

# 认识饭店

对于大部分饭店的投资者和所有者来说,他们未必需要十分了解诸如饭店的起源、发展阶段、产业特征等专业性很强的信息。如何能使饭店作为一个产业投资项目、使其符合资本运作的规律和获得最好的投资回报,才是他们需要考虑的首要问题。

但是,作为饭店的前期经营筹备者和开业后的经营者就不同了。他们只有全面掌握饭店业的相关知识,熟悉饭店从开业筹备到后期市场化经营的运作特点,才能更好地经营管理饭店企业,完成既定的经济任务,使之在市场上立于不败之地。

## 第一节 饭店是做什么的

### 一、饭店名称的来历

饭店业的发展与旅游业的发展是息息相关的,当交通运输业的发展促进了旅游业兴旺的时候,旅游业也带动了饭店业的发展。饭店业虽然从属于旅游服务业,但是,它的发展势头在旅游业中是最明显的,因而成为旅游业的支柱产业之一。

饭店,英语译做 Hotel。据查,其最早源于拉丁语的 Hospes,原意是招待客人的人,并据此派生出另一个相关的词——Hospice,意思是主人招待客人的地方。当拉丁语 Hospes 一词被引用到古法语中则成了 Hoste,到现代法语时又成了 Hote,引入到英语时被写做 Host,而拉丁语 Hospice 一词则演变成了英语的 Hotel 或 Hostel。

在现代饭店还未普及之前,Hotel 这个词在法国主要是指当时的王公贵族和社会名流们所拥有的豪华府邸和别墅城堡。18 世纪后期出现的 Hotel Garni 一词就是特指一所很大的房子,里面的房间可以按天、周或月对客出租。英语中 Hotel 一词最初的意思也只是指特别大的客店,以区别规模相对较小的客栈。

## 二、什么是饭店

在中文里，和饭店同义的词有很多，诸如旅店、旅馆、旅舍、旅社、宾馆、宾舍、客店、客栈、招待所以及酒店、公寓和度假村等。虽然名称和叫法不同，但其词义都像饭店一样，无一例外地表示出了具有住宿接待设施功能的基本含义。

国内外的一些权威辞典对饭店一词做过如下定义：

"在商业性的基础上向公众提供住宿，也往往提供膳食的建筑物。"（《大不列颠百科全书》）

"为公众提供住宿、膳食和服务的建筑与机构。"（《科利尔百科全书》）

"装备好的公共住宿设施，一般都提供膳食、酒类与饮料以及其他人的服务。"（《美利坚百科全书》）

"既向公众提供膳食又提供住宿的设施。"（《新哥伦比亚百科全书》）

"提供住宿，也经常提供膳食与某些其他服务的设施，以接待外出旅游者和半永久性居住的人。"（韦伯斯特《美国英语词典》）

通过诸多权威工具书对饭店一词的解释可以看出，所谓饭店，首先，它应是一座或多座具有接待功能的建筑设施；其次，它必须提供住宿设施和其他如饮食、娱乐等配套服务；第三，它的接待对象是社会公众，主要是旅游者和半永久性居住的人；最后，它是商业性的，以营利为目的。

简言之，饭店就是能为社会公众提供住宿、饮食和其他服务，并具有相匹配的接待功能的商业性建筑设施。

## 三、现代饭店业是如何发展起来的

现代饭店业首先是在西方发展起来的，其发展历程可以分为五个阶段：客栈时期、大饭店时期、商业饭店时期、饭店联号时期和饭店集团化发展时期。

### （一）饭店的起源

公元前6世纪时期，人们出行、传递信息的主要交通工具是马和畜力车等，大量的军事消息和行政命令都需要骑马来进行异地传递，很多国家因为这种需要在各地修建了专供士兵、信使和马匹过夜休息的驿站。可以说，客栈的前身就是驿站。

随着社会的不断进步，人类贸易的对象逐步扩大到了国与国、洲与洲之间。在远东、中东和欧亚相连的大陆上，出现了许多以通商为目的的商队，相应的，出现了专门为这些马队、骆驼队等出行团体提供在途过夜休息的处所。这些处所基本上都是由沿途国家、地方部落等官办的，处所的间距大约是商队一天行走的路程，主要的处所逐渐形成规模，这就是客栈的雏形。在中国的盛唐时期，朝廷还建有专门接待外国使节或重要客商的场所——鸿胪寺和礼宾院，功能类似于今天的外交部和国宾馆。

### (二) 客栈时期

随着作为商业、文化和居住中心的城镇的快速发展，人们对住宿设施的需求日益增长，有钱人家和寺院庙宇等宗教机构对免费招待路人已经越来越难以应付，于是，一种带有商业性质的收费住宿设施——客栈就产生了。

早期的客栈基本上是独立家庭作坊式的，房间附属于家庭住宅，规模较小，设施简陋，基本上不提供吃、住以外的服务，以接待宗教人士或商旅路人为主。

随着社会的快速发展，人们对客栈的要求越来越高，人们希望客栈能提供更舒适的房间、更可口的美食、更安全的环境和更便利的交通，这促成了一个朝气蓬勃的产业——客栈业的繁荣。

18世纪，工业革命使客栈业进入了全面鼎盛时期，蒸汽机车和载客公共铁路的出现加快了客栈的规模化发展，新建的客栈大量出现在城镇、乡村和车站道路旁。这时的客栈不仅仅是路人过夜的住所了，它已经成为城镇中社会活动和商业活动的中心，这为客栈发展成为豪华大饭店埋下了种子。

### (三) 大饭店时期

大饭店时期的饭店和客栈有着本质上的区别：大饭店全都兴建在繁华的大城市，其规模庞大，建筑装饰极尽奢华，这是客栈所无法比拟的；大饭店的服务也以皇室宫廷礼仪为标准，旨在取悦上流社会；其接待对象不再是商旅路人和平民百姓，而是王公贵族、商贾名流；大饭店的收费也十分昂贵。

建于19世纪初德国温泉疗养胜地巴登巴登的"巴登—巴登饭店"（Der Badische Hof），也称作"巴典国别墅"，它是欧洲第一个真正称得上豪华饭店的住宿设施。这个饭店规模宏大，设施齐全，装饰富丽堂皇，有带廊柱的门厅、活动舞台的音乐厅、环境幽雅的餐厅、独立的图书阅览室、典雅的公共花园和通风良好的客房，饭店以接待各国王室显要为荣。

巴登—巴登饭店的出现在西方掀起了兴建豪华大饭店的热潮，同时期建造的比较知名的豪华饭店还有美国波士顿特里蒙特饭店（Tremont House）、美国纽约阿斯特饭店（Astor Hotel）、德国柏林恺撒大饭店（Kaizer Hof）、美国旧金山宫殿饭店（The Palace Hotel）、德国法兰克福的法兰克福大饭店（Frankfurt Hotel）、法国巴黎的巴黎大饭店（Grand Hotel）以及英国伦敦萨伏依饭店（Savoy Hotel）。

大饭店时期为饭店业的发展贡献了两个最宝贵的财富：一个是留下了诸多传世的建筑精品；另一个是大饭店的服务有了创新，瑞士人塞萨·里兹（Cesar Ritz）先生提出的"客人永远不会错"的理论作为饭店的经营格言流传至今，备受人们推崇，使得"里兹"这个词成了"奢华"的代名词（详细内容请见"延伸阅读"）。

### (四) 商业饭店时期

19世纪到20世纪初期，是西方资本主义社会发展最为迅猛的时期，越来越多的人

加入了外出商务旅行的行列。这类新型客人需要的是一种能提供更多服务且准入门槛低的新型住宿设施，显然，价格低廉、设备简陋的客栈和价格昂贵、设施豪华的大饭店都不能满足他们的需求。

1908年1月8日，美国的饭店业主斯塔特勒先生在布法罗城建造了一座以自己的名字命名的"斯塔特勒饭店"（Statler Hotel）。这个饭店在建造上采用了许多新设备，如：每个房间设一个独立的浴室，每个房间安装了一部电话，将豪华电梯应用于饭店建筑，电灯开关安装在房门旁，楼层设置安全防火门，门锁和把手配套安装在一起，楼层内的水、暖和电路管线集中设计在同一竖井内，房间内引进了冰水管，房间里增加了衣橱等。饭店经营开始重视广告宣传，饭店一度执行"一间客房1美元50美分"的价格政策。

在饭店服务上，斯塔特勒先生亲自编写了《斯塔特勒服务准则》（详细内容请见"延伸阅读"），提出了"饭店成功的三大要素一是地理位置，二是地理位置，三还是地理位置"和"客人永远是正确的"的至理名言。斯塔特勒先生被公认为是现代饭店的创始人。直到今天，在闻名遐迩的美国康奈尔大学饭店管理学院仍建有斯塔特勒楼，楼的墙上嵌有一块牌子，上面这样写道："生活即服务。谁给他人的服务多一点儿、好一点儿，谁就会走在前面。"这也是斯塔特勒先生提倡的饭店服务哲学。

商业饭店时期兴建了大量的商业性饭店，它们与大饭店时期的豪华饭店相比具有很多优势，如：设施不片面追求奢华，而是讲求方便实用；住宿环境更加安全清洁；服务项目多样舒适；饭店价格适中，物有所值；接待对象以商旅客人为主，等等。其中一个最重要的变化是，饭店的投资者和经营者逐渐分离，经营者更加关注市场需要、广告宣传和经营方法，服务水平也产生了质的飞跃。

商业饭店时期可以称得上是饭店发展史上最重要的一个阶段，这个时期的饭店业得到了突飞猛进的发展。欧美等各国政府都把饭店业作为一个产业来制定管理法规，各地都成立了专门负责对饭店建设筹集资金的金融机构，并出现了世界性的饭店业协会并制定了行业规范，各种专业的饭店管理学院也相继成立，饭店管理也正式成为管理学中一个重要的分支和独立的学科。

### （五）饭店联号时期

20世纪50年代，随着第二次世界大战的结束，和平之声唱响着社会的主旋律，私人汽车和高速公路、大型客机和民用航空业空前发展，这为饭店业的大发展带来了契机。

这个时期，西方一些比较大的饭店公司依靠其成功的经验和雄厚的资本开始在世界范围内扩张。他们通过兼并收购、出售特许经营权、签订代管合同等方法，在很短的时间里形成饭店联号，其下属的饭店不论是在建造标准、设施设备、服务水平上，还是在统一品牌、形象设计和经营管理上，都实行相同模式，从而在市场宣传、促销政策、客房预订、物料采购和人才培训等方面实现了资源共享，使各个饭店联号更容易控制市场资源，加快了自身发展。

与饭店业发展的前几个阶段相比，饭店联号时期各个饭店客源结构和接待的商旅客人中，因商而旅的客人比率越来越大，这部分客人对饭店提出了更高的要求，除了安全、卫生、舒适、方便外，还需要健身、娱乐、商务等新内容。各个饭店联号的市场类型也越发清晰，有不同需求的客人也会根据其具体需求来选择能满足不同需求的饭店。

饭店联号的经营者们以市场为依据，不断地完善饭店功能，改进服务，推陈出新。大的饭店联号通过扩张，形成了国际性的饭店联号集团，其中，耳熟能详的如万豪、假日、喜来登、希尔顿、雅高、凯悦、四季等。

### （六）饭店集团化发展时期

早期的国际饭店集团多是通过购买不动产方式达到扩张的目的的（如希尔顿集团、喜来登集团等）。

从20世纪50年代起，一部分饭店集团加快了区域性扩张，其发展模式更多采用了通过投资饭店、购买不动产来进行品牌培育。

20世纪70年代前后，越来越多的饭店集团实行的是洲际性扩张，通过特许经营和委托管理模式不断发展壮大。

从20世纪80年代中后期开始，几乎所有的饭店集团把发展方向锁定在全球，通过交错运用委托管理、特许经营、带资管理、联销经营等手段，实现了集团大型化。集团与集团之间的强强联合、资产重组等行为屡见不鲜，以致出现了像洲际集团这样的饭店业超级航母。近年来，一些新兴的、以强有力的技术资源作为支撑的饭店联盟也以其独特的联销经营方式而迅速崛起。

## 四、中国饭店业是如何发展起来的

### （一）古代客栈

古代客栈在中国的饭店发展史上占有重要地位，从其所有权看，可分为官办和民办两类。

早在商周时期，中国就出现了供路人休息食宿的民办住宿场所，时称"逆旅"，它可以被看做是驿站的前身。在宋代张择端所画的《清明上河图》中，对民间的住宿设施也有描绘。随着科举制度的发展，明清时期，各地还出现了专门接待赴试赶考学子的会馆，可看作是民间的住宿设施。

官办的住宿设施分为驿站和迎宾馆两种。驿站作为历史上最古老的官办住宿设施，始于商代中期，止于清代光绪年间"大清邮政"的兴办，历时三千余年，以接待往来的信使和公务人员为主。那时只要是交通要塞和重镇，一般都设有驿站，如宋太祖兵变起家的陈桥就被称为"陈桥驿"。直到今天，有些地名依然保持着这种称呼，如靠近河北张家口的一个地方就叫"鸡鸣驿"。驿站的管理者被称为"驿丞"，负责管理驿站的一切

工作。迎宾馆是政府设立的一种专门接待外国使节和客商的住宿设施,设施较为齐备,其规模和受重视程度均大于普通的驿站。

### (二) 近代饭店

20世纪初期,由于受西方文化和生活习惯的影响,中国各地纷纷出现了由传教士、外国商人在租界兴建的西式和半西式饭店,比较著名的有北京的六国饭店、上海的和平饭店等。

### (三) 建国初期的饭店

新中国成立后,我国兴建了一批用于接待国内客人的政府招待所。同时也兴建、改建了一批高档饭店,用于接待外宾和涉外旅游者,比较著名的有北京饭店、友谊宾馆、民族饭店、华侨大厦等。

### (四) 旅游饭店

改革开放后,入境的旅游人次大幅提高,真正意义上的旅游饭店开始发展,出现了外资饭店、合资饭店和大量的新建改建饭店,并与世界接轨。其中比较有代表性的如1982年开业的第一家中外合资饭店——建国饭店,以及京伦饭店、长城饭店、丽都假日饭店、白天鹅宾馆和由著名建筑大师贝聿铭先生担纲设计的香山饭店等。

现在的中国是全球最重要的投资热点区域,世界上几乎所有的知名品牌饭店均已进入中国。当你走在北京的街头,知名品牌的饭店建筑随处可见,其中不乏洲际饭店、JW万豪饭店、丽思·卡尔顿饭店和丽晶饭店这样的国际性精品商务饭店。在上海,有句新谚语——"世界饭店看中东,中国饭店看浦东"。在浦东,矗立着波特曼大饭店和金茂饭店;在美丽的杭州西子湖畔,可以找到与自然景观融为一体的凯悦饭店和索菲特全套房饭店;在有"东方夏威夷"之称的度假胜地海南三亚,到处矗立着像红树林饭店、家化万豪饭店这样的装饰高雅、风情各异的度假型豪华饭店。

## 第二节 业界如何对饭店进行分类和定级

### 一、饭店都有哪些类别

不同的饭店由于其历史的演变、传统的沿袭、地理位置和气候条件的差异,其功能设施、接待对象不尽相同。以下将从三个方面对饭店进行分类。

#### (一) 十种分类法

英国旅游学者迈德里克教授在他的《饭店业》一书中,列举了十种饭店的分类方法:

第一种，根据饭店所处地区分类，分为城市饭店、城镇饭店、乡村饭店、内地饭店、沿海饭店和山地饭店等。

第二种，根据饭店所处地理位置分类，分为城镇中心饭店、郊区饭店、海滨饭店和公路沿线饭店等。

第三种，根据交通设施的位置分类，分为汽车站饭店、火车站饭店、机场饭店、码头饭店和游轮饭店等。

第四种，根据主要客人入住目的分类，分为商务饭店、度假饭店、会议饭店、博彩饭店和旅游饭店等。

第五种，根据客人的留宿时间分类，分为长住公寓饭店、短程散客饭店等。

第六种，根据饭店的设施、服务方式分类，分为旅游饭店、公寓饭店和自助餐饮服务饭店等。

第七种，根据饭店规模分类，分为小型饭店（客房数量在300间以下）、中型饭店（客房数量300~500间）和大型饭店（客房数量在500间以上）等。

第八种，根据饭店的等级分类，分为星级饭店、皇冠级饭店和其他等级饭店等。

第九种，根据饭店所有权或经营管理方式分类，分为家族经营的非上市饭店、单体饭店、集团联号饭店和促销联合体饭店等。

第十种，根据饭店取得售酒执照分类，分为持照饭店和非持照饭店等。

### （二）传统分类法

传统分类法是根据饭店业态中各饭店不同的市场定位和客源结构来划分的，主要有四类：

第一类，商务饭店。商务饭店是服务于以商务和公务为主要目的的外出旅游者的饭店。这类饭店大多位于城市的中心区域，具有商业、交通等诸多便利条件；饭店的中小型会议室、洽谈室、商务中心、宽带网络接入等均为必备设施；饭店服务项目完善，服务质量优异。

第二类，度假饭店。度假饭店多位于各种旅游名胜和休养胜地旁，以接待度假、休闲、娱乐健身为主要需求的客人为主。由于环境和气候的影响，这类饭店经营的季节性很强，饭店备有相当多的娱乐健身设施供客人选择，服务方式也凸显轻松浪漫。

第三类，公寓饭店。公寓饭店主要是为长住客人提供一种"家外之家"的住宿氛围，提供各种房型的客房和饮食服务的饭店。由于公寓饭店的客人入住时间相对较长，故大多数公寓饭店的客房均配有简易厨房，方便住客自己制作饮食。

第四类，会议饭店。会议饭店是专门为有各种会议需求的客人开设的饭店，它一般位于城市的中心商务区，拥有为数众多的客房、大的多功能厅、各种规格的会议室和展览厅等设施，先进的会议设备更是不可或缺的。

### （三）其他分类法

第一种，按照饭店的建筑投资规模分类，分为低档饭店（每个标准间的建造费用在

2万美元以下），中档饭店（每个标准间的建造费用在4万~6万美元以下），豪华饭店（每个标准间的建造费用在8万美元以上）。

第二种，按照建筑或服务风格分类，分为民族饭店和国际标准饭店等。

第三种，按照服务对象分类，分为国民饭店和专门为外宾服务的饭店等。

第四种，按照营业季节分类，分为冬季滑雪饭店和夏季海滨饭店等。

## 二、如何对饭店进行分级

由于各个饭店的市场定位、设施设备、接待对象和服务质量不尽相同，大多数国家政府或行业协会对饭店按照一定标准和程序进行等级划分，并根据其不同级别用相应的标志表示出来，在饭店显著位置公之于众。国际上相关的饭店协会也采用公认的饭店分级制度对饭店进行评级。

### （一）饭店分级的意义

（1）保护饭店消费者的权益　对大多数商务散客旅游者来说，通过了解饭店的等级，可以得到饭店的设施设备豪华程度、服务水平和价格标准等市场信息，从而决定是否入住该饭店。饭店的分级从一个方面看，是饭店产品对客人满意度做出的一种承诺。

（2）维护饭店业的行业利益　饭店的分级，对单体饭店来说是一种销售手段，等于向自己的客源目标市场发布了信息、展示了自己的产品，有利于同行业公平竞争，维护行业声誉。同时，对以接待境外旅游者为主的国际性大饭店来说，也方便消费者进行国际比较。

（3）便于经营和行业管理　各国政府或行业协会都把颁布与实施饭店分级制度作为饭店行业管理的重要手段。饭店的分级规范了市场，也使饭店根据其等级进行经营管理并保持相应的水准，更利于将公众和饭店的利益相结合。

（4）加强与相关行业的联系　由于其他行业对饭店分级的参与，饭店的分级加强了与相关行业的联系，相互促进，共同发展。

（5）当地经济强势的体现　在一个国际化大都市或世界顶级的旅游目的地，各知名品牌的高等级饭店林立，其他各个等级的饭店数不胜数，可以满足各个消费层次的旅游者的住宿需求。饭店的总量和床位数也是世界性的体育盛会选择承办城市的一个重要指标。不难看出，饭店的分级在一定程度上代表了当地的经济发展水平。

### （二）饭店等级的种类

大部分国家或地区的饭店行业都是由政府或协会进行分级的，各个国家和地区所采用的分级制度和标准不同，用作表示等级的标志和名称也各异。

国际上采用的饭店分级制度和表示方法主要有五种：

第一种，星级表示法。星级表示法是把饭店根据一定的标准划分为不同的等级，用星号（★）来标示，以区别各饭店档次的分级制度。在欧洲比较流行的是五星级制，即把饭店分为一星级、二星级、三星级、四星级和五星级，星级越高等级越高，饭店的档次就越高。五星级饭店是豪华饭店的代名词，其设施设备现代化程度极高，服务管理水平优异；四星级饭店是准豪华级饭店，其设施设备完善，服务管理精良；三星级饭店为中档饭店，其设施齐全，饭店产品的性价比较高，能满足大部分旅游者的住宿需求；二星级饭店是中低档饭店，其价位合理；一星级饭店作为经济型饭店，其设施与服务安全卫生，能满足最基本的住宿要求。如英国从20世纪90年代初期推广的"皇冠制"，用皇冠来代替星号进行饭店分级。美国汽车协会的"钻石制"，则用钻石来代替星号进行饭店分级。我国的旅游饭店分级制也是采用星级表示法。随着饭店业的不断发展和市场需求的扩大，现在饭店的等级还增加了最高一级的"白金五星"，用以区别部分超豪华饭店与五星级饭店的规模和档次。

第二种，字母表示法。有些国家把饭店的等级用英文字母表示，即A、B、C、D、E五级，A级为最高，E级为最低，这种分级方法与星级表示法有异曲同工之妙。

第三种，数字表示法。有些国家把饭店的等级用1、2、3、4、5这五个数字序号表示，有的数字越大表示饭店越高档，有的则相反。

第四种，价格表示法。有些国家如瑞士把饭店按照价格高低分成六级，这种方法的好处是使客人一目了然。

第五种，以类代等法。有的国家不设等级制，用文字直接称谓饭店的类别以代替饭店的等级。如挪威饭店的表示方法就是由高向低分为乡村饭店、城镇饭店、山地饭店和观光饭店四种。

### （三）评定饭店等级的机构

世界上大部分国家和地区的饭店等级评定是由政府主管饭店业的职能部门如国家旅游局来完成的，再有较多的是饭店业协会，也有双方共同参与评定的。在一些欧美国家，中低档饭店和汽车旅馆的数量占到饭店市场总量的70%以上，由于这些饭店的直接服务对象是外出旅游的私车主，故它们的评定机构也就换成相应的汽车协会了。

下面是比较有代表性的国家和地区的评定机构：

◆中国——星级制，由政府职能机构即国家旅游局评定。
◆美国——星级制，由美孚汽车协会评定，钻石制由美国汽车协会评定。
◆英国——星级制，由皇家汽车俱乐部评定，皇冠制则由国家旅游局评定，其他等级由英国饭店协会评定。
◆澳大利亚——由全国饭店与旅游者协会评定。
◆奥地利——由饭店业协会评定。
◆荷兰、比利时、卢森堡——由饭店与餐饮业协会评定。
◆法国——由政府与饭店业协会共同评定。

### （四）评定等级的内容和标准

世界旅游组织颁布的饭店分级标准中，涉及的内容包括饭店的最低客房数、通信系

统、动力照明系统、热交换系统、隔音设备、公共设施、餐饮和货币兑换等服务设施的项目设置、员工的职业素养等几大类。世界各个国家和地区的饭店评定机构大都以这个标准作为参考，有的比较笼统，而有的比较详尽。例如，有的国家的饭店评级内容只涉及饭店最基本的标准，即饭店服务项目、设施设备和饭店的位置与外观；有的国家还涉及饭店的建筑结构、维修保养、接待服务、客房配置、浴室和卫生用品、照明、餐饮用具、床具织物、文具用品、洗涤用品、饮用水、垃圾处理、防虫、安全应急预案、员工服务等多项标准。

关于饭店评定等级的最低标准，一般涉及以下几项内容：

◆遵守相关的法律法规和管理条例。

◆饭店最低可出租房间数。

◆饭店必备的条件和设施。

◆服务要求和标准。

## 第三节　饭店业是什么性质的行业

### 一、饭店业有哪些特性

服务业作为第三产业的典型代表，成为 21 世纪的主导产业。饭店业划归于服务业，它的某些特征与航空业相类似，但由于产品的特殊性，造就了它本身的产业特征：

◆其产品的不易保存性。

◆地理位置的重要性和相应产生的局限性。

◆相对固定的供应量。

◆高额的经营成本。

◆经营时期存在着季节性。

具体讲，饭店产业有下列特性：

**1. 饭店分布的分散性**

由于饭店所面对的客源市场其自身的需求具有分散性，饭店必须在所在地完成生产、交换和消费的过程，所以，饭店供给在本质上具有空间分布的离散性特征。

**2. 饭店市场的区域性**

饭店产品供应的就地性和饭店产品消费的即时性，决定了饭店业的供需关系只存在城市和地区的局部均衡，不存在全国或全省的总体均衡。同一区域内一个城市的饭店市场供过于求无法弥补另一个城市的供不应求，而饭店行业管理追求的是通过城市局部均衡来实现总体均衡。

**3. 饭店行业相对容易的准入性**

构成行业准入的条件很多，如规模经济、产品差异化、资金需求量、转换成本、分销渠道、原材料与技术优势、政府政策等，对饭店业的投资及行业准入而言，这些都很难形成障碍。

#### 4. 饭店产品结构与顾客需求的差异性

不同的顾客对饭店产品的需求是不同的，即使相同的顾客在不同的时间内对同一产品的需求也可能是不同的，这就造成了顾客需求的差异性较大而饭店产品结构的差异性偏小。

## 二、饭店产品有哪些属性

#### 1. 饭店产品的商品属性

饭店出售的产品是服务，而服务是一种特殊商品，其特殊性表现为：首先，饭店产品具有不可储存性；其次，饭店产品从生产、交换到消费具有同步性；最后，饭店产品的地域具有不可流动性。

#### 2. 饭店产品的服务属性

饭店产品的本质特征是服务，饭店服务具有以下特性：首先，服务具有无形性；其次，服务具有差异性；第三，服务具有信息反馈的直接性；最后，服务具有不可储存性。

#### 3. 饭店服务的质量特征

首先，是饭店服务质量的波动性；其次，是饭店服务质量评价的主观性和不确定性；最后，是服务质量口碑效应的重要性。

## 三、饭店产业的弱势是什么

#### 1. 具有资金密集和劳动密集型的产业特性

饭店产业发展存在着前期投入较大，投资回报期相对较长的特性。这主要是由饭店前期建设的土地成本、建筑成本，后期的人力资源成本、经营中的后续资金支持和更新改造的周期短等因素造成的。

#### 2. 难以快速形成理想的规模经济

饭店产业规模经济的达成需要其始终保持快速健康的发展，根据不同的客源市场推出不同的饭店品牌及产品以占领区域内高、中、低端各层次市场，适时发展联号经营，在饭店产业发展的各个时期需要大量的资金支持，还要经过一定的过程，这些因素都决定了饭店产业很难快速形成理想的规模经济。

#### 3. 原材料与技术优势难以保持

在饭店产业中，原材料和技术优势都存在着一定的生命周期，由于其原材料和技术本身不属于高科技成果，所以很容易被复制，其拥有的优势也会转瞬即逝。

#### 4. 产品差异化程度低

由于饭店经营的需要其产品设计必须选择标准化、程序化及相对固定的模式，这

势必造成饭店产品的差异化程度低，难以满足顾客对产品差异大的需求。

### 5. 单一的分销渠道难以固定

饭店的分销渠道是根据其市场定位和特定的客源结构来确定的，顾客的消费行为存在着随意性，饭店市场供求同时也存在着许多不确定因素，所以要想固定单一的分销渠道是很难的。

### 6. 受旅游业影响较大

饭店业隶属于旅游业，旅游业受当地人文地理环境、气候、经济发展、旅游资源、政府政策等影响很大，旅游业的兴旺与否基本成为饭店业兴衰的风向标。例如，2004年底东南亚地区发生的海啸灾害，对相关国家的旅游业造成了沉重的打击，同时也给其饭店业造成了难以挽回的损失。

## 四、饭店行业壁垒都有哪些

饭店行业存在着易进难退的市场壁垒：

### 1. 结构性壁垒

结构性壁垒包括饭店进入门槛低、饭店投资资金门槛中等、饭店产品差异和技术壁垒低、饭店销售网络具有一定的市场壁垒，品牌壁垒尤其明显。

### 2. 行为性壁垒

饭店行业之间的竞争手段较常见的是价格战，很少采用阻止行为或驱逐竞争对手的行为。究其原因，在于饭店市场过度分散造成以上策略根本无效，只能通过低价来争得更多的市场份额。

### 3. 退出壁垒

饭店行业主要的退出壁垒来自于沉淀成本与劳动力安置成本。饭店由于经营需要可以易主，但很难退出生产力，因此，饭店在改制时只能选择具有高度替代性的设施，如公寓、写字楼等项目，若改作其他用途，其沉淀成本至少占其资产价值的60%以上。饭店若要退出市场，其解雇员工的成本和重新安置员工的难题也是饭店的一大退出壁垒。造成饭店高退出壁垒的根源是有形资产的专用性强，无形资产会随着饭店的退出而彻底丧失。

【延伸阅读】

## 里兹——奢华的代名词
## 里兹先生和他的豪华大饭店

塞萨·里兹先生于1850年出生于瑞士南部一个叫尼德瓦尔德的小镇。15岁时，他在布里格城的三皇冠旅馆当一名配酒员，可他被老板认为是不具备行业资质的人。1867年，他心怀梦想来到了巴黎，刚开始在一家没有名气的小旅馆——忠诚旅馆里打杂工，生活艰辛，但他终于凭着锲而不舍的毅力进入了一家名叫沃依辛的知名餐馆里当上了一名见习服务生。在餐馆工作期间，他不仅受到了最全面和规范的培训，还有机会经常为欧洲各国的王室成员服务，同时学会了如何迎合上流社会中名流们的品位和习惯，并得到了他们的喜爱。

1873年塞萨·里兹先生来到了奥地利维也纳的一家餐馆当服务生，由于这家餐馆靠近奥皇的帝宫，所以每当国王举办宴会的时候，总要向那家餐馆借用最好的服务员，当然，里兹先生是他们中的一员。长此以往，他总有机会为一位英国王储服务，并把王储的喜好全部铭记于心，以致这位王储成了他的常客，每次别人问起他的晚宴如何安排时，他都会说："我的嗜好里兹先生比我自己知道的还多，请他安排就可以了。"正是这样的经历，使里兹先生后来形成了要创建旨在为上流社会服务的饭店这一经营思想。

1877年，瑞士最豪华的国民大饭店由于经营不善，投资人聘请里兹先生出任经理。上任初始，里兹先生就以他个人的名义向各地的名流们发出了邀请函，显贵名流们也没有让他失望，纷纷慕名而至。在里兹先生主持国民大饭店的11年里，饭店起死回生并重新成为欧洲上流社会的社交中心。1889年12月21日，里兹先生正式出任当时在整个欧洲享有盛誉的伦敦萨沃依饭店的总经理，他要求饭店里的所有物品都是上乘的，环境要舒适，气氛要典雅，时刻使客人保持愉快的心情，并提出了"客人永远不会错"的理论。在服务上，他为每位光临的客人都配备了一名专职的服务员随时听候差遣，使饭店的服务形成了"Butler Service（管家式服务）"的理念。

经过多年的工作，里兹先生已成为饭店业的知名人士，可他并不满足，他筹划着拥有一家自己的饭店。经过不懈努力，1896年，里兹饭店有限公司成立了，饭店经营地选在了巴黎的旺多姆广场15号，这时候，如何在短期内筹措一大笔资金用于购买地产和保证饭店按时开业成了首要问题。里兹先生想起了一位至交，此人是法国的一位葡萄园主和葡萄酒制造商，名叫马尼尔·拉波斯托尔（Marnier Lapostolle）。有一次，马尼尔带着一瓶自己酿制的新酒到萨沃依饭店来找里兹先生，请他品尝评价一下，里兹先生觉得酒的味道相当好。马尼尔请里兹先生为酒起个名字，里兹先生思索了一下说："叫大马尼尔（Grand Marnier）如何？"后来，该酒真的用上了这个名字并大卖，酒商也因此得到了丰厚的利润，直到现在，饭店的酒单上这种酒的名称依然如故。这位酒商对里兹先生感恩戴德，在里兹先生困难的时候伸出援手，资金问题顺利解决了。1898年6月，巴黎里兹饭店开业，出席仪式的知名人士数不胜数，盛况空前，里兹饭店从此成为巴黎最有名望的饭店。

饭店的成功使里兹先生信心大增，他重新回到伦敦，取得了卡尔登饭店的控股权，并按自己的理念对饭店进行了重新改造。饭店于1899年重新开业，当年就取得了相当可观的利润。1901年，英女王维多利亚去世，王储即位。凭着新国王多年的看重，里兹先生深信在国王加冕典礼那天，他的饭店也会成为伦敦庆祝的中心。里兹先生开始忙碌起来，事事亲力亲为，完全忘记了自己已经是52岁的人了。然而天有不测风云，在新国

王加冕庆典的前两天，国王由于患了盲肠炎需要手术治疗，加冕日期被无限期推迟了。里兹先生最初听到这个消息还比较镇静，上午依然在安排工作，可下午却突然晕倒，经医生诊断是神经错乱。从那天起直到他去世的16年间，他再也没有恢复到以前的状态，直到慢慢失去了记忆。1918年10月26日，里兹先生在瑞士的一家疗养院默默去世，在那时，他几乎被人们遗忘。

【延伸阅读】

### 斯塔特勒先生和他的"斯塔特勒服务准则"

斯塔特勒先生的一生是具有传奇经历的一生，他的全名叫做埃尔斯沃斯·弥尔顿·斯塔特勒（Ellsworth Milton Statler），出生于1863年，卒于1928年。这位农家孩子只读过两个冬天的书。他9岁时就在一家玻璃厂学徒，13岁时开始在家乡的一家饭店做服务员，15岁时毛遂自荐当上了领班。但他并不满足这一小小的成功，不久，他承包了饭店弹子房的经营，还在饭店开展了代理火车票的业务，接着他又独立经营一家具有500个餐位的餐厅。

斯塔特勒先生敏而好学，对饭店业有着异乎寻常的热情，他的理想就是要做一名最成功的饭店经营者。后来，他大胆地走出家乡的小天地，先后在布法罗、克利夫兰和底特律等地投资兴建并经营以他名字命名的斯塔特勒饭店。

从当初进入饭店当服务员的时候起，斯塔特勒先生就养成了一个习惯，随身携带一个小笔记本，随时随地记录自己对饭店管理的一些想法和心得，这样日积月累，极大地丰富了他的管理经验。他当饭店业主时，对于饭店的设计建造从不迷信于建筑师，他最常挂在嘴边的一句话就是："让我们坐下来一起设计。"他在这方面的出发点是，饭店的一切设施、设备和服务都必须从客人的实际需要出发，而不能只考虑建筑美学这一单一因素。

例如，在布法罗建造以他名字命名的第一家饭店时，斯塔特勒先生向负责设计的爱森威恩先生提出，要让饭店的每个房间都有一个私人使用的洗澡间，设计师以为自己听错了，告诉他说："所有的饭店都只有公共浴室，世界上没有一家饭店在每个房间里设计一间浴室，这简直闻所未闻。"斯塔特勒先生的回答是这样的："不错，但是，有这样一家饭店会给我们带来好的声誉！""你打算在布法罗建造豪华饭店吗？"爱森威恩先生带着质问的口气说，"这个城市恐怕养不起一家豪华饭店。""谁说我要建豪华饭店？我请你设计的是专门为商务旅行的销售人员和家庭旅游者使用的商业饭店。但是，它将向客人们提供世界上任何饭店都不能提供的服务，那就是，有一个舒适的和属于自己的小天地。"设计师又问："我按照您的要求做，但是增加300个独立卫生间您知道这要增加多少成本吗？""我已经仔细测算过，没有多少。"斯塔特勒先生平静地回答。"没有多少？"爱森威恩先生表示怀疑。于是斯塔特勒先生接过对方手中的纸，又说又画，给他详细描述了自己的建议。现在，世界上大部分的饭店和办公楼都采用每两个房间合用一组水电暖线路的建筑结构，建筑学上称之为"斯塔特勒管井（Statler plumbing shaft）"。

布法罗的斯塔特勒饭店建造共耗时两年，建成后不久，美国《饭店月刊》杂志的记者约翰·威利评论说："斯塔特勒先生正在布法罗建造一家新饭店，就实用的角度看，这是饭店业迄今为止建造的最了不起的饭店。你找不到任何饭店会比这家饭店拥有更多的新设施和新设备，这些设施设备既灵巧又实用。毫无疑问，饭店设计师和装修人员以后都会加以采用的。"

1917年由亨利·波恩发表在《世界饭店》上评论说："如果一定要我用词汇来描述圣路易斯市斯塔特勒饭店的话，我会写道，这是一家斯塔特勒饭店（It is a Statler hotel）。凡是到过布法罗、克利夫兰和底特律这三家斯塔特勒饭店的人，都能一眼认出这是独一无二的斯塔特勒饭店，一走进饭店，你就一定知道这是斯塔特勒为公众建造的宫殿。"

所有的斯塔特勒饭店在硬件上都有两个特点：一是不断创新，二是保持共同特色。两者在为客人创造安全、舒适、方便的环境上达到统一。斯塔特勒的建筑创新总是把提高有效使用率和保证客人拥有一片属于自己的小天地放在首位。饭店把供销售人员展出产品样品的展览室总是放在顶楼，跟其他客人分开；舞厅和小宴会厅总是放在大厅的上一层，使参加这类活动的客人有一片属于他们自己的小天地，不受大门口人来人往的影响；舞厅还有单独的出入口和电梯，跟一般客梯分开；饭店的厨房设计也与众不同，和许多饭店把厨房放在地下建筑中不同，斯塔特勒却把厨房建在一楼，餐厅利用率明显提高，他还把厨房建成三边形，餐厅环绕在其周围，这样，一个厨房可以同时为主餐厅和咖啡厅服务。

在为饭店连锁增加新成员时，斯塔特勒先生所做的只是在细节上的一些改进——如果经验证明某种改变会改进饭店的外观、提高饭店的实用性或者增加客人的方便使客人更加高兴的话。

斯塔特勒先生还是美国饭店业标准化之父，这意味着他也是世界饭店业标准化之父。当一个人建造一家饭店经营数年之后，建造了一家又一家饭店，而最后那一家除了某些细节之外跟前面的饭店基本相同，我们知道他准是找到了"致富之源"。饭店保持共同特色对于成功的经营管理十分重要。规模性采购可以降低成本，节省大量经费，各种设备、设施、物料均可互相替代，一旦发现问题，很短时间内便可解决。斯塔特勒饭店的客房中，家具、床上用品、窗帘和地毯等的设计采购，都注意具有一定的多样性，又使其颜色相关，以方便替换。

斯塔特勒先生所做的，是抛弃饭店建筑的旧传统，创建饭店建筑的新立意。不过，这种新立意并不是一夜之间形成的，它一旦形成，就会对饭店业产生持久影响。

## "斯塔特勒服务准则"

**准则一**：一个好的饭店，它的职责就是迎合公众的需要。斯塔特勒饭店公开宣布：

我们的职责就是要比世界上任何其他饭店更能使公众高兴。

准则二：要让每个人都感觉到，花同样的钱，我们可以为客人提供比他以前在任何饭店里所得到的服务都更加真诚的服务。

准则三：斯塔特勒饭店服务指的是某一特定的雇员对某一特定的客人所表示的谦恭的、有效的关心限度。斯塔特勒饭店的工作目标就是要向客人出售世界上最精良的服务。

准则四：绝不傲慢、尖刻和无礼。是客人付给了我们薪水，也是他们付给了我们工资，客人是我们直接的捐助人。

准则五：饭店任何雇员无权在任何问题上与客人争执。客人有意见时，雇员必须立即想办法使客人满意，或者请上司来做到这一点。争吵在斯塔特勒饭店里无立足之地。

准则六：任何凭借精明与谨慎赢得小费的斯塔特勒饭店的雇员，必须以足够的精明与谨慎去提供相应的服务，不管客人是否给小费。

准则七：任何不能提供相应的服务，或者不对送他们某种东西而表示谢意的斯塔特勒的雇员，其行为都不符合斯塔特勒服务标准。

# 第二章

# 饭店业在新形势下的痛点与热点

信息化时代带给我们的最大好处是"世界"变小了,而"生意"却变大了。无论你是饭店的投资者,还是饭店的经营管理者,现代饭店业发展的现状和趋势都是值得你关注的。因为趋势很可能代表了行业市场的发展方向。

作为一个饭店企业的开业筹备经营管理者,通过了解这些信息,可以帮助自己在筹备工作中做出准确判断。正如未来学家阿尔温·托夫勒(Alvin Toffler)所说的那样:"你在做小事时要想着大事,这样小事才能走向正确的方向。"

## 第一节 中国旅游饭店业发展现状

### 一、近20年来国内星级饭店经营收益统计

近20年来,全国星级饭店的净利润从1990年的4亿元,增长至1997年的7亿元,但1998年至2004年,行业出现了连续亏损,1998年、1999年、2000年这三年分别亏损了32亿元、57亿元和20亿元。

全国星级饭店净利润的完成情况为:2005年10亿元,2006年33亿元,2007年55亿元,2008年32亿元,2009年亏损12亿元,2010年11781家星级饭店的净利润完成了50.70亿元,2011年11676家星级饭店的净利润完成了61.43亿元,2012年11367家星级饭店的净利润完成了50.46亿元,2013年11687家星级饭店亏损了20.88亿元,2014年全国12803家星级饭店继续亏损59.21亿元,超过1999年亏损额57亿元,成为有记录来的最大亏损年。

### 二、2015年国内星级饭店经营状况

下表是2015年全国星级饭店主要经营指标统计数据,由国家旅游局监督管理司于

2016年9月发布。统计系统中的12327家全国星级饭店，完成填报的有11768家，填报率为95.47%。在11768家中，除222家数据退回和996家暂停营业外，有10550家星级饭店的经营数据通过省级旅游部门的审核。10550家星级饭店的数据包括：一星级91家、二星级2197家、三星级5098家、四星级2375家、五星级789家，营业收入总额共2106.75亿元，其中：客房收入935.05亿元，占44.38%。

表2-1  2015年全国星级饭店主要经营指标与上年同比情况表

| 星级 | 样本数量/家 | 平均房价/元 | 同比/% | 平均入住率/% | 同比/% | RevPAR/元 | 同比/% |
|---|---|---|---|---|---|---|---|
| 一星级 | 91 | 132.76 | +24.37 | 49.26 | +0.26 | 65.40 | +23.98 |
| 二星级 | 2197 | 168.47 | +4.71 | 52.58 | -0.42 | 88.59 | +3.39 |
| 三星级 | 5098 | 212.73 | -0.41 | 52.65 | -0.35 | 112.00 | -2.09 |
| 四星级 | 2375 | 339.98 | -4.19 | 55.28 | +1.28 | 187.95 | -3.27 |
| 五星级 | 789 | 655.66 | -3.40 | 56.41 | +1.41 | 369.84 | -1.66 |

表2-2  2015年全国星级饭店营业收入及客房收入与上年同比情况表

| 星级 | 样本数量/家 | 营业收入总额/亿元 | 同比/% | 合计/亿元 | 同比/% | 客房收入/亿元 | 同比/% | 合计/亿元 | 同比/% |
|---|---|---|---|---|---|---|---|---|---|
| 一星级 | 91 | 2.36 | +26.88 | | | 0.96 | +13.09 | | |
| 二星级 | 2197 | 96.11 | -9.02 | | | 46.37 | -8.48 | | |
| 三星级 | 5098 | 521.27 | -4.45 | 2106.75 | -0.28 | 220.13 | -5.79 | 935.05 | -0.16 |
| 四星级 | 2375 | 720.26 | -1.77 | | | 312.12 | -0.27 | | |
| 五星级 | 789 | 766.75 | +0.21 | | | 355.47 | +5.05 | | |

2015年全国星级饭店营业收入总额及客房收入同比继续下降。

## 三、2016年第四季度国内星级饭店经营状况

下表是2016年第四季度全国星级饭店主要经营指标统计数据，由国家旅游局监督管理司于2017年4月发布。统计系统中的12213家全国星级饭店，完成填报的有11499家，填报率为94.15%。在完成填报的11499家星级饭店中，有10157家星级饭店的经营数据通过省级旅游部门的审核，数据包括：一星级72家、二星级1972家、三星级4937家、四星级2367家、五星级809家，营业收入总额共544.34亿元，其中：客房收入244.90亿元，占44.99%。

表 2-3  2016 年第四季度全国星级饭店主要经营指标与上年同比情况表

| 星级 | 样本数量/家 | 平均房价/元 | 同比/% | 平均入住率/% | 同比/% | RevPAR/元 | 同比/% |
|---|---|---|---|---|---|---|---|
| 一星级 | 72 | 102.02 | -16.01 | 43.41 | -4.68 | 44.28 | -19.94 |
| 二星级 | 1972 | 181.01 | +7.83 | 54.64 | -2.40 | 93.47 | +5.25 |
| 三星级 | 4937 | 218.56 | -6.71 | 53.58 | -0.43 | 117.12 | -7.11 |
| 四星级 | 2367 | 334.73 | -2.10 | 58.50 | +2.72 | 195.82 | +0.57 |
| 五星级 | 809 | 614.96 | -3.89 | 61.56 | +4.92 | 378.54 | +0.84 |

根据 2015 年及 2016 年第四季度全国星级饭店营业收入总额及客房收入推测，十三五初期，中国饭店业还会处于亏损阶段，但是，财务亏损比例会逐年下降。

# 第二节  国际饭店业的发展现状及趋势

## 一、全球经济增长乏力，造成酒店业绩下降

过去 10 年里，全球五星级酒店的每间房平均收入年均增长率不到 2%，考虑到通货膨胀，甚至可以说是负增长。全球酒店集团股价自 2015 年初开始的下跌，反映了全球酒店业的供求关系发生变化。作为竞争激烈的行业，全球酒店业在过去 5 年也没有太多出色的表现。

2010~2014 年的 5 年里，只有温德姆酒店集团的股价上升了 164%，是唯一跑赢大盘指数 124% 升幅的酒店集团；万豪酒店集团的股价上升了 92%；喜达屋酒店集团和凯悦酒店集团的股价各上升了 28%；希尔顿酒店集团的股价则上升了 6%。

凯悦酒店集团 2015 年三季度营收和利润均同比下降，只实现利润 2500 万美元，同比下降 21.88%；营收同比下降了 4.6%，至 10.5 亿美元。喜达屋酒店集团 2015 年三季度营业收入为 14.3 亿美元，同比下降 4.0%；净利润 0.88 亿美元，同比下降 19.3%，连续 8 个季度下降。

## 二、饭店集团"超级并购"时代来临

2015 年 11 月 16 日，喜达屋酒店集团 CEO Bruce W. Duncan 在邮件中确认万豪集团以 122 亿美元收购喜达屋集团，喜达屋集团旗下品牌全部归于万豪。超级酒店集团呼之欲出。在万豪集团 88 年的发展历程中，这是最大一笔收购。新集团拥有 30 个品牌（万豪 19 个，喜达屋 11 个），5500 家酒店，110 万间客房，在全球六大洲布局超过 100 多个国家，将成为全球第一个客房数破百万的酒店集团。

2015年12月10日,据《华尔街日报》报道,法国雅高(Accor SA)酒店集团称,该集团已经同意收购拥有费尔蒙特(Fairmont)、莱佛士(Raffles)和瑞士酒店(Swissotel)等豪华酒店品牌的公司,这项收购交易对该公司的估值为28亿美元以上。

这项交易的卖方是卡塔尔投资局(Qatar Investment Authority)和沙特阿拉伯王国控股公司(Kingdom Holding Company),它们将在交易中获得8.4亿美元现金和4670万股的雅高新股。当这项交易完成时,卡塔尔投资局将持有10.5%的雅高股份,而归属于沙特亿万富翁阿尔瓦利德王子(Prince Alwaleed)的王国控股公司则将持有其5.8%股份。

上述三个豪华酒店品牌的母公司是FRHI Hotels & Resorts,该公司旗下总共拥有大约115家酒店和度假村,客房总数为4.3万间。另外,FRHI Hotels & Resorts还有其他40家酒店正在开发中,这些酒店总共拥有1.3万间客房。除此以外,该公司还在全球范围内管理着一些著名物业,如纽约市的广场酒店(Plaza Hotel)和伦敦的萨沃伊酒店(Savoy Hotel)等。

FRHI集团在中国的酒店包括费尔蒙品牌为北京华彬费尔蒙酒店、昆山阳澄湖费尔蒙酒店、南京金奥费尔蒙酒店、上海和平饭店(费尔蒙管理);莱佛士品牌为北京饭店莱佛士、海南雅居乐莱佛士酒店;瑞士品牌为北京港澳中心瑞士酒店、上海宏安瑞士大酒店、昆山瑞士大酒店、广东佛山恒安瑞士大酒店。

2016年,锦江收购铂涛,成国内最大酒店集团;如家被首旅110亿元纳入麾下。2016年4月28日,海航集团宣布,海航旅游集团收购已卡尔森酒店集团(Carlson Hotels)100%的股权。

## 三、中国军团迈进全球酒店集团10强

2016年,酒店权威杂志——美国《HOTELS》公布了2015年度"全球酒店集团325强"的排名,其中,万豪夺得榜首位置,上一年的第一名希尔顿下滑至第二名。前十名中,中国军团表现醒目,锦江酒店集团由2014年的第九名上升至第五名,而华住酒店集团挤入前十名,表现不俗。

本次前325强中,共有31家中国酒店品牌,其中,8家为香港酒店品牌。前30名中也包含了如家酒店集团、格林豪泰酒店集团、开元酒店集团及99旅馆等酒店品牌。东呈酒店集团由2014年的第38名上升至32名,首旅酒店集团由47名上升至38名,万达酒店集团位居第53位。

表2-4 2015年全球饭店集团15强榜

| 2015年排名 | 2014年排名 | 酒店集团名称 | 管理客房数2014年 | 管理酒店数2014年 | 管理客房数2015年 | 管理酒店数2015年 |
|---|---|---|---|---|---|---|
| 1 | 2 | 万豪国际 | 715062 | 4322 | 759330 | 4424 |
| 2 | 1 | 希尔顿全球 | 714765 | 4175 | 753777 | 4556 |

续表

| 2015年排名 | 2014年排名 | 酒店集团名称 | 管理客房数 2014年 | 管理酒店数 2014年 | 管理客房数 2015年 | 管理酒店数 2015年 |
|---|---|---|---|---|---|---|
| 3 | 3 | 洲际 | 710295 | 4840 | 744368 | 5032 |
| 4 | 4 | 温德姆 | 660826 | 7645 | 678042 | 7812 |
| 5 | 9 | 锦江酒店集团 | 352538 | 2910 | 565558 | 5408 |
| 6 | 6 | 雅高 | 482296 | 3717 | 511517 | 3876 |
| 7 | 5 | 精品国际 | 500000 | 6300 | 507484 | 6423 |
| 8 | 8 | 喜达屋 | 354225 | 1222 | 369967 | 1297 |
| 9 | 10 | 贝斯特韦斯腾 | 303522 | 3931 | 293589 | 3745 |
| 10 | 12 | 华住 | 209955 | 1995 | 278843 | 2763 |
| 11 | 11 | 如家 | 296075 | 2609 | 255319 | 2257 |
| 12 | 13 | 卡尔森 | 172234 | 1092 | 174475 | 1112 |
| 13 | 15 | 格林豪泰 | 142038 | 1580 | 171890 | 1927 |
| 14 | 14 | 凯悦 | 155265 | 587 | 161737 | 605 |
| 15 | 16 | G6HOSPITALITY | 115461 | 1229 | 121886 | 1332 |

统计时间：截止到2015年12月31日

虽然中国酒店集团的排名近些年来屡创新高，但我们应该清醒地认识到，这种统计还是以"管理的客房数"这一量化指标为衡量标准的。中国军团的突出表现主要得力于中国经济总量的不断攀升和超越，使我们在数量和规模上得到了突飞猛进的增长，就像排名第11位的如家集团所属的经济型饭店很难在质量上与排名靠后的香格里拉集团所属的五星级饭店相比。

笔者一直认为，中国的市场太庞大了，庞大到谁也不能忽视这个市场，在未来的N年里，中国军团通过并购整合垄断排行榜的前几名甚至也不是什么难事。但是，作为从业者，如何使我们从"庞大"走到"强大"，恐怕还有很长的路要走。

## 第三节 中国饭店业面临的挑战

### 一、对饭店投资回报的心态失衡

对于饭店投资人来说，之前有很大一部分都是从事房地产开发行业的，抱着需要投

资饭店作为配套来提升地产价值的心态进入到饭店投资领域。

这部分投资者对饭店投资及回报的特点不了解,甚至受到了一些片面言论导向的影响,期望所投入的饭店"开业即盈利,5年即回收投资",当饭店没有满足预期收益时,投资人的心态开始出现失衡,或是质疑饭店的收益水平有限,抑或是质疑管理团队的管理能力不高。

殊不知,对于饭店投资及回报,其具有"双高一长"的特点,"双高"中的"一高"是指投资门槛较高,饭店投资基本是千万起步,动辄上亿;"二高"是指饭店经营期间产生的现金流较高;"一长"则是指饭店投资回收期相对较长,一般的五星级饭店其投资回报期都不会低于10年,甚至更长。以北京凯宾斯基燕莎中心酒店为例,1991年开业,2002年创下了11年收回全部投资(含贷款利息,约50亿元)的佳绩。像这样的"神话"在业内也不是一种常态。

近年来,业内某些新兴的品牌酒店在做加盟宣传时,抛出了"饭店1年半收回投资"的论调,仔细查对,就会发现其回收仅仅针对的是"装修投入",并不涉及酒店的建安成本和其他支出等项。这种投资回报的论调对于租赁物业拟采取加盟模式的饭店投资者或许有一定的借鉴意义,但是对于筹划饭店全过程投资建设行为,尤其是高星级饭店的投资者,其借鉴意义就十分有限了。

## 二、饭店品牌打造没有捷径

饭店品牌背后体现出的是"标准的坚守"和"品质的传承",饭店品牌是连锁化的产物,她所呈现出的是不同企业的文化、个性和承诺。

国际上一些知名的饭店连锁品牌大多已经走过了百年之路,他们对品牌的理解和追求已经达到了无以复加的高度,品牌的理念已经渗透到产品的各个方面,很多集团都设有"危机公关"或是"品牌管理"的专门机构,可见其对品牌的重视程度。

国内很多饭店都在做"顾客满意系统",以强化品牌,但很少关注内部客人——饭店员工的满意度。笔者一次因事进入到一家国际品牌酒店的后勤办公区,看到酒店的"员工活动室"被临时换成了"有话来说说",员工可以线上与集团HR高管或专门聘请的咨询师进行沟通,内容不限,可以是建议也可以是投诉,可以是工作也可以是生活。显而易见,当员工的心理疏导完成了才能以更健康的身心服务顾客。

反观一些饭店,店内充斥着各种"口号",从投资者到管理者无不期望着"品牌速成",殊不知,饭店品牌打造没有捷径,要静下心来按照行业发展规律,踏踏实实地做好每一件"小事",才能走上品牌成功之路。

## 三、饭店的规模和等级供大于求

饭店的规模与等级结构与所在地区的经济发展完全正相关,但是,目前国内许多地方饭店业的发展却远远超出经济发展的需求,因此陷入经营状况难以改观的困境。

举例，在"十一五"期间的2006年到2010年，中国的国内生产总值GDP的增幅年均11.7%，仅星级饭店扩容年均12%，其中，高端饭店均值达到了17%。而在行业年度亏损20.88亿元的2013年，五星级饭店依然增幅了16%。

当区域饭店的规模和等级供大于求时，往往出现"价格主导市场"的现象，也就是价格战。五星级饭店卖出"白菜价"，不再划分客源市场，而是采取"大小通吃"的策略，明知道这样会"剜肉补疮"，也只能是"饮鸩止渴"了，饭店的效益也就可想而知了。

## 四、同质化严重

由于工作关系，笔者每年都有大半时间奔走于国内各个城市，曾形象地将国内饭店的客房比喻成"进门卫生间，大床摆中间"。仔细想想，这句话确实从一个侧面反映出了国内现有星级饭店客房同质化严重的问题。

2013年，国内13293家星级饭店停业830家，占6.24%；2014年，国内12803家星级饭店停业857家，占6.69%；2015年，国内12327家星级饭店停业996家，占8.07%。

这些停业的饭店包括了转型的和准备更新改造再投入的饭店企业。这些数据有逐年上升的趋势，由于停业的具体原因无法详细统计，所以不能简单认为是某个原因导致了这个结果。但有一点是可以肯定的，相同规模和档次的饭店其同质化严重是导致市场竞争加重、饭店经营入不敷出的"元凶"。

现代饭店业之父——斯塔特勒先生在1908年美国布法罗市的斯塔特勒饭店中，第一次将电梯应用于饭店，开创了在每间客房配备1个独立浴室、每2间客房共用1个管井的新局面。这种建筑和功能格局自此被业界确定下来，并沿用百年至今。是什么原因造成如今的星级饭店"门可罗雀"，甚至出现经营举步维艰的情况呢？不是这些星级饭店不好，而是传统的饭店缺乏"特色"。

近些年，在饭店业态中出现了一些新兴的产品，如主题酒店，这类酒店以酒庄、茶园、禅舍等文化创意为依托，利用环境打造形成特色优势吸引消费者入住；如精品酒店，这类酒店以悦榕庄、安缦、涵碧楼等奢华品牌为代表，其房价远远高于城市中的传统商务酒店；如特色民宿客栈，像丽江、大理、乌镇这些地区，密集的人流很难让人区分出淡季和旺季。还有那些以不同休闲目的为主的度假酒店（温泉度假酒店、海滨度假酒店、滑雪度假酒店、山地度假酒店）等。这些酒店在结构设计和装饰风格上都独具特色，且各自在细分市场中做得很好。

这种"特色"所倚重的内涵与以往传统意义上的饭店产品不同，它们更加注重顾客对饭店产品的"全过程体验"，使顾客能够享受到一种不同以往"最in"的感觉。如何解决同质化的问题，如何能够让自己的产品形成"特色"，是当前饭店业同仁需要深度思考的现实问题。

## 五、只重大干快上，不重前期定位

在饭店建设的全过程中，由专业公司出具的《项目市场定位和财务研究报告》无疑应作为最具指导意义的文件而受到投资者的重视。这个报告至少阐述了拟建饭店未来市场生存四个基础问题的解决方案。通常包括四个单元，即：

市场定位单元。包括饭店的类型是否契合市场环境？饭店的规模和体量是否与竞争环境相匹配？SWOT（优势、劣势、机会、风险）分析……

饭店建设单元。包括流线设计是否科学？有收益面积比例配置是否合理？设置什么样的产品和配套？装饰风格如何选择以适合差异化经营……

饭店运营单元。包括饭店的客源结构如何划分？价格体系如何设定？未来10年经营期的测算……

饭店投资回报单元。包括投资造价如何计算？投资回报年限如何计算？投资收益如何计算……

可以想见，这个报告的出具必须是在项目实施之前，只有这样才会发挥其对投资的管控力。而不了解这些重要性的投资者，往往仅凭借着主观意识做事，对饭店"先建设，后定位"，甚至"只建设，不定位"，那饭店就只能像一个先天不足的婴儿，其如何长成也就可想而知了。

## 六、分享经济对传统住宿业的冲击

据统计，中国的在线短租市场在2012年开始加速起步，市场规模从1.4亿元增长至2015年的预计105亿元，仅3年时间该市场规模增长就可增长75倍。

如市场中的途家、小猪短租、木鸟短租、漫果公寓等大多是在2011年至2012年进入的，其中大多数在线短租平台的房源数量在3万套至20万套之间，其中也不乏途家这样的大鳄，其已经上线经营的房源就有31万套，签约储备的房源超60万套。2015年二季度，已经有超过4000万用户下载了途家APP，据称，每天有数十万用户通过这款软件进行查询及预订。

在国内知名的某个旅游目的地，旅游旺季旅游人数大增，但统计后得知，当地饭店的销量却不增反降，可见，分享经济的住宿业对传统住宿业已经形成了一定的压力，这种冲击在未来很可能还会持续下去，并逐渐由热点城市波及其他城市。

## 七、OTA之痛

近年来，OTA在线旅行社市场为了争夺客源，抢夺平台排名，不惜以亏损手段展开价格战。4家主要的在线旅行社2014年四季度烧钱12.38亿元，2015年第一季度一共烧钱12.73亿元，半年内烧掉超过25亿元。在2015年末，携程并购了去哪儿，依旧保持了市场领先的地位。

据统计，3家主要的在线旅行社其饭店板块的佣金收入2013年为32.3亿元，2014年为44亿元。许多饭店企业纷纷吐槽，利润都被OTA拿走了，甚至连线上定价权也被OTA剥夺了。

存在的就是合理的。作为饭店重要的分销渠道，不管你喜不喜欢，她都在那里。最牛的饭店，你在OTA上找不到她的身影，要预订只能去饭店自有官网，这样的例子在业内也不是没有。

对饭店来说，要做的是保持各个来客渠道的平衡，那些对OTA平台太过依赖的饭店，必须以逐步扩大直销比例作为目标，以平台型媒介（如微信等）为最佳盟友；采取多渠道分销的手段；建立忠诚顾客销售计划，以提高酒店竞争力，只有这样，才能摆脱单一分销渠道对饭店的控制。

## 第四节　中国饭店业发展趋势

### 一、品牌融合迎来"战国时代"

2015年9月18日，锦江国际与铂涛集团正式签订战略合作协议。根据协议，锦江股份将作为投资主体，战略投资铂涛集团81%股权，本次交易标的公司价值超过100亿元人民币。完成收购之后，锦江集团成为首家全球前五的中国酒店集团。这是继2015年2月，锦江收购欧洲第二大酒店集团法国卢浮酒店集团，创下中国旅游业收购境外酒店集团最大交易金额之后的又一重大举措。

2015年12月8日，首旅酒店发布公告，公司拟通过重大现金及发行股份购买资产方式，直接或间接持有如家酒店集团100%股权，交易金额合计约110.5亿元，同时拟采用询价发行方式非公开发行股份募集配套资金，总金额不超过38.74亿元。至此，首旅酒店集团为完成本次交易，包括配套募集资金在内涉交易金额总规模逾近150亿元人民币。

2015年12月24日，华住集团宣布收购中州快捷85%的股份，本次交易的总价超过6000万元。

有观点认为，民营酒店纷纷归入同业国企麾下，是因为整体经济环境疲软，酒店行业景气度下滑。同时，OTA等强势渠道夺走大量利润空间，使得酒店集团不得不抱团。国营和民营资本在一起，可以优势互补，一方面可以提高经营效率，另一方面具备资源优势。

种种迹象表明，品牌酒店集团之间的融合在2016年也许会更加猛烈，迎来"战国时代"。

## 二、度假饭店和民宿客栈的建设如火如荼

国内巨大的旅游市场将给度假饭店和民宿客栈的发展提供土壤。

2016 年上半年，全国旅游接待人数达到了 22.36 亿人次，旅游收入 2.25 万亿，居民的出游意愿超过 80%，这个数字还在持续增长中。根据国务院的预测，到 2020 年，国民的出游率将达到每个人 4.5 次每年，将形成一个 60 亿人次的庞大市场。

我国有世界遗产 52 项，总数居全球第二；国家旅游局 2015 年 10 月 9 日宣布 17 家度假区创建为首批国家级旅游度假区。

伴随着国民收入提高和旅游热情上升，度假饭店和民宿客栈的建设必将出现新的高潮。

## 三、智慧酒店

智慧酒店是指酒店拥有一套完善的智能化体系，通过数字化与网络化实现饭店数字信息化服务技术。

智慧酒店涵盖了智能门禁系统、智能取电开关、交互视频体系、电脑网络系统、展示体系、互动体系、信息查看体系等多个基本功能。

随着酒店人工、能耗成本日益上升，人工成本达到平均 30% 的水平，能耗成本也达到平均 12% 的水平，分别列成本第一位、第二位。智慧酒店将在降低人工成本、节能降耗等方面大显身手。

智慧酒店既实现了资源集约、低碳环保，也降低了酒店的经营成本，提高了酒店的经济效益，促进了经济、社会、生态和文化价值的综合提升，是酒店业可持续发展的必由之路。

## 四、互联网+与饭店的联系更加紧密

从 OTA 中介到 BAT 平台将是一个发展趋势。

中国在线旅游市场的企业可分为两种类型，一种是提供直接服务的，如在线旅行社和传统旅行社；另外一种只是作为渠道、媒介，对传统中小代理收费，但并不直接提供服务。

互联网的本质是取消中介，中介不能体现互联网的优胜，依托大数据、金融、支付、信用体系、信息技术等系统的平台型才是互赢的模式。

信息技术的发展趋势是取消中介的线下服务，对饭店来说，从 OTA 中介到 BAT 平台的转移，才是体现互联网精髓并大大节约成本的必经之路。

## 五、众筹模式成为酒店标签的试水

在这个资金为王的时代，酒店投资的资金成本压力越来越大，而高端酒店近年来业绩下滑，盈利能力有所下降。在这样的大背景下，投资者不得不精打细算，众筹模式顺理成章地进入到了人们的视线中。

1. **线上众筹酒店**

三亚中信雅墨半岛酒店在众筹网和原始会同步上线。在原始会上线的股权众筹项目计划融资1.1亿元，最低投资额为10万元；在众筹网上线的奖励式众筹项目筹资10万元，所筹资金将全部捐献给中国社会福利基金会。预期股东年化实物加现金回报不低于15%，其中包括每年经营性收益现金分红不低于5%、每年赠予合伙人股东投资金10%的消费券可在三亚雅墨酒店会所配套及雅墨集团任意一家门店及精品酒店联盟使用。

2. **线下众筹酒店**

上海浦东新区世博园区和新国际博览中心附近的上海丽君酒店，众筹者的出资额2万元至6万元，以2万元为单位，股东大会召开时出资人共计72名，股东大会投票选出了9名管理委员会成员，出资方先成立蓬易众筹酒店（上海）有限公司，上海蓬易再从丽君酒店现有管理公司手中收购酒店经营权，并转包给由该项目众筹者共同出资设立的公司间接管理11年。

3. **结合会员建设和中介合作的众筹**

2015年7月15日，亚朵酒店推出会员专享的60天理财产品"亚朵天天盈"理财产品，预期年化收益率8%，5000元起投，50000元封顶，计划募集的330万元9分钟完成。

2015年7月22日，亚朵酒店与去哪儿网合作发布3年期众筹产品"梦想合伙人3年期理财计划"，1000元起投，年化收益11%，募集款项成功即发放首年利息收益。7天就完成了430万，最高单人投资20万，投资人中亚朵原有会员占比近50%。

2015年11月1日，逸柏酒店集团在苏宁众筹平台发起众筹项目，以筹建途客中国新店、升级酒店集团的各种设施及公区建设为目的，项目发起3天筹措金额超过100万。

众筹的意义在于使更多的潜在客户成了酒店的合伙人，完成了客户和股东之间的互为转化，使酒店投资更加理性，同时也分担了风险。

## 六、饭店新三板上市

新三板是指全国中小企业股份转让系统，是经国务院批准设立、中国证监会监管下的全国性证券场外市场，与上海证券交易所和深圳证券交易所两家场内市场具有同等法律地位。新三板属于私募发行，新三板挂牌后企业也可以选择不出让股份，零交易。

2015年9月19日，中青旅控股决定中青旅山水酒店上新三板，中青旅山水由创始人蔡海洋先生创建于2002年，基于中档酒店定位，商务酒店品牌为山水时尚、精品酒店品牌山水S，在北京、广州、深圳、成都、南京、郑州、丽江等地投资管理了50余家酒店。

2015年9月，胜高连锁酒店管理股份有限公司在新三板挂牌成功，胜高酒店集团创立于2007年，目前在北京、上海、广州、深圳、河北、浙江、湖南等省市拥有在营、在建、签约门店数十家。

截至2016年8月31日，饭店业新三板上市公司中共有17家挂牌公司计入统计，其在2016年上半年的营收达6.41亿元，净利润达0.55亿元。营业收入排名中，山水酒店以1.75亿元位居行业第一，成都文旅和胜高股份分列二三位，美豪酒店、酒店管理、古井酒店等榜上有名。

## 第五节 饭店经营管理的运营模式及特点

### 一、饭店经营管理的运营模式

#### （一）委托管理

委托管理模式是饭店集团向所管理的饭店输出管理时采用的最普遍的模式。通过饭店物业所有者与饭店集团签署相关的托管合同来约定双方的权利、义务和责任，以确保饭店集团能以自己的管理风格、服务规范、质量标准和运营方式来向被管理的饭店输出专业技术、管理人才和管理模式，并向被管理饭店收取一定比例的"基本管理费"（占营业额的2%~5%）和"奖励管理费"（占毛利润的5%~10%）的管理方式。

对实行委托管理业务的饭店集团来说，委托管理的要求比较高，需要饭店集团拥有较强的饭店管理能力、成熟的市场经营经验和对被管理的下属饭店有严密的控制与管理手段。

对被委托管理的饭店而言，这种经营模式的最大优势是可以相对减少投资风险，共享饭店集团的市场品牌和预订系统，客源相对固定，管理水平和市场认可度高。如果要说到这种经营模式的劣势的话，就是饭店集团拥有下属饭店的人、财、物等直接经营管理权，饭店业主基本上没有经营自主权，且管理费用支出较大。

#### （二）特许经营

特许经营这种模式并不是饭店行业所特有，它是在20世纪60年代兴起和逐步发展起来的。特许经营是以特许经营权的转让为核心的一种经营方式，对饭店业来说，特许经营权的核心实际上就是指饭店的品牌和营销预订系统。

饭店业的特许经营是饭店集团利用自己的专有技术和品牌与饭店业主的资本相结合，从而达到扩张经营规模目的的一种商业发展模式。通过认购特许经营权的方式，将饭店集团所拥有的具有知识产权性质的品牌名称、注册商标、定型技术、经营方式、操作程序、预订系统及采购网络等无形资产的使用权转让给受许饭店，并一次性收取特许经营权转让费或初始费，以及每月根据营业收入而浮动的特许经营服务费（包括：公关广告费、网络预订费、员工培训费、顾问咨询费、明察暗访费等）的管理方式。

对开展特许经营业务的饭店集团来说，首先要有成型的经营管理、服务运作能力，品牌的市场认可度要很高，拥有强大的营销系统和全球预订中心，同时，饭店集团的业务输出和扩张要实行有效的低成本运作。

对受许饭店而言，实行这种模式的优点在于，它可以直接分享饭店集团的市场品牌和营销预订系统，有助于提高饭店的市场知名度并形成固定的客源，饭店业主充分拥有饭店的经营管理自主权，且饭店集团收取的管理费用相对低廉。这种模式的劣势是，由于饭店集团对受许饭店的经营管理只有监督和指导权，而没有领导权，可能会出现受许饭店的管理随意性加大、服务管理水平下降等情况。

### （三）带资管理

带资管理，是指饭店集团通过独资、控股或参股等直接或间接的投资方式来获取饭店经营管理权并对其下属系列饭店实行相同品牌标志、相同服务程序、相同预订网络、相同采购系统、相同组织结构、相同财务制度、相同政策标准、相同企业文化及相同经营理念的管理方式。如香格里拉饭店集团是在我国最早采用此方式的国际饭店管理集团，2000年以前，香格里拉集团旗下饭店基本上以合资经营为主，集团对大多数管理的饭店持有绝对控股权。

### （四）联销经营

饭店联销集团，是指由众多的单体经营管理的饭店自愿付费参加并通过分享联合采购、联合促销、联合预订、联合培训、联合市场开发、联合技术开发等资源共享服务项目而形成的互助联合体。近年来，伴随着全球分销系统（GDS）的普及和互联网实时预订功能的实现，国外的"联销经营集团"应运而生并且迅猛发展。

## 二、现代饭店的运营体制和特点

国际饭店集团在饭店管理体制上实行的是现代企业管理制度，即所有权与经营权分离，资本运作与经营运作分离，以及董事会领导下的总经理负责制。

### （一）所有权与经营权分离

几乎所有国际饭店集团都坚持饭店经理受聘于管理集团，按照业主与管理集团签订的管理合同中的规定为业主工作，同时代表管理集团的合法权益。如果饭店经理受聘于业主，则容易放弃经营者该坚持的原则而倾向于业主利益。

### （二）资本运作与经营运作相分离

实行该管理体制，有利于明确经营者的责任和考评经营效益。国际饭店集团的饭店经理只负责企业的经营运作，而不对企业的资本运作负责，饭店管理合同中饭店集团不承诺有关资本运作或还本付息的责任。在管理合同中，一般只规定经营者在经营过程中产生经营毛利润这一阶段之前应负的经营管理责任。即饭店的总经理只负责到饭店经营期末的经营毛利润（GOP），而不负责其他如董事会费用、贷款利息、折旧、物业保险等费用。至于饭店业主对因投资饭店所负的债务是否有偿还能力，与经营无关。这样比较容易判断经营者的成果，如果业主想争取更好的经营效益，只能从审批营销计划和年度预算中想办法。而在国内一些饭店，总经理既是资产所有者的代表又是实际的经营者，这样不利于明确分工。

### （三）董事会领导下的总经理负责制

国际饭店集团的总经理拥有的权利体现在以下几个方面：

第一，在饭店的指挥系统上只能实行一个"船长"制。如果把饭店比作一艘乘风破浪的大船，这艘大船的船长无疑才是所有命令的发布者和决策者。饭店总经理作为饭店的最高领导也是整个饭店的突出形象代表人，遇到问题的最终决策人，副总经理和驻店经理都只能是总经理的助手，这就是所谓的"一个饭店只有一个声音——总经理的声音"。

第二，在饭店的管理体系上实行一条线制度，即垂直管理机制。各级管理人员向上只有一个领导，具体表现为：下级对上级可以越级反映，不能越级汇报；上级对下级可以越级检查，不能越级指挥。

第三，总经理对直接下属和他的助手有充分的任免权，保证令行禁止，有效指挥。总经理只向管理集团和代表集团向业主公司董事会负责，董事会依据管理合同和雇用合同掌握总经理的命运。

### （四）管理控制

在制度上，管理集团与饭店业主代表机构重点控制对饭店经营预算中的市场营销计划和经营费用预算计划的审批、执行和监督。根据委托管理合同中，业主公司代表可随时进入饭店了解财务账目。饭店财务总监一般由管理集团任命，其有权直接向管理集团汇报工作。总经理无权任免财务总监。

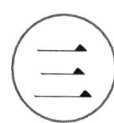

# 饭店项目先期筹划

对任何一家从项目立项到预开业经营筹备的饭店企业而言,如何未雨绸缪使饭店企业能在激烈的市场竞争中立于不败之地,不仅是饭店投资者关注的首要问题,更是饭店筹备者和未来的经营管理者需要钻研的课题。

如果说,饭店是一座理想的大厦,那么,饭店的筹备工作就是建造这座大厦的基础。

饭店企业的开业筹备规划从总体上说是"两个重点"及"三个主线"。"两个重点"指的是饭店开业筹备中的硬件筹备和软件筹备。硬件筹备主要是指饭店的工程筹建工作,软件筹备则是指饭店的预开业经营管理筹备工作。"三个主线"指的是饭店开业筹备所经过的三个时期,即先期筹划期、工程建设期和预开业经营管理筹备期。

## 第一节 饭店项目先期筹划需要考虑的问题

饭店项目先期筹划将促使饭店决策者和预开业筹备的经营管理者全盘考虑以下几个问题。

### 一、饭店究竟是为谁建造的

在进行饭店项目的先期筹划时,首先要考虑的是饭店是为谁建造的?是为客人建造的吗?看似简单的问题仔细琢磨琢磨就不那么简单了。

显而易见,不同的客人有不同的消费需求,客人会根据个性化的需求来寻找适合自己消费的饭店。左右客人消费行为的可能有价格因素、地理位置因素、个性化差异因素、习惯性消费因素等多种原因。对饭店而言,在实施项目工程前,必须遵循"先定位,再选项"的原则,明确饭店的市场定位,明确饭店是为哪些层次的客人服务的。

要做出准确的市场定位,就要了解饭店所在的区域有什么样的市场需求,未来的客

源结构是怎样的？如果饭店处于城市的中心商务区或交通枢纽地带，客人大部分有商务旅游的需求，那么，饭店最好定位于商务饭店；如果饭店处于旅游胜地和风景区，旅游客流量较大，那么，饭店最好定位于度假型饭店；如果饭店周边有大量长住商旅或会议展览的客源需求，那么，饭店就很可能会定位于公寓饭店或会议型饭店。

## 二、饭店如何构建合理的产品

适合目标市场的产品才是饭店作为企业生存和发展的根本。通俗地说，客人最喜欢消费的产品也就是合理的产品。在确定了饭店的市场定位和经营范围后，要把其主要产品按照不同的定位和客人的需求进行细化分析，对客房、会议设施、餐饮设施、娱乐设施、公共区域的规模和比例进行合理调配，集中发挥资源优势，最大限度地满足客人的需求。

在构建产品结构时，还要考虑到饭店运营的经济性，对于预期能够获利较大的饭店产品要相应地加大投入，保证饭店有足够强的市场竞争力。

## 三、饭店企业需要实现怎样的目标

饭店企业需要实现怎样的目标呢？

对饭店业主来说，这个目标就是饭店在未来的经营中能取得怎样的经济效益和社会效益，具体体现在饭店项目的投资回报、有形资产的保值增值和无形资产的形成这几个方面上。

对饭店的预开业经营管理者和未来的经营者来说，这个目标是由多个短期目标组成的，它包括饭店刚刚进入市场的培育期、业务拓展期和经营成熟期等不同时期的目标。每一个阶段的目标所带来的收益是不同的。在饭店市场培育期，如果饭店业主要求管理者实现一定的经营利润，这是不现实的。因为在这个时期，饭店的主要任务是树立品牌形象，尽量扩大客源市场，其运营管理成本和人力资源成本相对会高些。当饭店经过一两年的市场培育期进入到业务拓展期和经营成熟期后，其市场形象已经确立，经营管理模式相对固定，收益能力日趋稳定，实现相应的经济任务也就水到渠成了。

## 四、饭店业主和未来的经营者对饭店的心理预期有何不同

在这一问题上，饭店业主和饭店经营管理者的心态是不同的：饭店业主更多看中的是经营结果，他是从宏观上把握和解决问题；而饭店的经营管理者由于市场的不断变化和实际的经营压力，则更重视经营目标的实现过程，他是从微观上处理问题的。心理预期不同，行为方式就会有所不同，这就需要饭店业主和经营管理者都要站在对方的角度上考虑问题，按照饭店的客观发展规律办事，为饭店的长远发展考虑，不要急于求成。

## 五、如何减少饭店的投资风险

每一项投资既有经营风险、财务风险，又有市场风险。相对于其他行业来说，饭店

项目的投资风险更大。因为饭店产品是凭借各种设备设施所提供的服务来取得收益的。而服务这种产品本身具有不可储存性，一旦投资决策失误或旅游市场需求发生变化，饭店产品的销售就会受阻，预期的投资效益就会无法实现，甚至亏本倒闭。因此，只有加强投资的风险管理，进行科学决策，才能降低风险带来的损失，提高投资的经济回报。

投资风险的大小，还可以用风险率指标来衡量。风险率就是标准离差率与风险价值系数的乘积。标准离差率是标准离差与期望利润之间的比率；风险价值系数一般是由投资者主观决定的，愿冒风险以追求高额利润的投资者会将风险价值系数取值小点，反之，可以取值大点。计算出风险率后，与银行贷款利率相加，如果所得之和小于投资利润率，那么投资风险相对小些；否则，就要对投资的可行性进行重新评估。

与此同时，必须通过采取措施尽量减少投资风险：如加强对客源市场的分析研究，掌握旅游市场需求变化趋势，组织适销对路的产品，提供适合需求的个性化优质服务，以吸引更多的客源；还可以通过发展多种经营、承包经营，以达到分散风险的目的；亦可通过严格管理，采取灵活的价格机制，建立能适应市场变化的、灵敏的反应机制……

## 六、如何合理规划饭店项目的投资要求和投资步骤

规划饭店项目的投资要求，需要投资者做到三点：首先，是建立严密的投资管理程序；其次，是制订投资计划；最后，是进行投资饭店项目的资金预算，及时筹集项目所需资金，避免由于资金不足造成半截子工程，影响投资效益。

考虑饭店项目的投资步骤时，为保证投资的有序性和有效性，需要确立饭店项目投资管理的程序和方法：步骤一，是项目的预可行性研究。在正式确定投资意向前，进行必要的预可行性研究。步骤二，是根据投资意向进行可行性研究，要求制订出若干个投资方案以供筛选。步骤三，是逐一筛选投资方案，对每一个方案进行经济评价，最终选出最优方案。步骤四，是制订详细的投资计划，监督资金合理使用。

## 七、饭店经营中如何平衡业主、管理者和员工间的利益

饭店是由业主、管理者和员工三部分人员组成一个团队共同经营的。从饭店经营目标的角度来说，这个团队的利益是一致的，他们都期望饭店能在市场上得到丰厚的经济效益和社会效益。但从单个群体的个人目标出发，他们的利益又有所不同，主要表现为：

（1）对于饭店业主来说，他们是饭店的投资者和所有者，所有业主都会把饭店的投资行为作为一种期待回报的经济手段来进行市场化操作。业主的利益在某种程度上说，就是饭店能否成功走上产业化发展道路、能否快速收回投资且带来收益和回报，但这种期待有一定风险，其中有市场经营风险也有金融风险。从整体上讲，饭店业是一个高投入而相对低产出的行业，中高档饭店的投资回收期一般要七八年。当饭店的现金流支付不了经营成本、管理费用、税金、折旧、贷款利息（如果有的话）等费用而不能产生一

定的利润的话,就意味着项目亏损,如果这种亏损不能得到及时控制和改变的话,很可能会使投资失败。

(2) 大多数饭店的管理者都是饭店业的职业经理人,他们的利益一方面是获得薪水和超额完成经济指标的物质奖励,另一方面是在业内得到更好的发展。

(3) 员工的基本利益是有工资、福利和各种保险,能参加专业培训、获得职务升迁等。

平衡业主、管理者和员工之间的利益关系,需要业主按照饭店的经济规律办事,给管理者充分授权;管理者尽其所能发挥才干,扩大市场份额,降低成本和费用支出,创造更多的利润,并关注员工的职业生涯规划设计;员工在岗敬业,为客人提供优质服务,建立饭店良好的声誉。简言之,平衡这三部分人员利益的最佳方法,就是在饭店的经营中,大家统一思想、齐心协力,提高营业收入和利润,不断把饭店市场这块"蛋糕"做大,实现三赢。

## 八、饭店先期筹划对后期经营有何影响

饭店的先期筹划能帮助决策者确定企业的市场发展规划、预测筹建中可能出现的问题,在一定程度上减少未来工作中的诸多不确定因素。经营饭店虽然始终会有一些不能预见的状况出现,但完善的先期筹划确实可以帮助饭店的预开业筹备者建立有利于饭店日后经营的目标和准则。

任何一个饭店,从项目策划立项到正式营业,都要经过复杂缜密的筹建过程,这个过程的主线是饭店建设期、筹备开业期和正式经营期。饭店的先期筹划作为整个主线的基础,对饭店的后期筹备和正式经营等工作将产生决定性的影响。

在饭店的先期筹划中所涉及的具体内容,如饭店市场定位准确与否,将直接决定饭店的客源结构和营销策略;筹划建造的功能布局将决定其产品的基本架构和流线是否合理;饭店筹建期间选用的墙面、地面等建筑装修、装饰材料的性能,将与开业后的清洁保养费用高低息息相关;饭店筹划选型的各种工程机械设备的质量和使用年限等,将直接影响这些设备的后期维修保养费用的高低;饭店前期的节能规划,将决定后期能源费用的多少以及是否适应绿色饭店的发展要求;饭店筹建前期的市场调研是否准确,也将对饭店后期经营产生重大影响……

## 第二节 如何进行饭店项目的先期筹划

饭店项目先期筹划包括饭店项目立项及概念规划、饭店项目投资环境考察、饭店项目市场论证和财务投资可行性研究、确定经营方式和饭店项目资金筹划等,本节讨论的重点是饭店项目投资环境考察和投资可行性研究。

## 一、饭店项目先期筹划的流程

饭店项目先期筹划的流程在一定程度上明确了饭店投资者、建设者和预开业经营管理者在这一时期的基本工作内容。

饭店项目先期筹划流程如下面图示：

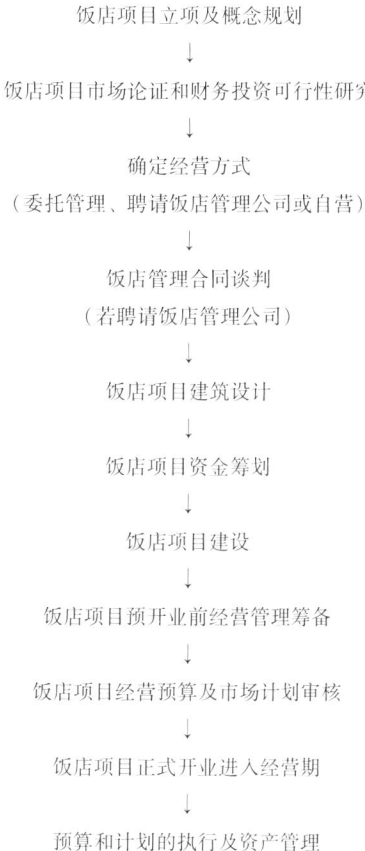

饭店项目先期筹划的内容包括饭店项目立项及概念规划、饭店项目投资环境考察、饭店项目市场论证和财务投资可行性研究、确定经营方式和饭店项目资金筹划等，本章讨论的重点是饭店项目投资环境考察和投资可行性研究。

## 二、饭店项目投资环境考察

饭店项目投资环境考察是饭店业主在饭店项目立项前所做的第一步重要工作，考察以搜集相关资料为主，形成具有一定参考价值的书面报告。其目的在于从宏观市场和政策上分析饭店的投资环境和发展潜力，使饭店业主或投资者从整体上有一个清晰的认识，对饭店的投资必要性做出相关说明，为下一步进行投资可行性研究做好铺垫。

### （一）外部一般环境研究

外部一般环境，或称总体环境，其内容庞杂，大致可归纳为政治环境、社会文化环境、经济环境（包括宏观经济环境和微观经济环境）、技术环境和自然环境。在自然环境中，地理位置是制约饭店经营好坏的一个重要因素；气候条件及其变化也和饭店经营有着密切的关系。

### （二）外部特殊环境研究

外部特殊环境包括城市饭店需求评价、区域饭店业供给规模评价、饭店业发展趋势预测（含饭店客房规模及收益统计和饭店业发展的新特点）、旅游业发展趋势预测、现有竞争对手分析（饭店间的竞争有三种基本模式，即纯粹竞争抗衡模式、纯粹垄断抗衡模式和垄断竞争抗衡模式）、潜在投资者和消费者的需求趋势分析（含市场信息的充分程度、消费者收入水平、购买产品的数量和购买者的消费偏好）等。

### （三）饭店选址

进行饭店选址时，需要综合考察宏观和微观两方面的因素。

在宏观因素中，首先要考虑的是地段和区域，判断哪些地段适宜建造饭店。一般来说，在交通方便的区域如车站、码头、航空港；靠近市中心的商业区如城市CBD、主要街区、政治文化中心等；环境安静，具有一定的私密性的区域等，都是饭店选址的最佳处所。其次要考虑社会经济环境，包括客源地国民生产总值和居民消费状况的综合指标、投资地未来的经济发展速度和当地政府机构有关投资的优惠政策、限制政策、土地征用的规定等。最后要考虑社会文化环境、生态环境和可持续发展环境等。

在微观因素上，首先要考虑的是自然气候条件，其次是水文地质条件，最后是地形交通环境情况。

## 三、饭店项目投资的可行性研究要点

对饭店项目投资进行可行性研究，是指在详尽的市场调研的基础上，运用科学的市场理论依据，对饭店项目进行可行性研究和市场定位分析。通过对拟建饭店项目周边现有、在建饭店和其他关联业态情况进行调查，对饭店项目的规模、档次和经营方向进行论证，对饭店项目的经营效益、投资回报进行预测，对饭店项目的方案设计及功能布局提出设计要求等专业顾问意见和建议，从而得出饭店项目市场策划投资实施的可行性论证结果。

分析饭店项目的投资可行性时，投资者需要聘请专业的饭店顾问咨询公司来进行，通过其对饭店项目市场策划方案的专业化分析和研究，得出的结论应当是具有饭店项目运营科学性和保证投资安全性的最权威的论断。如果可行性研究的结论是肯定的话，在一定程度上会增加投资者的信心。

### (一)可行性研究的目的与原则要求

可行性研究的目的,是通过专业公司的市场调研,用相关数据说明项目投资的可行性,为饭店投资者做出科学、准确的判断提供依据。

进行可行性研究时,应遵循相关原则:

首先,引用的数据资料必须准确可靠。

其次,通过多方案比较,保证可行性研究具有合理性和先进性。

第三,项目的目标产出与投入应当平衡,应当尽可能以最少的投入争取最大的产出。

最后,项目的社会效益和经济效益应当并重。

### (二)可行性研究的主要内容

饭店投资项目的可行性研究包括以下几方面的内容:

- ◆饭店项目背景与必要性分析
- ◆饭店项目重点建设内容和建设条件的研究
- ◆市场研究
- ◆项目目标研究
- ◆饭店项目市场策划方案
- ◆采取多方案比较的方法最后确定项目建设方案
- ◆投资估算与资金筹措研究
- ◆对饭店经济效益的研究评价
- ◆经营机制与管理体制的研究
- ◆项目管理机构的研究
- ◆项目可行性研究的结论

### (三)饭店项目运营策划方案

饭店项目运营策划方案,是涉及饭店从设立到如何进入市场,再到市场化运营和发展等项目的系列策划方案,是饭店项目可行性研究报告中最核心的内容,它在一定程度上描绘了饭店企业的发展远景。饭店项目市场运营方案的重点是规划饭店按照市场运作方式实现终极发展目标。

饭店项目运营策划方案需要专业的可行性研究论证后,经过筛选和比对才能形成终稿。它作为一个纲领性的文件,对饭店的前期筹建和后期经营发展具有指导性意义。饭店的远景规划更多涉及的是投资者对饭店经营发展的整体思路和要求,这些内容可被视为饭店经营者努力达成的中长期目标,通过经营过程中的不断修正,保证饭店企业朝着正确的方向发展。

### (四)可行性研究的依据

**1. 指导性依据**

包括国家、地区的政府部门的国民经济、社会发展计划和远景发展目标及有关的产业政策。

**2. 指令性依据**

包括经过有关部门批准的项目计划书和其中确定的内容,已经完成的初步规划设计报告或初步设计报告,主管部门或委托单位的设想、意见和要求等。

**3. 参考性依据**

包括有关部门或单位完成或提供的有关自然、社会、经济方面的资料数据和调查报告,国家统计部门公布的资料等。

**4. 规范性数据**

包括国家、部门或行业协会等颁布的工程技术方面的标准、规范和指标等,国家、部门公布的用于评估、评价、计算的有关参数和指标等。

## 四、可行性研究报告的编制方法

### (一)饭店项目概要

内容包括简述饭店项目名称、主办单位、项目的由来、项目依据和主要目标;项目与国家或地方发展规划的关系,项目的优势条件和项目选择的理由;项目规模、基本内容、投资来源、投资数量、预期产出、项目效益评估,以及尚待解决的主要问题。

### (二)饭店项目背景

内容包括介绍饭店项目所处的地理位置和环境条件,从客观上论述项目成立的理由,主要内容包括:

第一,自然条件,包含地理位置、土地资源和气候条件。

第二,社会经济条件。

第三,国家和地区的经济社会发展、旅游规划,特别是饭店业发展规划与本饭店项目目标的关系;国家对当地的政策,如资金和物资的投放政策、价格税收政策等。

第四,饭店项目的基础设施状况。

### (三)饭店项目的环境和市场研究

饭店项目的环境和市场研究,主要指饭店项目周边的相关业态调研与分析,所在区域的潜在客源类型及供需流量分析等。

### (四)饭店项目投资估算

饭店项目投资估算主要指对投资总额进行估算。投资总额是一个投资项目投入使用前的全部支出，它应包括固定资产投资、流动资产投资和建设期间的利息费用三大部分。

1. 固定资产投资

固定资产投资估算通常由下列各项费用相加组成：

◆ 施工前期准备费用（主要包括土地补偿费、安置补助费、勘察设计费等）

◆ 工程用材料费

◆ 工程用设备费（包括设备购置费）

◆ 工程用工工资

◆ 预付工程价款

◆ 工程管理费

◆ 工程水电费

◆ 其他费用（包括试运营费、职工培训费、办公和生活用家具购置费等）

2. 流动资产投资

常用的流动资产投资的估算方法有两种：产值资金率法、固定资金比例法。

产值资金率是经营流动资金与正常年份销售收入的比值，用公式表示：

$$经营流动资金 = 正常年份销售收入 \times 产值资金率$$

固定资金比例法，即以流动资金占固定资金的比例来计算。通常用固定资金乘以12%~20%的比例进行估算。由于饭店项目的收益以现金结算收入较多，故估算流动资金时，流动资金所占比例可略低一些。

3. 建设期间的利息费用

计算建设期间的借款利息时应注意，各年投资支出并不是于年初一次性投入，而是在全年中陆续支出的。因此，在计算当年投资借款的利息时，应按照当年借款总额的50%计算全年利息。

$$建设期间当年借款利息 = （年初借款累计 + 本年借款 \times 50\%）\times 利率$$

（五）饭店项目市场定位分析

按照饭店项目的实际情况分析其市场定位，说明所选择市场定位类型的成因和市场前景。

（六）饭店项目经营管理模式分析

内容包括按照饭店项目的规模、体量和运营要求，分析、选择最适合饭店经营的管理方式，对比不同类别的经营管理方式对饭店收益产生的预期影响。

（七）饭店项目运营策划方案

按照饭店的具体情况对运营后的情况做出预测和说明。具体内容包括：

1. 饭店项目概述

（1）饭店项目概况：包括饭店项目的地理位置、占地面积、建筑面积、容积率、楼体造型、楼层高度、规划要求、投资总额、业主方背景、饭店项目基础设施等内容。

（2）饭店项目优势：包括饭店项目的区位旅游资源调研、区域经济分析、市场准入情况说明、发展前景评估报告等具体内容。

（3）饭店项目投资方案：包括饭店项目的投资计划方案、资金使用计划、投资回报期测算、采购招标方案、财务风险规避方案等具体内容。

（4）饭店项目营销与管理：包括饭店项目的营销主体策划、市场定位、营销计划、客源结构分析、经营方式、管理模式等具体内容。

**2. 饭店项目规划**

（1）饭店建设标准：包括建筑设计方案、建筑特点、装饰装修方案、建设周期等标准文本内容。

（2）饭店经营许可：包括经营项目确定、行政许可手续办理、相关法律文件汇编等内容。

（3）饭店项目发展规划：包括星级饭店评定的申报计划、赢利计划、更新改造计划、再投资计划、发展战略设想等内容。

**3. 饭店行业概况**

（1）中国旅游饭店业概况：包括目标区域饭店保有量、目标区域各星级饭店数量、行业发展特征、目标区域各等级饭店的结构和分布、目标区域各等级饭店的经营情况等内容。

（2）饭店行业的经济特点：包括饭店的性质、赢利分析、服务需求等内容。

（3）饭店业的发展趋势：包括旅游行业整体发展趋势预测、饭店业发展趋势预测等内容。

**4. 饭店市场分析**

（1）区位饭店情况：包括区位饭店分布、区位饭店业务统计等内容。

（2）饭店经营分析：包括区位商旅年客流量、区位旅游业基本情况、经营指标分析、饭店项目市场定位等内容。

（3）饭店竞争市场：包括主要竞争对手经营情况、竞争市场的发展态势、区位饭店平均房价和年平均出租率调研等具体内容。

**5. 饭店项目公司简述**

（1）饭店项目公司简介：包括拟成立公司的股权结构、公司结构、注册资金、经营范围等内容。

（2）饭店项目管理方向：包括饭店项目拟合作的管理公司简介、管理团队成员简历等内容。

（3）饭店项目法律顾问：包括律师事务所简介、律师业务范畴等内容。

**6. 饭店项目市场营销**

（1）饭店项目的目标市场：包括目标市场的构成、目标市场的预测等内容。

（2）饭店项目的产品与服务：包括饭店项目的产品结构、产品分析、服务体系等内容。

（3）市场价格核定：包括定价原则、定价方案、价格政策、成本分析、价格的管理和控制方法等内容。

（4）分销渠道：包括市场直接销售渠道分析（主要针对上门散客和协议客户）、代理间接销售渠道分析（主要针对旅行社、网络代理销售商）、销售渠道客源配比等内容。

（5）公关宣传计划：包括公关对象分析、宣传方式、目的要求、资金支持等内容。

（6）销售奖励制度：包括全员销售激励制度、对客奖励销售政策等内容。

7. 饭店项目的运营管理

（1）饭店项目的基本业务流程：包括业务流程设计、业务流程控制、业务流程操作手册等内容。

（2）饭店项目的组织机构设计：包括组织机构图、层级管理、管理制度、指导性管理文件等内容。

（3）饭店项目的人力资源设计：包括人员定编、岗位设置、薪金分配制度、社保计划、培训计划等内容。

8. 饭店项目市场计划的结论

包括项目立项的必要性、市场发展潜力、预期财务评价结果等内容。

## （八）融资计划及资金筹措

融资方案包括融资资金额度、融资方式、融资用途、计划分析、公司治理、投资保护等内容。资金筹措包括资金来源、筹措计划等内容。

## （九）收益分析

内容包括饭店项目的营业收入预测、成本预测、费用预测、营业利润测算等。

对项目投产后的年销售收入进行估算时，可根据项目的设计能力、生产能力利用率、产品销售价格进行估算。

估算饭店客房销售收入时常用的数据是：
- ◆ 平均房价
- ◆ 平均出租率
- ◆ 可出租客房数
- ◆ 年营业天数等

估算餐饮销售收入时常用的数据是：
- ◆ 食品和饮品的人均消费
- ◆ 餐位数
- ◆ 餐台周转率
- ◆ 营业时间

◆年营业天数等

### (十) 投资回收期测算

投资回收期,是指以项目的净现金流量抵偿全部投资所需要的时间长度。

在不考虑贴现指标的情况下,其计算公式为:

$$投资回收期 = 投资总额/每年现金净流量$$

现金流量,是指一定时期内现金流动的数量。现金净流量作为一项财务指标,是饭店的现金流入量与现金流出量之差。其计算公式为:

$$现金净流量 = (投资所增加的收入 - 投资所增加的费用 - 投资的折旧) \times (1 - 所得税率) + 折旧$$

从以上公式可以看出,现金净流量等于税后利润加上折旧,所以投资回收期的公式可以写成:

$$投资回收期 = 投资总额/该项投资每年可获税后利润 + 每年提取的折旧费$$

从该公式中可以看出,现金净流量越大,投资回收期就越短。就饭店项目的投资回收期来讲,一般为6~7年,因为这时恰好是饭店设备的更新期,如果这时投资还未收回,势必影响投资者再投资的信心,所以6~7年可作为饭店投资回收期的一个指标。

### (十一) 饭店项目的投资与财务评价

对饭店项目投资进行财务评价时,一般可以用一些经济指标进行分析。用于进行投资决策判断的经济指标很多,大致有以下数种:

◆收益最大或付税后利润最大

◆成本最小

◆收益与成本之比最大

◆承担各种损失的风险小

◆最好的服务质量

◆规模最大或质量档次最高的饭店

◆饭店发展速度最快等

事实上,一项具体投资不可能同时满足上述所有标准,同时满足几个标准都是很困难的。对于大多数投资者来说,最常采用的决策标准是"收益最大或付税后利润最大"和"饭店发展速度最快"这两项指标。

### (十二) 优劣势分析

优劣势分析,又称SWOT分析,主要是对饭店项目的风险进行说明。内容涉及市场风险(含人力资源、市场竞争)预测、经济风险(含政府政策、行业特点)预测等,同时还要分析风险对策、规避措施、战略退路等。

对于一个拟建饭店项目的优势进行分析时,出于发展考虑,应该分析以下因素对饭店的利好：

（1）发展机遇：中国经济的快速增长和投资环境良好的发展势头为饭店业提供了光明的前景。随着城市的快速发展，中高端饭店投资从资产保值升值的角度看，容易形成一个良好的开端。

（2）地理位置：饭店选址时，理想的地理位置包括下列一些区域：交通枢纽地带（含汽车站、火车站、飞机场、港口码头）、城市中心商务区、会展中心附近、商业购物中心、旅游景区等。理想的地理位置将为拟建饭店提供一个理想的发展环境，并使拟建饭店具有市场竞争的先天优势。

（3）竞争力：通过对饭店业市场的分析，只要拟建饭店能很好地发挥品牌效应、经营策略、服务标准和管理优化等核心竞争力，将对目标竞争饭店形成冲击，从而占有一部分市场份额。如果缺少同一层面上的竞争对手，容易在短时间内形成强有力的竞争力而领跑市场。

（4）市场定位：依照饭店业"先定位，后选项"的原则，为拟建饭店制定一个清晰的市场定位是十分必要的。拟建饭店可以选择的市场定位包括商务型、旅游度假型、公寓型和会议型。进行市场定位时，应结合自身的实际情况。从饭店业的发展上看，不管选择什么类型的市场定位，都应该强化对客的商务服务理念，以最大限度满足客人的合理需求为经营方针。

（5）产品组合：中高端饭店的一个共同特点是，饭店产品的组合更趋合理。从硬件上讲，客房房型的可选择程度较高（如行政楼层的设置）、餐饮设施规模化生产能力强、娱乐项目的设计丰富多样；从软件上讲，强调对饭店业务流程和服务差异化的设计。

（6）隐性优势：在分析拟建饭店时适当考虑其隐性优势也是十分必要的：首先，是业主方从其他的业态经营模式可以迅速转型于饭店业，利于投资的多样化；其次，是中高端饭店品牌将带来无形资产升值，通过这部分资产的升值将对饭店的资本运作起到重要的作用。

（十三）敏感度分析

所谓敏感度分析，就是通过分析相关数据，判断饭店对市场产生变化时的不同敏感度。

（十四）社会效益评价

内容包括饭店产品贡献、提供的就业机会、劳动条件的改善和对社会精神文明的作用等。

（十五）存在的问题和建议

内容包括可行性研究中发现的而又一时尚未解决的问题，应在报告中提出解决问题的途径和方法。

### （十六）可行性研究报告的结论

包括通过上述专业分析做出决策判断，简明扼要地对项目的可行性进行总结，使相关者（投资者、贷款者、评估者和审批单位）能对项目的基本情况（资源、市场、工程、效益等）以及可行或不可行有一个清晰的决断。

# 第三节　H温泉度假酒店产品定位、市场研究及经济评价报告

## 一、项目背景

受A开发有限公司委托，北京B酒店管理有限公司针对委托方在C省F市G县D乡拟建四星级温泉度假酒店项目（以下简称：拟建酒店）的产品定位、市场研究及经济评价等方面，从酒店经营管理专业的角度，提供顾问咨询服务，编制本报告。

### （一）基本情况及主要技术指标

项目业主计划在该乡开发一座大型温泉综合旅游项目区。其中包括有一座四星级温泉度假酒店、一座五星级奢华酒店、度假公寓、房车营地、温泉养生基地、水上乐园、文化广场、竹林茶社、生态种植、素质拓展、农家生活、亲子乐园、商业街区和人文自然景观等多种康体娱乐、休闲生活的业态组合。

拟建酒店的建筑面积约为36603平方米，其中，地上建筑面积为23568平方米，地下建筑面积为13035平方米。拟建酒店现已进入规划设计阶段，预计建设时间为两年左右，并于2017年年初进入首个全面运营年。

### （二）研究目标

本研究报告涵盖三个要点：

首先，我们评估了项目业主拟建酒店未来运营期间所处的市场情况；其次，我们为拟建酒店建议了最适合的产品定位和设施组合；最后，我们预测了拟建酒店未来的设施利用率水平（温泉相关收益、客房产品住宿率及平均房价、餐饮和其他收入等），形成了营运10年财务预测以及投资回报报告。

在计算投资回报时，我们采用了第三方资深测量行提供的平均建造成本数值，并参考了整个行业的标杆基准。我们无法对开发成本进行详细缜密的预测，为更加精确地测算开发成本，我们建议业主聘请一个资深的专业测量行负责此项工作。

### (三) 服务范围

我们的产品及财务研究的服务范围主要包括：

（1）分析项目地点及周围的地块和设施用途，已确定开发什么样的酒店产品以适应市场。

（2）分析目前及未来国内温泉旅游市场、温泉度假酒店及经济发展方面的特征和趋势，以确定拟建酒店在未来市场的生存潜力。

（3）调研国内可能与拟建酒店构成可比性的重要温泉旅游目的地及温泉度假酒店。分析目前市场中可供比较的温泉旅游目的地及温泉度假酒店他们各自的经营业绩表现，如温泉相关收益、产品价格政策及客源构成等。

（4）在分析市场需求历史增长趋势和经济发展趋势的基础上，预测酒店需求市场的未来增长趋势。

（5）从市场需求角度建议拟建酒店的设施构成，使其在未来市场中实现最佳的业绩表现和顾客满意度。

（6）预测拟建酒店的预期设施使用率水平。分析和预测拟建酒店首个 10 年运营期间的财务业绩表现和投资回报。

### (四) 主要假设

此产品和财务研究的结论及建议主要基于以下重要的假设：

（1）拟建酒店将进行专业化管理，并投入相当的资源招募员工及进行有效而充分的培训，使酒店的服务水准能够匹配其市场地位，并满足顾客的期望。

（2）开业前，拟建酒店将适时推出颇富成效的市场推广及促销活动，并在我们分析预测所涵盖的运营期间持续而有效地开展市场营销活动。

（3）拟建酒店将开通直销预订和第三方分销推广系统。

（4）拟建酒店将在 2017 年进入首个全面运营年份。

（5）拟建酒店将配备品质较高的各项设施设备及家具，未来运营期间，酒店也将在硬件设施的维护保养上制定充分的周期性保养和翻新计划，并在我们分析所涵盖的运营期间持续有效地实施此计划，始终维持其良好的设施状况。

（6）在未来运营期间，拟建酒店将获得稳定且可靠的基础设施保障（如饮用水、污水处理、电力及用气设施等），这是实现顾客满意和达到顾客期望值的重要前提。

（7）该县内通往拟建酒店现有的内部和外部往来交通将得到完善和改进，这是决定项目地点交通便利程度的重要条件。

（8）我们在报告中使用的通胀率将与实际情况相符。

（9）未来将不会发生对该省及周边地区的整体信心构成重大影响因而损害商业活动的政治和行政事件、卫生健康、社会或自然事件。

（10）中国，尤其是该省的主要贸易、投资和旅客来源在近期将不会经历重大和持续的经济衰退。

## 二、项目所在地概况

### （一）地理位置

G县是F市下辖的一个县，位于C省西北部，距省会60千米，总面积1642平方千米，辖18个乡镇场，森林覆盖率达70%。

全乡总面积74.4平方千米，下辖9个行政村，人口8444人，耕地5.519平方千米，山林49.97平方千米。

### （二）地形气候

县境三面环山，形成西高东低的地势，从西向中、东部逐渐倾斜、低落，构成明显的西部中低山地、中部多丘陵、东部低丘河谷平原，属典型的丘陵山区地形地貌。最高峰海拔1516.3米，最低点海拔27米，全境平均海拔300米。

该县属中亚热带湿润气候，四季分明，气候温暖，雨量充沛，日照充足，无霜期长。随着地形变化，气温由东到西递减，降雨量由东到西递增，东西干湿明显，南北温差较小。全县年平均气温为17.3℃，其中，一月份最冷，平均气温4.7℃，七月份最热，平均气温29℃。

全年平均降雨量为1612毫米，降雨量集中在4~6月份，占全年的54%，7~9月雨量减少，不到全年的28%。年相对湿度平均为79%，无霜期年平均为260天左右，年日照时数达1803小时。

### （三）自然资源

该县资源极为丰富，优质米、毛竹、猕猴桃、水电、花卉苗木为××县的几大优势，素有"贡米产地""优质米之乡""中华猕猴桃之乡""江南竹乡"的美誉。

农林资源：境内有宜耕面积500平方千米，年产粮食24万多千克，××优质米久负盛名。全县有林地面积873平方千米，其中毛竹林面积377平方千米，活立木蓄积量288万立方米，毛竹蓄积量6725万根，居全省第二，全国第五。猕猴桃面积15平方千米，面积江南最大。广阔的森林还衍生栖息着较为丰富的野生动、植物（野兔、野猪、狼、山鸡、蛇、药材等）资源。

水电资源：水电资源极为丰富，蕴藏量7.79万千瓦，年发电量1.4亿度左右，名列全市首位、全省第三位。

矿产资源：目前已探明的矿种有萤石、瓷土（含高岭土）、花岗岩、钾长石、黏土、砂石、石英石、钽铌矿、铜、铝、铁、铀等十几种，其中，花岗岩石板材境内分布较广，且质地好，具有较大的开采价值。

## (四) C省2008—2013年主要经济指标概况

图3-1 2008-2013年C省地区生产总值及其增长速度

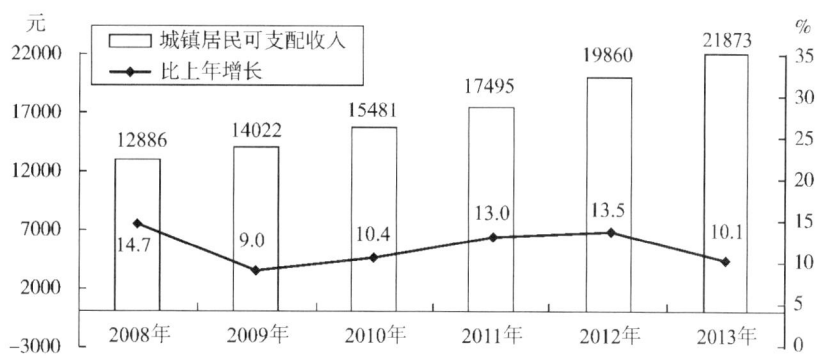

图3-2 2008-2013年C省城镇居民人均可支配收入及其增长速度

通过以上两图可以看出，C省近6年来GDP年增长率均超过10%，高于国内平均水平，且城镇居民人均可支配收入逐年快速提升，经济发展势头向好。

表3-1 ×年1~4月C省F市及各县（市、区）主要经济指标

单位：万元

| 县市 | 财政总收入/增长比 | 规模以上工业增加值/增长比 | 固定资产投资/增长比 | 工业投资/增长比 | 房地产投资/增长比 |
| --- | --- | --- | --- | --- | --- |
| a市 | 995460/17.2% | 195.82/13.5% | 2926400/22.6% | 1882690/8.9% | 338984/35.0% |
| b区 | 79404/16.7% | 17.71/13.0% | 342151/16.4% | 136826/10.9% | 106362/15.9% |
| c市 | 192514/24.7% | 47.12/13.6% | 691811/25.5% | 527665/35.8% | 85110/66.0% |
| d市 | 111561/18.8% | 27.07/13.4% | 301815/22.3% | 209741/5.2% | 28400/19.2% |
| e市 | 166901/13.2% | 27.57/14.4% | 709293/22.2% | 472071/-2.9% | 48665/128.2% |

续表

| 县市 | 财政总收入/增长比 | 规模以上工业增加值/增长比 | 固定资产投资/增长比 | 工业投资/增长比 | 房地产投资/增长比 |
|---|---|---|---|---|---|
| f县 | 68628/17.0% | 16.99/12.5% | 198965/22.7% | 77028/−43.4% | 9501/−26.2% |
| g县 | 68894/24.5% | 12.35/14.1% | 126806/25.6% | 50484/14.0% | 19421/64.2% |
| h县 | 81728/18.7% | 25.32/14.2% | 246573/21.9% | 214478/19.5% | 20784/14.5% |
| i县 | 56021/18.4% | 12.28/12.7% | 171256/24.1% | 135453/22.8% | 13261/2.4% |
| j县 | 22839/9.3% | 4.11/12.6% | 109342/24.6% | 50994/−7.1% | 5140/−19.8% |

从F市及各县（区、市）主要经济指标来看，G县的整体数据虽然不高，但较上一年的增长情况在9个县市区中还是位居中游的，而其工业投资出现较大负增长很可能为大力发展旅游产业腾出空间。

### （五）交通概况

5个机场已投入运营，未来将建设2个机场，会填补该地区的空白。

京福、沪昆两条高铁已于2014年通车，即将开启长三角、珠三角、武汉城市群、长株潭城市群、成渝城市群、皖江城市带的"同城化"时代。尤其是沪昆高铁（杭长段）的开通运营，意味着高铁"版图"初步可贯通东西南北，旅客花费时间可缩短一半以上。

向北——北京：开通直达北京高铁，全程耗时8小时。以往：直达特快11.5小时。

向东——杭州、上海等：去杭州2个多小时、去上海3个多小时。以往：动车去杭州5小时、去上海6小时。

向南——广州：从京广高铁抵达广州，耗时为4~5个小时。以往：特快要12小时。

向西——长沙、昆明等：去长沙1.5小时。去昆明5个小时。以往：动车去长沙3.5小时，去昆明27小时。

## 三、旅游经济及特点

### （一）旅游资源

G县素有"仙源灵境"之誉，自然景观秀丽，人文景观丰富，境内群峦叠翠，古迹迷人，旅游景点甚多，历史上有不少政客商贾、学者高僧前来浏览、隐居，留下了许多胜迹和动人传说。

## （二）旅游统计

**表 3-2　C 省旅游统计（×年 1~6 月）**

| 列项 | 统计数据 | 增长比 |
|---|---|---|
| 入境旅游者 | 92.8 万人次 | 3.27% |
| 旅游外汇收入 | 2.95 亿美元 | 5.55% |
| 旅游总人次 | 1.5 亿人次 | 25.31% |
| 旅游总收入 | 1124.6 亿元 | 36.12% |

资料来源：C 省×年国民经济和社会发展统计公报

×年上半年，C 省旅游主要数据的增幅均超过全国平均水平的两倍以上。旅游总收入增幅 36.12%，旅游总人次增幅 25.31%，两者相比，总收入增幅高于总人次增幅 10.73 个百分点，人次每增长 1 个百分点拉动收入增长 1.427 个百分点，这说明 C 省的旅游经济运行质量明显提升。相对于全国入境旅游整体下行的大背景，C 省却逆势而上，预计 C 省即将迈入旅游经济"两千亿元俱乐部"。

**表 3-3　G 县旅游统计（×年）**

| 列项 | 统计数据 | 增长比 |
|---|---|---|
| 旅游总人次 | 146 万人次 | 28.5% |
| 旅游总收入 | 12.9 亿元 | 26.5% |

**表 3-4　G 省×年"十一黄金周"旅游统计**

| 学院 | 统计数据 | 同比增长 | 景区排名 |
|---|---|---|---|
| F 市 | | | |
| 旅游接待人次 | 321.94 万 | 31.5% | 1. A 山 61.64 万<br>2. B 山 60.16 万 |
| 旅游收入 | 13.9 亿 | 40.5% | 3. C 景点 51.59 万<br>4. D 山 41.51 万 |
| C 省 | | | |
| 旅游接待人次 | 3232.21 万 | 30.87% | 5. E 山 40.06 万<br>6. F 温泉 38.5 万 |
| 旅游收入 | 160.32 亿 | 39.37% | 7. G 山 28.1 万<br>8. H 景点 25.84 万<br>9. I 峰 26.03 万<br>10. J 湖 13.38 万 |

资料来源：C 省旅游局 F 市旅游局

随着沪昆高铁南长段开通，乘高铁游成为新时尚，高铁给该地旅游带来了第一笔馈赠。休闲度假依然成为游客主要出行目的，自驾车占接待游客比重的75%。其中，B山温泉风景区共接待游客60.16万人次，同比增长53.59%；实现旅游综合总收入4.46亿元，同比增长55.4%。

### （三）旅游客源市场

根据C省移动、电信、联通三大通讯运营商对省外手机用户入C省人次的监测数据和百度公司提供的内部数据，当地旅游客源市场结构呈现出新的特点：

C省客源市场排名前10位的省份占游客总数的67.18%（这10省的常住人口总数为6.87亿人，按照国家旅游局公布的2016年全国人均出游3.4次的指标预测，未来这10省的旅游市场潜力将超过23.36亿人次），说明周边市场不断巩固并有所扩张；长三角和珠三角市场是该地旅游最主要的省外一级客源市场；同时，北京、西安、港澳台等中远程市场成长快速。

### （四）温泉旅游统计

据初步估计，C省的温泉地热点总数和地热资源总量分别位居全国第7位和第11位，目前，该省已发现90多处天然出露的温泉，其中，温度在40℃以上的就有51处，且富含多种微量元素，与周边地区相比，资源优势明显，温泉旅游具有很大的潜力和空间。

该温泉旅游年接待游客1200万人次，占全省旅游接待总人数的7%；温泉旅游年综合收入110亿元，占全省旅游总收入的8%，相当于全省GDP的0.78%。预计未来几年，该温泉旅游年接待游客将达到1800万人次，占全省旅游接待总人数的8%；温泉旅游综合收入180亿元，占全省旅游总收入的9%，相当于全省GDP的1%。

该省将大力推进温泉旅游重点工程建设，着力培育2个省级温泉旅游度假示范区、7个省级温泉旅游度假区、15个温泉旅游特色镇和36个温泉旅游度假村，积极引导其他有条件的地方建设温泉旅游点。

## 四、项目基础分析

### （一）地点分析（略）

### （二）交通状况（略）

### （三）可见度

凭借地处用地地块的核心位置，拟建酒店应该享有极高的可见度。由于项目地点紧邻"××路"，因此在大道上可以很容易地辨别出拟建酒店。

基于项目地点已规划的布局，客房朝向整个山区优美的自然风光而享有最为怡人的景观。

### (四) 温泉资源

H温泉历史悠久,传说九仙女下凡常在此沐浴而得名。北宋初年,H汤温泉建成,后几经战火,于清代道光年间重建,至今已有1200年的历史。××村的温泉有两股,一阴一阳,阴泉水温保持在26℃,阳泉为57℃。水质为"含氟硅质弱矿化重碳酸钠型硫化氢氡水",富含硫磺,可治疗多种皮肤顽疾,对调节身体机能有很好的保健功效。实际探明开采量3000吨/天,属于特大矿藏,北宋黄庭坚曾题诗:"九仙沤和汤,浴此二水牡。主人无施心,冷暖各得所。道途阙十方,飘杓汲万古。欲问源从来,大雄山有虎。"

### (五) 温泉对机体产生医疗保健的几种主要有效成分及其作用

经勘探查明,H汤温泉水温为53~62.5℃。水质类型为含氟偏硅酸重碳酸钠型低矿化淡水,富含钙、钠、钾、铁、镁、硫、氮、硅、氡等30多种矿物质,是优质的理疗热矿水。

### (六) 温泉目的地旅游的现状及发展前景

随着近年来人们生活水平及生活品位的提高,观光旅游正在逐步向休闲旅游转型。人们的脚步开始慢下来,更加关注健康、养生,"泡温泉"成了一个让人身心舒展、回归自然的选择。由于温泉有医疗保健等诸多功效,且大多在田园乡间,加上城市私家车普及,周末去温泉度假已经不是可望而不可即的事情,而且天气越冷,温泉对游客的吸引就越大。在广东、福建、云南、四川等温泉资源丰富的省份,近年来温泉已经成为各大旅行社省内游增长最快的板块。

温泉旅游是旅游者以体验温泉,感悟温泉沐浴文化为主题,达到温泉养生、休闲、度假为目的的旅游。体验经济表现在旅游方面可叫体验旅游,温泉旅游不是观光旅游,温泉水没有什么好看的,也不是商务旅游。温泉旅游是旅游者通过亲水体验,得到一种精神的、生理的、体能的享受,旅游者在体验温泉过程中所感悟的主题就是温泉沐浴文化。所以说,温泉旅游的核心是温泉沐浴文化、养生文化、休闲文化、度假文化。

温泉形式的多样化设计也越来越时尚和超前,如超声波水力按摩温泉、森林温泉、石板温泉、花草温泉、康疗温泉、瀑布温泉、冲喷温泉等。温泉泡池多以不同的风格来设计,除了有休闲养生的功能外,更成了一道道迷人的风景线。

一些温泉由于水温高达80℃以上,加上含有多种微量元素,所以在其泉眼浸泡的鸡蛋或鹌鹑蛋的蛋黄嫩而蛋白呈半固体状,吃起来味道非常鲜,营养丰富;而温泉鸡、温泉猪手等温泉风味菜式是"只此一家,别无分店",食家自然不会错过。

温泉旅游以健康养生为特色,集旅游、休闲于一体,已成为21世纪旅游度假的一

大热点，温泉经济更是被称为朝阳产业中的朝阳。

## 五、温泉产品调研

### （一）C省内主要温泉产品

据古籍记载和现代考证，C省具有历史文脉传承的温泉只有三处，我们的重点调研目标为这两个区域的温泉度假村，且处于市场领头羊地位的酒店企业。

A温泉历史悠久，B温泉也已有800多年的温泉利用历史。明正德《袁州府志》载："气温如汤，冬可浴。以生鸡卵投入即熟。水中犹有鱼"。温汤温泉不含硫黄气，富含硒，偏硅酸等20多种对人体非常有益的微量矿物质元素，属国内外罕见富硒温泉，可与世界闻名的法国埃克斯矿泉媲美。

**调研项目Ⅰ：A温泉度假村**

A温泉度假村，是由某投资有限公司开发的首家大型集温泉、餐饮、客房、会议、娱乐于一体的四星级度假村，其东临湖泊，与两个风景区接壤。

整个园区设两处住宿区，共设各种客房606间套；温泉区有露天温泉、温泉区、大型室内游泳馆。水上乐园区设大型水上温泉冲浪池、260米环形温泉漂流、彩虹波浪滑梯和310米巨蟒滑道；此外还有可容纳500人会务的多功能厅和500人可同时就餐的绿色餐饮大厅和包房。

表3-5 A温泉度假村价格体系

| 房型 | 套内面积/m² | 柜台价/元 | 网络中心优惠价/元 | 优惠项目 |
|---|---|---|---|---|
| 标准楼单人间/标准间 | 25 | 480 | 468（2张单次） | 含双早、延迟14：00退房 |
| 日式房 | 20 | 520 | 498（2张单次） | 含双早、延迟14：00退房 |
| ××堂单人间/标准间 | 50 | 960 | 530（2张不限次） | 含双早、延迟退房、双人床 |
| ××堂——单套（露台泡池房） | 65 | 1080 | 580（2张不限次） | 含双早、延迟退房、双人床 |
| ××堂——复式（露台泡池房） | 85 | 1580 | 970（4张不限次） | 含双早、延迟退房、双人床 |
| ××堂——套房（露台泡池房） | 55 | 1880 | 1080（4张不限次） | 含双早、延迟退房、双人床 |

续表

| 房型 | 套内面积/m² | 柜台价/元 | 网络中心优惠价/元 | 优惠项目 |
|---|---|---|---|---|
| 观景别墅3室2厅（露台泡池） | 167 | 4880 | 2580（6张不限次） | 含双早、延迟退房、双人床 |
| 特色木屋带泡池 | 50 | 980 | 680 | 露天温泉区内 |
| 温泉票 | / | 168元/人 | 118元/人 | 11月—次年4月10：00—22：00<br>5—10月10：00—24：00 |

### 表3-6　A温泉度假村露天温泉（泡池区）产品一览

| 温泉泡池 | | | | |
|---|---|---|---|---|
| 美龄池 | 龙潭池 | 爱莲池 | 舒筋池 | 美容池 |
| 当归汤泉 | 薄荷汤泉 | 女贞子汤泉 | 灵芝汤泉 | 艾叶汤泉 |
| 枸杞子汤泉 | 活力池 | 地锦草池 | 绿茶池 | 人参汤泉 |
| 鸡血藤池 | 芦荟汤池 | 夏枯草池 | 金银花池 | 红酒池 |
| 浴脚亭 | 亲亲鱼池（38元） | 冷水气泡浴 | 超音波浴 | 旋涡浴 |
| 四美滋补汤 | | | | |
| 昭君润香汤（落雁汤） | 貂蝉润白汤（闭月汤） | 贵妃润肤汤（羞花汤） | 西施润颜汤（沉鱼汤） | |
| 功能浴区 | | | | |
| 鹅颈冲击泉浴 | 利用较柔性水压，对头、颈及肩部进行按摩，消除肌肉紧张，醒脑提神，可减轻肩颈酸痛、偏头痛及烦躁不安症 | | | |
| 气泡躺椅 | 利用依人体工学设计的气泡床让人轻松躺着，抽水打成气泡。利用气泡的震动冲击，按摩人体背部，有效达到放松身心、消除疲劳、活化肌肤、减轻背部酸痛的效果 | | | |
| 气泡座席 | 利用喷头拍打身体，一道冲击按摩背、腰，一道按摩小腿及足部，缓解腰、膝关节酸痛，轻松恢复体力，改善肠胃机能 | | | |
| 气泡涌泉 | 利用池底强劲的水流，以及人体对水的抗力和浮力，使身体收缩回转摇晃，气泡滚动按摩全身，减轻身体各部位的压力 | | | |
| 脚底针穴 | 利用强力细小水柱按摩脚底针穴，产生麻麻的感觉，有益于安定情绪，改善失眠，提神醒脑，治疗慢性消化疾病 | | | |
| 按摩躺椅 | 利用强力活水按摩喷头在水中冲击人体，按摩颈、肩、背、腰、大小腿肌肉，可改善消除不同部位的酸痛及松弛全身筋脉神经 | | | |

表 3-7 A 温泉度假村 SPA 养生会所价格

| 项目 | 按摩类型 | 价格 | 会所客房 | 备注 |
|---|---|---|---|---|
| 面部护理 | 耳烛淋巴排毒 | 88 元/30 分钟 | | |
| | 脸部护理 | 168 元/45 分钟 | | |
| 全身护理 | 巴厘岛 | 488 元/70 分钟 | 4 小时 | 按人收费、村内客人 9 折 |
| | 梦幻经典 | 798 元/90 分钟 | 5 小时 | 按人收费、村内客人 9 折 |
| | 帝王至尊 | 998 元/120 分钟 | 6 小时 | 按人收费、村内客人 9 折 |
| | 浪漫假日 | 1280 元/120 分钟 | 6 小时 | 按人收费、村内客人 9 折 |
| 泡温泉 | | 288 元/人 | 3 小时 | |

表 3-8 A 温泉度假村露天温泉（泡池区）服务价格一览

| 项目 | 价格 | 备注 |
|---|---|---|
| 按摩服务 | | |
| 日式保健按摩 | 128 元/45 分钟 | / |
| 泰式保健按摩 | 158 元/60 分钟 | / |
| 欧式精油按摩 | 198 元/60 分钟 | / |
| 天沐保健 A | 158 元/60 分钟 | 头部护理、腰椎护理、颈椎护理、足疗采耳或修脚走罐 |
| 天沐保健 B | 298 元/70 分钟 | 欧式精油按摩、采耳、腰椎护理、精油足疗、眼贴或面贴、走罐 |
| 热石理疗 | 288 元/60 分钟 | / |
| 其他服务 | | |
| 黑泥面部护理 | 128 元/30 分钟 | / |
| 面贴 | 30 元 | / |
| 眼贴 | 30 元 | / |
| 推奶盐 | 30 元 | / |
| 采耳 | 30 元 | / |
| 刮痧 | 30 元 | / |
| 拔罐 | 48 元 | / |
| 走罐 | 48 元 | / |
| 姜汁足疗 | 58 元/45 分钟 | / |
| 精油足疗 | 78 元/45 分钟 | / |
| 中药泡脚 | 98 元/60 分钟 | / |
| 香薰足疗 | 98 元/60 分钟 | / |

表 3-9  A 温泉度假村露天温泉产品主要技术指标

| 温泉水质 | 含氟硅质弱矿化重碳酸钠型硫化氢氡水 | | |
|---|---|---|---|
| 出水温度 | 72.5℃ | | |
| 温泉池卫生 | 采用"不间断注水和自然流失"设计，每 4 小时放水、清池、消毒保持泉水清洁 | | |
| 露天泡池数量 | 43 个（含功能池） | | |
| 更衣区技术指标 | | | |
| 男更衣区面积 | 400 m² | 女更衣区面积 | 300 m² |
| 男更衣柜数量 | 620 个 | 女更衣柜数量 | 500 个 |
| 男浴区立喷/坐喷 | 18/12 个 | 女浴区立喷 | 22 个 |
| 男卫面积/厕位 | 25 m²/4 个 | 女卫面积/厕位 | 35 m²/5 个 |
| 男干身区面积 | 15 m² | 女干身区面积 | 18 m² |
| 干湿蒸房 | 各 1 个 | 干湿蒸房 | 湿蒸 1 个，无干蒸 |
| 是否提供有偿擦背服务 | 否 | 是否提供擦背服务 | 否 |
| 其他服务 | | | |
| 是否提供密封袋 | √ | | |
| 是否提供贵重物品寄存 | √ | | |
| 免费饮品种类 | 红茶、绿茶、酸梅汤 | | |
| 是否提供浴衣 | 是，收取押金 50 元 | | |
| 是否有"跟池服务" | 无 | | |
| 是否提供自助餐服务 | 是，38 元/位简餐 | | |
| 休息厅座位数 | 40 个 | | |
| 是否有免费软饮及水果 | 可乐、雪碧、茶水、两种水果（橘子、西瓜） | | |

表 3-10  A 温泉度假村 2013 及 2014 年 1-10 月营收情况

| 统计项目 | 2013 年 | 2014 年 1-10 月 | 备注 |
|---|---|---|---|
| 主营业务 | | | |
| 日均/年接待人数（人次） | 782/285430 | 764/232256 | / |
| 温泉门票收入/万元 | 3539.3 | 2787.1 | / |
| 泳装收入/万元 | 289.8 | 261.9 | / |
| 按摩等相关收入/万元 | 292.5 | 277.6 | / |

续表

| 统计项目 | 2013 年 | 2014 年 1—10 月 | 备注 |
|---|---|---|---|
| 客房 | | | |
| 可出租间夜数/间·夜 | 221190 | 184224 | / |
| 平均房价/元 | 325.4 | 347.9 | ↑6 个百分点 |
| 平均入住率/% | 62.3 | 63.1 | ↑1.8 个百分点 |
| 客房收入/万元 | 4484.1 | 4044.1 | / |
| 餐饮 | | | |
| 咖啡（早餐）收入/万元 | 292.0 | 212.8 | / |
| 中餐厅收入/万元 | 1051.2 | 798.2 | / |
| 合计 | 9948.9 | 8381.7 | / |

A 温泉度假村调研印象

（1）由于 H 温泉经营已形成规模，周边高中低档次的温泉度假村众多，客观上造成了一部分游客分流，影响了客房的入住率。

（2）酒店执行的是"客房+温泉"打包价销售政策，有利于开发团体客源市场。

（3）酒店主楼客房由于开业时间较早（2003 年），部分设施较破旧，酒店在 2010 年新增了一大部分产权式带露台泡池的客房产品，对客房经营有所弥补。

（4）主营业务的温泉露天汤池设计布局合理，对文化有所传承，不足的是基本上没有"跟池服务"，没有服务员帮忙递水和浴巾。

（5）餐饮产品整体质量不高，如早餐品种不丰富，正餐食品口味较单一。

（6）酒店整体服务流程有缺失，如傍晚 5：30 分客人不能使用电瓶车（司机下班了）、前厅服务人员对客人关注度不够，餐饮服务人员服务粗糙。

**调研项目Ⅱ：B 温泉度假村**

B 温泉度假村地处风景秀丽的国家森林公园、国家 4A 级风景名胜区，交通出行便利。

B 温泉度假村集温泉养生、餐饮住宿、商务会议、休闲娱乐于一体，设有各式山水客房、仿古复式套房及别墅 265 间套。在青山环抱的露天温泉区内分布着五十多泓形态各异、功能有别的特色温泉浴池，宛如山间一条玉带。度假村 2006 年营业。

B 温泉度假村以温泉为主导产品，其温泉是拥有 800 多年历史的温汤地热温泉，从地下 470 米深处花岗岩中涌出，温泉日出水量 7000 吨，水质优良，水温常年保持在 68℃~72℃，无色无味，具有低矿化度、低钠、富硒、偏硅酸含量高等特点，为国内外罕见富硒温泉，温泉还有近 20 种对人体十分有益的微量元素，具有显著的保健作用。

表 3-11  B 温泉度假村价格体系

| 房型 | 套内面积/m² | 柜台价/元 | 网络中心优惠价/元 | 优惠项目 |
|---|---|---|---|---|
| ××阁——单人间/标准间 | 35 | 480 | 250 | 含双早、延迟 14：00 退房 |
| ××阁——行政房 | 40 | 580 | 310 | 含双早、延迟 14：00 退房 |
| ××阁——套房 | 50 | 980 | 660 | 含双早、延迟退房 |
| ××阁——豪华套房 | 80 | 1280 | 760 | 含双早、延迟退房 |
| ××阁——复式 | 40 | 960 | 560 | 含双早、延迟退房 |
| 温泉谷——单人间/标准间 | 40 | 680 | 440 | 含双早、延迟退房 |
| 温泉谷——套房 | 80 | 1280 | 760 | 含双早、延迟退房 |
| ××堂——山谷别墅 | 100 | 4880 | 1280 | 含 3 早、延迟退房 |
| ××堂——3 房别墅 | 120 | 8980 | 3180 | 含 4 早、延迟退房 |
| ××楼别墅 | 200 | 18880 | 6780 | 含 6 早、延迟退房 |
| 温泉票 | / | 268/元人 | 198 元/人 | 11 月-次年 4 月 10：00—22：00<br>5-10 月 9：00—凌晨 1：00 |

表 3-12  B 温泉度假村露天温泉（泡池区）产品一览

| 温泉泡池 | | | | |
|---|---|---|---|---|
| 舒筋池 | 活力池 | 美容池 | 鸡血藤池 | 何首乌池 |
| 人参池 | 野菊花池 | 黄芪池 | 红藤池 | 苦参池 |
| 醋池 | 米酒池 | 茶池 | 金银花池 | 夏枯草池 |
| 咖啡池 | 香薰池 | 花草池 | 芦荟池 | 情趣鱼疗 |
| 飘雪池 | 盐雾浴 | 天体浴 | | |
| 四美滋补汤 | | | | |
| 昭君润香汤<br>（落雁汤） | 貂蝉润白汤<br>（闭月汤） | 贵妃润肤汤<br>（羞花汤） | 西施润颜汤<br>（沉鱼汤） | |
| 五行汤 | | | | |
| 火运池 | 土运池 | 金运池 | 水运池 | 土运池 |
| 明月溪畔汤 | | | | |
| 紫檀池 | 松香池 | 青竹池 | 雨花池 | 青石池 |
| 明月池 | 岩洞池 | 静养池 | 幽静池 | 峭壁池 |

续表

| 竹林泡区 | | | | | |
|---|---|---|---|---|---|
| 竹君泉 | 竹月泉 | 竹寿泉 | 竹康泉 | 竹安泉 | 竹溪泉 |
| 太极八汤 | | | | | |
| 一元汤 | | 二气汤 | 三宝汤 | | 四顺汤 |
| 五清汤 | | 六合汤 | 七觉汤 | | 八极汤 |
| 功能浴区 | | | | | |
| 击背浴 | 周身浴 | 漩涡浴 | 座席浴 | 按摩床 | 击背浴 |
| 脚底针穴 | 全身超音波浴 | 水疗座椅浴 | 部位超音波浴 | 浴足廊 | 脚底针穴 |

表 3-13  B 温泉度假村 SPA 养生会所价格

| 项目 | 按摩类型 | 价格 |
|---|---|---|
| 全身护理 | 背部 SPA | 88 元/30 分钟 |
| | 温泉 SPA 之旅 | 188 元/60 分钟 |
| | 瑞典激情 SPA | 298 元/60 分钟 |
| | 法式淋巴排毒 | 368 元/60 分钟 |
| 男性 | 水库保养 | 398 元/60 分钟 |
| | 四国风情 SPA | 398 元/60 分钟 |

表 3-14  B 温泉度假村露天温泉产品主要技术指标

| 温泉水质 | 低矿化度、低钠、富硒、偏硅酸含量高 | | |
|---|---|---|---|
| 出水温度 | 68℃～72℃ | | |
| 温泉池卫生 | 采用"不间断注水和自然流失"设计，每 6 小时进行放水、清池、消毒保持泉水的清洁 | | |
| 露天泡池数量 | 70 个（含功能池） | | |
| 更衣区技术指标 | | | |
| 男更衣区面积 | 600 m² | 女更衣区面积 | 400 m² |
| 男更衣柜数量 | 1266 个 | 女更衣柜数量 | 850 个 |
| 男浴区立喷/坐喷 | 19/16 个 | 女浴区立喷 | 26 个 |
| 男卫面积/厕位 | 28 m²/6 个 | 女卫面积/厕位 | 40 m²/8 个 |

续表

| 男干身区面积 | 25 m² | 女干身区面积 | 20 m² |
|---|---|---|---|
| 干湿蒸房 | 无 | 干湿蒸房 | 无 |
| 是否提供有偿擦背服务 | 否 | 是否提供擦背服务 | 否 |
| 其他服务 | | | |
| 是否提供密封袋 | √ | | |
| 是否提供贵重物品寄存 | √ | | |
| 免费饮品种类 | 茶水、温矿、冷矿 | | |
| 是否提供浴衣 | 是，收取押金50元 | | |
| 是否有"跟池服务" | 有，每3个池子有1名服务员 | | |
| 是否提供自助餐服务 | 是，58元/位简餐 | | |
| 休息厅座位数 | 52个，吸烟区15个 | | |
| 是否免费软饮及水果 | 可乐、雪碧、茶水、咖啡、两种水果（橘子、西瓜）、迷你三明治 | | |

表3-15  B温泉度假村2013及2014年1-10月营收情况

| 统计项目 | 2013年 | 2014年1-10月 | 备注 |
|---|---|---|---|
| 主营业务 | | | |
| 日均/年接待人数（人次） | 823/300395.0 | 785/238640.0 | / |
| 温泉门票收入/万元 | 5407.1 | 4343.2 | / |
| 泳装收入/万元 | 352.1 | 334.8 | / |
| 按摩等相关收入/万元 | 282.5 | 162.1 | / |
| 客房 | | | |
| 可出租间夜数/间·夜 | 96725.0 | 80560.0 | / |
| 平均房价/元 | 462.3 | 474.2 | ↑2个百分点 |
| 平均入住率/% | 77.1 | 74.5 | ↓2.6个百分点 |
| 客房收入/万元 | 3447.6 | 2846.0 | / |
| 餐饮 | | | |
| 咖啡（早餐）收入/万元 | 485.4 | 388.3 | / |
| 中餐厅收入/万元 | 1233.2 | 1064.0 | / |
| 合计 | 11207.9 | 9138.4 | / |

B 温泉度假村调研印象

（1）酒店所处的城镇中低档温泉产品较多，缺乏高档温泉产品，酒店形成了先行优势，但随着 2013 年 M 温泉酒店（320 间客房，20000 平方米温泉区）的开业，未来势必对酒店形成竞争。

（2）酒店执行的是客房与温泉单独销售政策（对网络中心来说），对喜欢一次预订的游客来说手续较为烦琐

（3）酒店客房面积较大（最小的 35 平方米），设施设备完善。

（4）温泉露天汤池依山势而建，整体环境优美，温泉文化打造较为丰富。

（5）温泉区"跟池服务"得到了体现。

（6）餐饮产品整体质量较高，如早餐品种较丰富，正餐食品可选择口味很多。

（7）整体服务品质还缺乏"国际范儿"和"精致性"。

## （二）西南地区温泉旅游资源调研

西南地区是全国七大区中温泉资源最丰富的地区。在全国各省市自治区中，排名前三的全在西南地区。其中，云南高居第一，有温泉 931 处，遥遥领先其他地方；西藏和四川并列第二，分别有 306 处和 305 处；重庆市巴南区是"中国温泉之乡"之一，拥有丰富的温泉资源。

### 1. 云南腾冲热海温泉酒店产品调研

云南腾冲是中国三大地热地区之一，腾冲较大的气泉、温泉群就有 80 余处，其中 10 个温泉群的水温达 90℃。特殊的地质条件不但造就了大量的火山遗迹，也造就了火山地热地貌的地质条件和腾冲温泉水质的丰富硫黄矿物质。

热海景区本身也属于一个地热区，区内遍布各式温泉酒店，随着近年来温泉旅游的热度逐渐上升，腾冲热海已经发展成为国内著名的温泉度假休闲目的地。

**调研项目 a：×温泉村**

该温泉村内有 43 个供宾客享受的室外温泉汤池。房间数量：37 间，房间面积不低于 90 m²，房间价格 3100 元+15%服务费，约 3500 元每房晚。特色：玉石文化区、SPA（每位 1000 元起），2013 年开业。

**调研项目 b：×精品酒店**

酒店拥有十九间独栋汤屋，每间汤屋有私属的温泉汤池和 SPA 理疗房，客人可在房间尊享独具特色的玉 SPA。温泉占地面积 3 万平方米，分为芳香泉区、功能泉区、湿地泉区及森林泉区共 23 个泡池以及室内外泳池两个。房间面积不低于 150 平方米，房间价格 4980 元每房晚。SPA（每位 200 元起），2014 年开业。

**调研项目 c：×酒店**

位居腾冲城中心，与城市中心广场隔街相望。酒店整体建筑面积接近 60000 平方米，酒店客房室内面积超过 50 平方米，天然温泉直通各个客房，附设温泉 SPA 中心、健身房、游泳池，网球场等。房间价格 710 元每房晚。酒店设 138 间客房，2012 年开业。

**调研项目 d：×温泉酒店**

该温泉酒店位于国家 4A 级重点风景名胜区、国家地质公园、省级旅游度假区热海景区内，为别墅型酒店。客房面积约 40 平方米，房间价格 687 元每房晚。酒店设 52 间客房，2010 年开业。

**调研项目 e：×度假酒店**

该酒店客房不是简单的一张床和一个卫生间，它是拥有户外天然巨型雕刻艺术温泉泡池和内庭院私家花园，以及独立客厅和 SPA 理疗房的全能型养生度假别墅，酒店客房的面积在 90 平方米以上，并都拥有不少于 50 平方米的私家庭院室外空间。酒店设 80 间客房，2014 年开业，房间价格 3000 元每房晚。

#### 2. 重庆温泉酒店产品调研

重庆拥有世界级的温泉旅游资源，世界上只有被誉为温泉之都的匈牙利首都布达佩斯的温泉量可以和重庆相提并论。重庆的温泉开发历来已久，依托丰厚的温泉自然资源，2005 年重庆市委市政府提出了把重庆打造成"温泉之都"的战略决策，使温泉成为重庆的四张"城市名片"之一。

重庆老牌的温泉包括：重庆南温泉，北温泉，东温泉（简称南泉，北泉，东泉），新开发的温泉包括：重庆统景温泉，天赐温泉等，统景有天然温泉 25 处，日用量可达 3 万吨，平均温度 35℃~52℃，最高达 62℃，因其流量大、类型多、水温高、水质优、科学价值高等特点显著，位居西南第一。最新的重庆温泉品牌是重庆香海温泉。

**调研项目 f：×庄**

该酒店于 2013 年 5 月 18 日正式开业，酒店拥有 48 间精致的温泉套房及 59 间温泉别墅，所有套房及别墅均配有私人温泉泡池。酒店无公共温泉池，客房面积 90 平方米，汤屋客房 2530 元每房晚。

**调研项目 g：×森林温泉度假酒店**

酒店拥有各类带温泉泡池的客房 119 间（套），有重庆最大的露天温泉泡池 2500 平方米，有大小温泉汤池 44 个，标准客房面积 35 平方米，376 元每房晚，酒店于 2011 年开业。

**调研项目 h：×会**

酒店于 2010 年开业，主楼高 4 层，附楼高 2 层，客房总数 28 间（套）。南温泉引入南温泉本地硫酸钙镁钠型的天然温泉水，客房面积 60 平方米，980 元每房晚。

**调研项目 i：×温泉花园酒店**

酒店距离重庆市中心 48 千米，温泉日流量 5000 多吨，有 18 个突出温泉洗浴文化的室外温泉泡池。温泉水温常年保持高达 52℃，泉水内富含氡、氟、锶、锌、锂等 40 多种矿物质，酒店占地 4 万平方米，有客房 260 余间。客房面积 35 平方米，398 元每房晚，酒店开业时间 2007 年。

**调研项目 j：×温泉度假酒店**

酒店拥有 20 万平方米绿色生态园林，于 2008 年开业，拥有各类温泉房间共计 129

间套，日出水量5800吨，温泉中心拥有大型室内温泉水疗馆，室外温泉冲浪池以及40多个室内外特色温泉汤池。客房面积40平方米，630元每房晚。

**调研项目k：×别院**

酒店由大别院、小别院、八栋联排汤屋和一座私人会所构成，规划了私人餐厅、阳光SPA房、无边界温泉泳池、董事会议室、KTV室等。酒店开业时间2012年，主楼高2层，客房总数12间（套）。客房面积80平方米，1999元每房晚。

**3. 云渝两地温泉资源及酒店产品比较**

表3-16　云渝两地温泉资源及酒店产品比较

| 项目 | 云南腾冲 | 重庆 | 备注 |
|---|---|---|---|
| 温泉 | | | |
| 温泉地貌 | 火山地热型 | 山地型 | 特色明显 |
| 出水温度 | ≈80℃ | ≈50℃~60℃ | 水温高 |
| 出水量 | >6000吨 | >5000吨 | 水量大 |
| 整体开发状况 | 完备 | 完备 | |
| 目标客源 | 高端 | 中端及家庭 | 受众广 |
| 酒店 | | | |
| 国际品牌 | 密集 | 一般 | |
| 每平方米投入 | 约10000元 | 8000元 | 较高 |
| 产权式 | 有 | 有 | 均有 |

### （三）腾冲、重庆温泉度假酒店对拟建酒店温泉产品打造的借鉴意义

（1）文化为魂：温泉产品的文化表达与地域性特色。温泉度假酒店若以大众游客为主要目标市场，则必须巧妙挖掘当地的文化，并把文化符号恰到好处地表达在产品主题、产品项目、服务设施、建筑设计、景观设计等方方面面。有效的文化表达，处理好规划设计的地域性特征，不但能解决主题雷同、文化内涵稀缺的问题，也利于为度假酒店塑造独一无二的竞争力，同时有利于市场营销的开展。

当我们对项目所在地的地脉、文脉、风水、民俗文化等因素综合考虑之后，提炼出"天人合一、身泉合一"的形象定位。"天人合一"代表了酒店能够提供给客人一种休闲养生的意境，同时也传达了酒店温泉产品的文化和传承。"身泉合一"则赋予了温泉产品一个特有的地域文化符号，使其能够从西南众多著名温泉的形象中脱颖而出。

（2）整合为务：规划设计系统要素的整合。特有的文化与温泉产品的有效整合，应当让文化成为一种资本，造就一种新的温泉旅游生活方式；设计与需求的整合，能大幅

度提高环境、设施的综合效率；主题与营销的整合，更是造就新的赢利模式。

在对腾冲及重庆温泉酒店的市场调查中，我们发现旅游者的重要目的是"放松心情——回归自然"，项目要让旅游者亲水、亲自然，真正感受到愉悦。

（3）人性为本：景观设计的感官关怀。温泉酒店的景观设计对人的感官关怀，在于对游客视觉、听觉、触觉、嗅觉等多种感官的全面"刺激"，形成一种多维度的立体体验。其中，视觉是传递信息的最重要途径。我们建议在拟建项目中多利用当地自然生态的山、水、石等材质，充分展示地域文化。

另外，要注意"看"与"被看"的辩证关系，将植物分类作围合，利用地势自然"隔绝"外界。可看远山近野，又被四周的人所观察，达到真正的天人合一。

声音是意境的制造者。有时为了表达宁静，反而要加入一些细微的声音。温泉的意境应该用潺潺的流水声、汩汩的气泡声、鸟鸣声来营造，才能触动人的心弦。在山地汤池的规划设计中，建议巧用水声和气声，像多重跌水，落差比一般跌水大，做这一切都是为了营造氛围。

（4）对客人时刻关注。在露天温泉区，建议设立服务亭，除了提供一些酒水和快餐饮食外，应随时关注客人，提供更多人性化服务。

### （四）温泉旅游资源调研的启示

随着一些著名温泉品牌的战略扩张，国内温泉度假酒店的开发已经从传统的温泉旅游热点地区向全国范围高速扩展，迎来了新一轮的温泉投资热潮。

我们耗费了大量的时间和成本进行了详细的温泉资源和市场调研，调研区域涉及国内中部地区，西南地区（包括温泉高端投资热点——腾冲和重庆），华南地区（包括广东和福建），之所以详尽调研，主要是想通过观摩其他地区在温泉资源利用、温泉度假酒店开发上的特点和共性，以期对拟建酒店形成一定的借鉴作用。

我们认为，温泉度假酒店赢得市场竞争的关键是开发模式的创新，开发企业在前期应当高度关注这个问题，因为这不仅直接决定着温泉度假酒店的核心吸引力，更在很大程度上影响着温泉度假酒店的投资回报。我们在梳理温泉度假酒店开发模式的基础上，初步提出拟建酒店开发模式创新的关键思路，希望对投资开发形成一定的参考意义。

#### 1. 温泉度假酒店的开发模式分析

国内温泉度假酒店的开发，已经从原来的沐浴、疗养、休闲进入了全新的主题化、复合性、度假型的温泉时代，开发水准也得到空前提升。在这样的大势下，开发模式的创新，从战略上直接决定着温泉度假酒店的盈利效应，不仅是已建成的温泉度假酒店亟待通过改造来重塑吸引力，新开发的温泉度假酒店更需要通过创新来构建核心竞争力。

（1）特色温泉景区模式——"特色温泉+景区"。所谓"特色温泉景区"模式，就是以创造独具特色的温泉泡浴景区来赢得市场的模式，这是温泉度假酒店开发的最根本模式。这类温泉度假酒店规模不一定很大，但在一定程度上是在创造现代温泉文化、缔造温泉行业标准、引领中国温泉行业的整体发展。其关键是运用文化来包装主题，或凸显自然山水特色并形成体验型温泉泡浴景区。

特色温泉景区模式主要包括两种类型：第一类是面向大众的精品温泉景区。不论是以"御泉道""太医五体""N福汤六次方"命名的温泉，还是以"真山水温泉""太极八汤"、"美人四润汤""九步六法沐汤仪式"为特色的温泉，以及他们所共同提倡的"夏季泡温泉"，实际上都是在开创和丰富现代温泉文化，挖掘温泉养生的内涵，构建温泉生活方式。

第二类是面向小众的高端SPA景区。以"柏联SPA"为代表，它利用知名的旅游度假区作为高端休闲度假产品集聚区的区域优势，以个性化的高端产品为重点，强调人均高消费而不是大规模游客量，获得了开发经营的成功。我们判断，随着中国高端休闲消费人群的增加，"××SPA"的模式将成为未来高端温泉度假酒店开发的最重要的方向之一。

（2）温泉会议中心模式——"温泉+会议休闲"。"温泉+会议"的模式，是温泉度假酒店最普遍也是最容易获得成功的开发模式，分为"温泉+大型会议"及"温泉+中小型会议"两种模式。

"温泉+大型会议"模式。北京九华山庄无疑是最典型的代表。它敏锐地看到了北京地区庞大的会议市场，充分利用温泉的康体疗养价值与休闲整合效应，把温泉与会议融合的文章做大，把商务会议作为最重要的一项服务来对待。建设完善的商务及会议设施（其会议室数量和规模令人震惊），配套专职会议接待部，以及满足会议客人全方位需求的客房、餐饮、娱乐、运动、保健、体检和购物服务，再加之强有力的关系营销，使其最终成为京城当之无愧的"温泉会都"。这种温泉会都模式，通过大型会议会展与温泉的结合，并围绕会都来进行各项配套建设与经营服务，会议会展成为主角，温泉成为配角，但最终实现的是温泉资源综合开发价值的巨大突破，是一种典型的创新模式，其会议市场的庞大规模是支撑其成功的关键。

"温泉+中小型会议"模式。此种模式依托于中等城市或省会城市，主要利用温泉的休闲养生价值吸引中小规模的团体会议市场，是我国目前绝大多数温泉度假酒店最基本的开发模式。由于对市场规模、资源价值、资金投入、场地条件等因素的要求相对不高，也是最容易成功的开发模式。但是，此类开发模式的最大问题是竞争相对激烈，因此对温泉度假酒店的主题定位、产品特色、经营水准特别是以旅行社为主要渠道的营销实力提出了较高的要求，特别需要从一开始就要进行高水准的策划规划。

（3）温泉休闲乐园模式——"温泉+运动游乐"。温泉与运动游乐的结合，也是温泉度假酒店最常见的开发模式之一。其核心是在温泉泡浴的基础上，通过发展满足旅游者体验性、参与性需求的运动游乐项目，有力提升温泉度假酒店的整体吸引力，延长游客停留时间甚至改善温泉度假酒店的淡季经营问题，提高人均消费水平，从而实现整体开发经营的突破。以下主要介绍四个典型：

其一，温泉+水游乐。把夏季最受家庭市场欢迎的水游乐项目引进温泉度假酒店，弥补夏季这一淡季产品开发的不足，对于提升温泉度假酒店的整体经营具有非常突出的效果。以北京温都水城的水空间、被称为"中国动感第一泉"的广东恩平锦江温泉、华东最大的温泉——浙江武义清水湾·沁温泉等为代表，都是通过温泉造浪池、温泉漂流、温泉游泳池、水上滑梯等一系列时尚、动感、刺激的水游乐项目的引入，实现了温泉度假酒店夏季经营的火爆。此模式已经被证明是最成功的开发模式之一，但未来竞争的关键在于对水游乐项目的持续创新上，这就对水游乐的投资规模和设备更新提出了更高的要求。

其二，温泉+高尔夫。以上海太阳岛高尔夫温泉度假村、北京龙熙温泉高尔夫、惠州汤泉高尔夫、广西嘉和城温泉谷、天津宝坻珠江帝景温泉度假村为代表，通过高端温泉水疗SPA与高尔夫运动充分结合，形成了面向高端市场的高端休闲经典组合产品——温泉高尔夫，是顶级度假酒店开发的经典模式。在这一模式中，文化的创新融入是整体品质提升的关键。

其三，温泉+滑雪场。以青岛即墨天泰温泉滑雪场、辽阳弓长岭温泉滑雪场为代表。温泉结合冬季最时尚、最具挑战性的滑雪项目，是养生与运动的美妙结合，将形成强大的吸引力与竞争力，"活力冬季"的概念也应运而生，从而将有力推动冬季旅游市场的突破。此种模式应成为北方地区温泉度假酒店开发的重要模式。

其四，温泉+综合游乐。以珠海海泉湾为代表。把相对静态的温泉泡浴与多种动感游乐项目结合起来，动静结合，养生休闲与游乐体验搭配，能够极大地增强温泉度假酒店的整体吸引力并提高综合收益。海泉湾度假区以罕有的海洋温泉为核心，由五星级酒店、神秘岛主题乐园、渔人码头、梦幻剧场、体检中心、加勒比海岸、运动俱乐部、拓展训练营、高尔夫项目、休闲垂钓区以及自驾车营地等项目组成，是中国目前功能最齐全、综合配套最完善的超大型旅游休闲度假区，被国家旅游局授予全国首家"国家旅游休闲度假示范区"称号。此种模式把温泉与多元化的游乐项目的结合发挥了到极致，从而产生了极大的市场吸引力。

（4）温泉康复基地模式——"温泉+康复疗养"。温泉吸引市场最核心的本质是健康养生，随着社会上亚健康人群的不断增多，人们对养生、康复的需求越来越大，把温泉和康复疗养结合起来，最能做成一项大产业。依托医院、生命科学研究中心等机构，充分发挥医学、生命科学与健康管理的作用，结合应用现代理疗手法，把温泉的健康养生价值与日常的体检、医疗、诊断、康复、疗养、健身等一系列手段深度结合，打造温泉康复疗养基地，完全可以做大温泉健康养生的文章，获得巨大效益。此类模式以全国四大康复理疗中心、亚洲著名温泉——汤岗子温泉疗养院为代表。

（5）温泉生态庄园模式——"温泉+生态农庄"。此类模式以北京蟹岛度假村为代表。按照"温泉生态庄园"的模式，将温泉资源与生态农庄开发有机融合，将实现双重目标，一方面是有力发挥温泉资源的延伸利用价值，以地热营造温室，发展高附加值种养殖项目、温泉生态农业项目，有助于推动生态农业从单一的产品经济向服务经济迈进。另一方面，生态农庄的建设有效地改善了温泉度假酒店的休闲环境，更可以利用生态农庄的设施载体，创造出极具特色的温泉泡浴场所。

（6）温泉度假社区模式——"温泉+旅游地产"。由于温泉在健康养生与旅游休闲上的巨大价值，使房地产特别是旅游地产的开发具备了非常突出的优势，往往能够以"养生休闲"特色在地产市场上形成巨大的竞争力，从而取得非常可观的投资回报。因此，"温泉+旅游地产"模式成为全国绝大多数温泉度假酒店最优先考虑的开发模式之一。

温泉与旅游地产的广泛结合，甚至形成了一大批大型温泉度假区、温泉小镇、温泉新城（区）等项目，带动了大型区域的整体开发。我们认为，"温泉+旅游地产"的开发模式仍将是未来温泉度假酒店开发最为重要的模式之一。

**2. 拟建酒店的开发模式分析**

通过对温泉度假酒店开发模式的分析，我们认为拟建酒店应关注以下两方面的问题：

（1）充分把握温泉度假酒店未来发展大势，走"温泉+"的大温泉开发之路。从战略上把握趋势，跳出传统温泉度假酒店的行业壁垒寻找蓝海，通过温泉与其他产业的嫁接以达成1+1>2的效果，必将是温泉度假酒店发展的大趋势。

（2）以温泉带动产业发展，实现温泉度假酒店综合开发价值最大化。在"温泉+"的结构中，"+"什么是一个变量。温泉度假酒店要真正实现综合开发价值的整体突破，必须充分发挥温泉的休闲产业整合效应，在"+"什么上有所突破。

"H温泉旅游度假区"的规划设计包括了酒店、度假公寓、房车营地、温泉养生基地、水上乐园、文化广场、竹林茶社、生态种植、素质拓展、农家生活、亲子乐园、商业街区和人文自然景观等多种康体娱乐、旅游休闲的业态组合，从其地理位置和功能看，更像是一个身处"世外桃源"的田园版"HOPSCA 豪布斯卡"（HOPSCA 为 HOTEL、OFFICE、PARK、SHOPPINGMALL、CONVENTION、APARTMENT 构成）。

整个旅游度假区形成了以酒店、公寓、康体、休闲、购物、文化娱乐、社交、游憩等各类功能复合、相互作用、互为价值链高度集约的建筑群体。它具备完整的旅游度假区特点，符合旅游综合体向空间巨型化、价值复合化、功能集约化发展的未来发展趋势；同时通过温泉这个资源平台，实现了与外部城市空间的有机对接和有效联系，成为休闲旅游生活中心，延展了休闲旅游的空间价值。

从拟建酒店所处"H温泉旅游度假区"的规划来看，拟建酒店已经具备了至少四大优势：

（1）具备了开发模式的"五大模式"集成，即"温泉+会议休闲+运动游乐（水上乐园、素质拓展）+康复疗养（养生基地）+生态农庄（生态种植、农家生活）+旅游地产（公寓住宅）"。

（2）有市场足以支撑合理的建设投资。

(3) 所有产品与功能有与温泉形成优势互补而实现综合收益突破的能力。

(4) 从整个旅游度假区的规划设计来看，能够有效整合利用温泉度假酒店的场地资源。

## 六、项目诉求与规划理念

### （一）项目诉求

#### 1. 规模第一，国内领先

我们认为，要做到"规模第一，国内领先"，必须着重考虑以下几个方面：

第一方面："规模第一"。拟建酒店应在"温泉露天泡池数量"和"更衣柜数量"上规划超越省内主要的竞争对手，这两个数据直接决定了硬件方面的游客接待量和运营中主营业务收入中的门票收入高低（基本无成本），如果温泉产品的规模小了，可能造成"该赚的钱没有赚到"。

表 3-17  拟建酒店与主要竞争对手酒店泡池数量、更衣柜数量比较

| 名称 | 更衣柜数量/个 | 泡池数量/个 |
| --- | --- | --- |
| 某温泉 1 | 620+500 | 43 |
| 某温泉 2 | 1266+850 | 70 |
| 拟建酒店 | 1300+900 | 81 |

对于 2200 个更衣柜及接待量的估算如下：

◆ 测算公式：

日合理容量（人次）＝ 温泉区水面积（m²）
　　　　　　　　　× 日周转率 / 人均占用的合理面积（m²/人）

日周转率 ＝ 全天开放时间 / 客人平均滞留时间

年接待容量（人次）＝ 日合理容量（人次）× 全年宜游天数 × 客人系数

◆ 估算参数选择：

温泉区全天开放 14 小时（10：00—24：00）。露天温泉区作为一个综合性温泉旅游项目，日周转率取 1.5（国内平均水平在 2~2.5）。

露天温泉区面积估算为 60000 平方米，露天温泉区水面积 5000 平方米，山地木屋温泉区水面积 100 平方米（每间房 5~6 平方米，预计 15 间）。温泉区水面积作为温泉区的容量估算依据（人均占用的合理面积 4.5 m²/人）。

全年宜游天数气候条件，平均宜游天数为 330 天，客人系数取 0.3（国内运营 5 年以上的平均水平为 0.5~0.6）。

◆ 估算结果

表3-18 露天温泉区和山地木屋温泉区容量估算

| 功能区 | 温泉区占地面积/m² | 水面积/m² | 瞬间合理容量/人 | 瞬间合理总容量/人 | 日周转率 | 日合理容量/人次 | 日合理总容量/人次 |
|---|---|---|---|---|---|---|---|
| 露天温泉区 | 60000 | 5000 | 1300 | 1330 | 1.5 | 1950 | 1995 |
| 木屋温泉区 | — | 100 | 30 | | | 45 | |

经估算，露天温泉区和木屋温泉区的日容量为1995人次，其中，露天温泉区的日容量为1950人次。由于日合理容量是一个弹性变数，应此，高峰期估算预留约300人次/日的弹性容量（实际1600<2200衣柜数）。

表3-19 拟建酒店年接待容量估算

| 日合理容量/人次 | 全年宜游天数/天 | 客人系数 | 年接待容量/人次 |
|---|---|---|---|
| 1995 | 330 | 0.3 | 197505 |

选择更衣柜数量1300（男更）+900（女更）的主要原因：

（1）规模及体量省内最大。

（2）通过计算，拟建酒店露天温泉区的日合理接待人数为1995人次，其中，瞬间接待人数约1300人，考虑到高峰期增加300人，实际瞬间接待人数约1600人次，设置2200衣柜数基本满足要求。

（3）温泉产品属于一次性投资，运营费用较低，但收益较高，适宜做出预留量。

（4）拟建酒店的温泉泡池数量规划81个及60000平方米的规模和体量，需要2000个以上的更衣柜做配套。

（5）我们从当地旅游局了解到的情况看，近3年，每年的"春节黄金周""十一黄金周"甚至"小长假"等节假日时段，温泉的日接待人数均突破了4000人次，以2014年"十一黄金周"为例，×景区7天共接待游客60万人次，其中，"×温泉"和"×大酒店"共接待5万余人。

（6）据中国旅游研究院统计数据，每逢周末或节假日，国内温泉景区的酒店往往一房难求，人满为患，从收入比例来看，温泉门票收入占比已经超过了65%以上。

第二方面：文化第一。拟建酒店的温泉最早记载始于北宋年间，其"阴阳泡池"在国内独有，对营造温泉特有的文化史记非常有利。国内大部分有历史传承的温泉古迹几乎都是近现代重新修复的，我们查了相关的书籍，包括国内最著名的西安"华清池"也是在清朝同治年间，由临潼知县沈家祯多方筹集资金进行修缮的。我们要做的，就是将"阴阳池"原样进行放大复刻后，形成拟建酒店温泉主打产品。

第三方面：品质第一。拟建酒店的温泉主题要突出"康体、康疗、康娱"的温泉概念，这就需要规划时从流线设计的合理性，服务设施的便利性（取水台、备巾处、柱形室外淋浴器和餐饮亭等），功能分区的清晰性（自然泡区、加料泡区、动感泡区、木屋私密泡区），泡池的安全卫生性（可采用"不间断注水和自然流失"设计，进行放水、清池、消毒，保持泉水清洁），技术设备的先进性（如冷雾降温系统近年来被大量应用于温泉、假山等自然人造景观，其功能为夏季降温造雾、消毒驱虫、美化环境，并能创造出梦幻般的自然景观），水上乐园的多样性（如冲浪池、水上滑道甚至类似"激情大冲关"设施）等六个方面契合主题。

第四方面：服务第一。要在温泉度假酒店设计初期，结合硬件规划做出完整的"优质服务愿景与实施方案"。在这个酒店快速发展的黄金时期，我们应树立一个清晰的"愿景"，即成为当地乃至国内最杰出的温泉度假型酒店，客人喜爱入住我们的酒店，同其他酒店相比，我们能提供给他们更多的安全、便捷和优质的服务。

我们认为，只有做到了这四个"第一"，才能实现项目"规模第一，国内领先"的诉求。

**2. 通过文化主题的整合及泡浴模式的创新，把温泉泡浴的特色做足**

温泉泡浴板块是温泉度假本身最核心、最重要的部分，新建温泉度假酒店尤其如此。只有把温泉泡浴自身的特色做足，才能够构建强大的市场竞争力。

首先，是文化主题的整合。温泉度假酒店竞争的关键就是文化的竞争，深入挖掘当地最具特色的文化，并与温泉、休闲等概念充分整合，形成独具特色与感召力的文化主题（度假酒店案名），继而通过温泉产品将文化主题充分演绎，是温泉度假酒店创造特色的关键手段。

其次，是泡浴模式的创新。温泉泡浴模式是温泉泡浴中最根本的落脚点，创新温泉泡浴模式，既要充分演绎文化主题，还要注重与周边环境的完美结合，甚至要优化提升乃至创造一个优美独特的环境，更要注重结合辅助养生材料、养生手段及现代科技康疗手法的运用，才能实现持续创新。

**3. 把景区化打造理念引入温泉度假酒店的开发，提升温泉度假酒店整体品质**

把景区化打造的理念引入温泉度假酒店的开发中，把整个酒店按照景区的标准来完善，为旅游者创造更好的温泉旅游体验，必将极大地提升温泉度假酒店的整体品质。这样的理念，应当在温泉度假酒店建设之初就予以重视和考虑。

**4. 完善交通场地条件**

通往拟建酒店的交通道路有限，现有公路线型普遍达不到规范要求，虽为全柏油路面，但弯道多，纵坡大，路面破损较为严重，造成行车很不安全。建议业主方在建设期内与有关路政单位协商解决。

## （二）规划理念

### 1. 形成多元化休闲度假产品的理念

温泉产品组合应满足游客休闲、度假、康体、游乐需求；"人性化"温泉产品策划，兼顾家庭成员的互动游乐需求。产品的设计迎合旅游消费的发展趋势，即"温泉旅游"产品的设计理念，该产品的核心理念体现在"为保持健康而休闲"。

### 2. 休闲社区的规划理念

产品的设置要区别于传统的观光旅游模式，应形成重复回游的"休闲社区"概念。休闲社区是温泉度假酒店发展的主要方向，它以休闲度假产品为主，融入游乐、康疗产品，将度假酒店的休闲活动融入周边中心城市的日常休闲度假活动中。

### 3. 自然和谐的规划理念

"自然"理念体现在对原有自然生态环境的维持上，根据"保持原有生态体系并加以良性改造"的原则，对建筑进行合理布局，在工程建成后恢复和建立新的自然生态系统。

"和谐"理念体现人们暂时脱离城市的喧嚣，在自然界的活动中营造与自然和谐共生的休闲空间和度假空间的美好意境，达到自然、和谐、朴素、大气的效果，规划中要营造整体"自然"理念。

### 4. 技术节能的规划理念

温泉度假酒店相比城市商务酒店能耗较高，能源消耗费用所占比例也较大，项目规划设计初期应做好"节能规划方案"，在设备选型上可以多选择具有节能效果的新设备，这不仅是为了后期经营降低费用压力，同时也可使项目的节能设计为酒店未来可持续发展做出有力保障。

## （三）项目建筑结构、平面功能调整和层高的控制要求

### 1. 建筑结构调整方案

表3-20  拟建酒店建筑结构调整方案

| 分项 | 原设计 | 建议调整 | 调整依据 |
| --- | --- | --- | --- |
| 柱网间距 | 8400毫米 | 9000毫米 | 本项目的市场定位是"度假型酒店"，较大面积的客房是区别于城市商务酒店的主要收益产品。从目前国内市场度假型酒店的主流建筑设计及本项目的市场前瞻性分析，适当加大柱网间距，可以增大客房面积，有利于保持较高的市场竞争力（上述市场调研中，较早建设的M温泉的主体建筑柱网间距为8400毫米，而新开业的N温泉的主体建筑柱网间距为9000毫米） |
| 客房开间 | 4200毫米 | 4500毫米 | 调整柱网间距后，客房开间变得更大，房间内窗面积也会加大，房间将变得更大更明亮。同时可以考虑单人间增加一副床榻家具，提升整体品质 |

续表

| 分项 | 原设计 | 建议调整 | 调整依据 |
|---|---|---|---|
| 增加面积 | 温泉中心地下2层、地上1层 | 温泉中心增加地上1层 | 酒店的定位为度假型，现有的水娱乐产品比较丰富，但作为度假配套的其他娱乐产品类型较少，仅配置了网吧、健身房、棋牌室、桌球室、商务KTV和美发美甲厅。受面积所限，部分娱乐设施规划无法实现。建议在温泉中心加盖1层，面积增加约1000平方米，增设影院、E-高尔夫、射箭房、沙狐球室、壁球室和机游中心，完善酒店的对客康体娱乐功能 |

## 2. 平面功能调整方案

| 分项 | 原设计 | 建议调整 | 调整依据 |
|---|---|---|---|
| 重新规划房型 | 未考虑 | 增加"家庭间""商务单人房"的数量，设置"客房服务中心"，调整楼层套房分配比例 | 2F客房层柱网间距调整后，靠近温泉中心一侧富裕出一部分面积，建议规划新增2间"商务单人房"，以弥补客房数量不足的现状。同样位置下方的"黑房子"面积，拟规划整个客房区域的"服务中心"。4F核心筒部分规划4间套房，满足套房不在同一楼层规划的经营要求 |
| 行政楼层 | 未考虑 | 规划在5F较高的楼层 | 按照国家旅游局颁布的四星级酒店评定及划分标准，四星级可规划"行政楼层"，规划行政楼层的优势是提高酒店接待服务标准，满足服务不同客源的需求。行政楼层应设计"接待区""行政餐区""洽谈室"、独立"卫生间"和配套操作间 |
| 自助餐厅 | 单向出入口设计 | 双向出入口设计 | 1F的自助餐厅应设计为"双向出入口模式"，即前出入口主要为住店客人使用，后出入口为温泉中心客人使用，提高餐饮设施利用率。自助餐厅的厨房建议设计为"明厨" |
| 送餐部 | 未考虑 | 在中餐厅加以考虑 | 按照星级评定和划分标准，客房送餐服务是必备项，送餐部必须靠近服务电梯。考虑到本项目的建筑特点，建议在1F中餐厅面积中予以设计，该地应尽量靠近厨房，送餐出品可由临近的厨房解决 |

## 3. 建筑层高控制要求

表 3-21 拟建酒店建筑层高控制要求

| 分项 | 原设计 | 建议调整 | 调整依据 |
| --- | --- | --- | --- |
| -2F 层高 | 4000 毫米 | 5400 毫米 | -2F 层内的功能设施主要包括"温泉中心接待大厅""男女更衣区"和"设备区"及部分地下停车场。其中规划的重点是"温泉中心接待大厅"和"男女更衣区"。考虑到更衣区的面积较大，需要一定的层高系数，且对于对客区域的"温泉中心接待大厅"，该等区域需要一定的层高装饰天花及安装灯饰（暖通部分可考虑安装在侧面，以保证高度符合要求），故建议将该层的层高调整为 5400 毫米 |
| -1F 层高 | 4000 毫米 | 4500 毫米 | -1F 层内的功能设施主要包括"五行养生中心""休息大厅""VIP 包房"、"SPA 包房"和后勤服务区及地下车库。其中，规划的重点是"五行养生中心"和"休息大厅及包房区"。考虑到休息大厅的规划面积约 400 平方米左右，故建议将该层的层高调整为 4500 毫米 |
| 1F 层高（酒店及温泉中心） | 4800 毫米 | 维持不变 | 1F 层内的功能设施主要包括"酒店大堂""中餐厅及包房""大堂吧""自助餐厅"等。从餐饮设施的层高要求来看，中餐厅（零点大厅）和自助餐厅的层高应不低于 4000 毫米，符合设计要求 |
| 2F（温泉中心部分） | 无 | 6000 毫米 | 该层为新增层。预计增设影院、E-高尔夫、射箭房、沙狐球室、壁球室和机游中心，完善酒店的对客康体娱乐功能。其中，影院（阶梯式）、E-高尔夫、射箭房、壁球室和机游中心对层高均有限定要求，故建议将该层的层高调整为 6000 毫米 |

# 七、产品及设施定位

## （一）主题定位

以自然生态为依托，注入历史传承的温泉文化，领悟"天人合一，身泉合一"的意境，突出"康体、康疗、康娱"温泉新概念的生态温泉度假酒店。

## （二）功能定位

（1）温泉休闲度假功能：形成温泉休闲、养生、康体、中医理疗为主导的温泉休闲度假场所。

（2）休闲游乐功能：形成水上游乐、运动休闲、乡土风情、特色餐饮为一体的休闲度假基地。

（3）商务休闲功能：具备接待中型会议的能力，打造独有的"田园版 HOPSCA"。

## （三）主要产品描述

（1）度假型温泉休闲产品：温泉度假酒店的整体规划和经营思路是休闲度假产品的

接待基地，该思路决定了温泉度假酒店整体的产品定位。将健康休闲旅游产品的设计理念融合到温泉康体养生产品、游乐产品、运动产品之中，配套有住宿、餐饮、娱乐等多种休闲度假元素的组合，使该产品更适合于城郊型中短期的度假、休闲旅游。

（2）"商务+休闲"温泉休闲产品：针对"商务+休闲"模式提出的休闲产品定位，推出"会议+温泉+游乐"的商务休闲组合。温泉产品偏重于中高端保健、养生、康体、理疗项目的策划，为商务活动、商务会议等客源市场提供一个中高端的温泉休闲社区。

（3）娱乐休闲产品：针对以家庭、自驾车等自助出游方式而提出的产品定位，符合休闲度假旅游的发展趋势，该产品主要体现在温泉区水上游乐项目和体育休闲项目，用来增加度假酒店休闲度假产品的丰度。

（4）"一心"，即一个中心区域，项目用地中心地块，用来布置度假酒店的主停车场、度假酒店、餐饮中心、客房等主要的接待服务设施，成为度假酒店的交通集散中心和服务中心。

（5）"两块"，即两个服务板块，分布在中心区域的两侧，分别布置商务会议板块和温泉休闲板块。中心区域形成对两侧功能板块的服务支持，两个功能板块集中了度假酒店的主要休闲度假产品。

（6）"三区"，即温泉产品的3个分区，根据项目用地地形状况而定，三个亚区分别为"康体、康疗、康娱"概念区。

### （四）温泉产品构想

露天温泉区为温泉度假酒店的核心区域，推行温泉旅游的"康体、康疗、康娱"新概念，设置丰富的温泉项目。根据温泉产品的不同风格，将露天温泉区划分为3个亚区："天·地"，对应养生泡池区；"乾·坤"，对应风情泡池区；"日·月"，对应动感泡池区。3个亚区的主题意向各不相同，但不完全隔离，之间相互融合。

露天温泉入口处增加一处"沐泉区"，设置"热身温泉"，同时作为导流区，将游客导向3个不同的亚区。

**1. 康疗区——"乾·坤"（风情泡池区）——文化溯源泡池（2个）**

将久负盛名的"阴阳池"原样放大复刻后，形成拟建酒店温泉主打产品。

"阳池"对应"乾"，圆形多人泡池，可容纳15~20人；

"阴池"对应"坤"，半月形多人泡池，可容纳10~15人。

"阴阳池"为亭式建筑，亭上有按历史上的"阴阳池"招牌原物复刻的招牌。

**2. "乾·坤"（风情泡池区）——太极八卦泡池（8个）**

按照八卦对应的乾、坤、兑、艮、离、坎、震、巽卦位，整个泡池区做成围合式，中心区按不同方位设四部大屏幕电视（55寸），8个泡池为净水泡池，按不同温度分为2个高温池43℃，2个中温池39℃，2个低温池32℃，2个带坐浴椅的泡池，所有泡池按照"卦型"来设置池型。

表 3-22 八卦泡池功能表

| 方位 | 功能 | 方位 | 功能 |
|---|---|---|---|
| 乾位 | 为天，为上，高温池 | 坤位 | 为土，为母，加泡中温池 |
| 震位 | 为雷，为烈，加泡高温池 | 兑位 | 为弱、为涝，带躺椅 |
| 离位 | 为火，为明，带躺椅 | 坎位 | 为弱、为养，低温池 |
| 艮位 | 为山、为实，中温池 | 巽位 | 为风、为虚，加泡低温池 |

**3. "天·地"（养生泡池区）——药池 32 个**

略。

**4. "天·地"（养生泡池区）——鲜花精油池、蔬果池、其他池（茶酒醋）24 个**

略。

**5. "日·月"（动感泡池区）——功能泡池 12 个**

略。

**6. "日·月"（动感泡池区）——奇趣泡池 4 个**

木温泉：采用荷兰白松木铺装泡池，白松泉功效为健脾行气，松木也更加贴近自然。

溶洞温泉：满足游客猎奇心理。

多叠泉：利用高低落差形成多温度泡池，泡池底部铺装不同颜色的马赛克，起到装饰效果。

珍珠泡泡泉：池底安装连通气泵，让水翻滚，在蒸汽喷口弄个气哨，扩大喷气的声音。

**7. 康疗区其他设施**

增加二次消费内容，力求完善多层次的消费结构，满足不同消费者的需要，拓宽收入渠道。每个亚区设 1 个餐饮服务台。

温泉石板理疗室设 15 个石板床位，附设小型餐饮烧烤吧。

独立泡池木屋 15 间，每间面积 20 平方米，客房布局，独立泡池（露天）20 平方米，可作为私密汤池分时出租；同时露天温泉区不再单设 SPA 服务区，此区与 SPA 服务区共用，如有客人消费可免房租使用。

服务台（取水台、浴巾架/柜）每 3 个泡池设 1 组，茶 3 种，冷热矿泉水、自制饮料 2 种（乌梅、豆浆）。

**8. 康体区——室内温泉泳池、室内儿童嬉水池**

室内温泉泳池：5~6 道，水深 1.1~1.6 米。

室内儿童嬉水池：主要为满足冬季游客的需要。嬉水池的主要设备有水蘑菇、水上碰碰车、钻水圈等，水深 30~60 厘米。

## 9. 康娱区——室外大型水上乐园

龙卷风暴：俗称大喇叭。

冲浪池：人工造浪，场地条件需要充气池。

水滑梯：可按高度分为多赛道。

水上滑道：惊险刺激的项目。

## 10. 拟建酒店露天温泉产品主要技术指标

表 3-23 拟建酒店露天温泉产品主要技术指标

| 露天泡池数量 | 81 个（含功能池） | | |
|---|---|---|---|
| 更衣区技术指标 | | | |
| 男更衣区面积 | 600 m² | 女更衣区面积 | 400 m² |
| 男更衣柜数量 | 1300 个 | 女更衣柜数量 | 900 个 |
| 男浴区立喷/坐喷 | 25/15 个 | 女浴区立喷 | 25 个 |
| 男卫面积/厕位 | 40 m²/6 个 | 女卫面积/厕位 | 50 m²/8 个 |
| 男干身区面积 | 35 m² | 女干身区面积 | 25 m² |
| 干湿蒸房 | 无 | 干湿蒸房 | 无 |
| 是否提供有偿擦背服务 | 否 | 是否提供擦背服务 | 否 |
| 其他服务 | | | |
| 是否提供密封袋 | √ | | |
| 是否提供贵重物品寄存 | √ | | |
| 免费饮品种类 | 红茶、绿茶、酸梅汤、豆浆、冷热矿泉水 | | |
| 是否提供浴衣 | 是，收取押金 50 元 | | |
| 是否有"跟池服务" | 有 | | |
| 是否提供自助餐服务 | 是，58 元/位简餐 | | |
| 休息厅座位数 | 80 个 | | |
| 是否有免费软饮及水果 | 可乐、雪碧、茶水、两种水果（橘子、西瓜）、简餐营养包 | | |

## 11. 温泉营业区域功能布局调整

◆ 地下 2 层：公共区域

前台接待区：登记、发牌、结账功能，要求设计两个弧形连接台，将入场接待收银与结账相对分离。

休息区：待客、咨客。

贵重物品存放区：（略）。

商品售卖区：泳衣、泳帽及相关商品售卖。

行李寄存区：若非住店客人，为其提供大件物品存放服务。

管理办公室：接待区办公以及会员发展各一间，面积要求为接待区办公 12 $m^2$，会员发展 15 $m^2$。

公共卫生间：在接待区设男女卫生间。

更衣室入口：应安装闸机。

◆男部区

为男士提供更衣、换装以及非公共活动的独立空间。其间具体功能要求如下：

更衣区：更衣区要保证能够摆放 1300 个更衣柜，其中，1000 个衣柜为双层上下柜，满足大众消费客人，300 个衣柜为单门衣柜，作为 VIP 客人独立更衣区。

淋浴区：要满足 25 个淋浴（要有隔断），15 个坐浴位以及洗漱面盆区。

二更区：客人在前往温泉区或温泉中心休息区前，为其更换泳裤、浴服、干身等服务型区域。

离行梳理区：客人消费完成，准备离开更衣区前往接待区时，整理衣冠、梳理发型及化妆区域，要求设计在更衣区与前往接待区的通道处。

公共卫生间：要求设计在淋浴区与二更区之间，要求设 6 个蹲坑和 10 个小便池。

◆女部区

更衣区：更衣区要保证能够摆放 900 个更衣柜，其中，700 个衣柜为双层上下柜，满足大众消费客人，200 个衣柜为单门衣柜，作为 VIP 客人独立更衣区。

淋浴区：要设 25 个淋浴（要有隔断）以及 20 个洗漱面盆区。

二更区：客人在前往温泉区或温泉中心休息区前，为其更换泳衣、浴服、干身等服务型区域。

离行梳理区：客人消费完成，准备离开更衣区前往接待区时，整理衣冠、梳理发型及化妆区域，要求设计在更衣区与前往接待区的通道处。

公共卫生间：要求设计在淋浴区与二更区之间，能同时容纳 8 个蹲坑。

◆地下 1 层：公共区域

休息大厅：能够容纳 80 人左右同时休息，除了每张按摩皮沙发配摇臂式独立电视外，休息大厅正面要配大屏幕电视。

足疗包房：可与 VIP 休息厅共用，5 间即可。

SPA 按摩区：可设计 15 个 SPA 房，其中 5 间单人房、10 间双人房。

公共卫生间：按常规配置。

水吧：作为休息大厅的配套使用。

技师房：作为 SPA 按摩房的配套。

五行养生中心：可开展中医理疗等经营项目。

◆1 层：康体餐饮功能区

乒乓球室：2 张乒乓球台。

桌球室：1张美式落袋球台、1张英式斯诺克球台。
网吧：有6台电脑台位置即可。
健身房：有30 m²空间，可开展瑜伽培训、击剑训练等。
美发美甲：可对外租赁经营。
商务KTV：设计2间即可。
棋牌室：设计5~6间即可。
卫生间：满足公共配套。
自助餐厅：应满足双向开门的设计需求，早餐时段6：30~9：30提供酒店住客的自助早餐，其他时段提供温泉游客的餐饮需求，设立150个餐位。
自助餐厨房：满足配套需求。

在酒店餐饮设计方案中，自助餐厅功能主要满足酒店客人早餐需求以及温泉中心客人用餐需求两个功能，既要考虑到酒店客人早餐用餐方便，又要考虑到温泉洗浴客人的用餐流线，因此，我们建议将原设计在酒店大堂西侧的自助餐厅改移位到大堂东侧，将东侧一层的原"体检疗养中心"和所有SPA按摩房取消，设计为自助餐厅。

◆2层康体区
影院：容纳30~40人，为阶梯式设计。
模拟高尔夫：层高预留4米，可安放280度环幕实景投影设备。
壁球室：层高预留4.5米，按照标准壁球场地布置。
射箭房：层高预留3.5米，按照小型射箭房或飞镖室设计。
沙狐球室：可放置短型沙狐球比赛设备。
机游中心：配置室内篮球机、模拟摩托车等中型机游设备。

## （五）客房产品定位

### 1. 原方案设计存在的主要问题

（1）客房原来的设计柱距为8.4米，标准客房开间为4.2米，考虑到酒店的定位为度假型，较大面积的客房是度假酒店区别于城市商务酒店的重要因素，建议将客房调整为柱距9米，标准客房开间以4.5米为宜。

拟建酒店的客房体量在市场中不占优势，但考虑到项目整体还有一座五星级酒店、一个房车营地的规划，将有力弥补客房数量不足的缺陷。

表3-24 拟建酒店客房体量对比表

| 名称 | 客房数量/个 | 更衣柜数量/个 | 泡池数量/个 |
| --- | --- | --- | --- |
| M温泉 | 606 | 620+500 | 43 |
| N温泉 | 265 | 1266+850 | 70 |
| 拟建酒店 | 160 | 1300+900 | 81 |

（2）原设计未规划行政楼层。我们认为，从拟建酒店现有配套来看，一个四星级酒店可以设置行政楼层，但行政楼层的面积不宜过大。我们将5层作为行政楼层，将原规划两翼楼层中的套房分割为18间行政房，并增设行政酒廊和接待台，用于满足高端游客需求。

（3）客房类型较单一，仅规划了"标间""单人间""套房""跃层套"和1间"总统套房"，且没有规划行政楼层。我们认为，作为温泉度假酒店，其房型应具有多样化、差异化的特点，才能吸引不同层次游客多次入住，且能够体验到不同风格的客房产品。我们将客房产品优化为8种房型，分别是"标准房""单人房""商务单人房（房内配置电脑）""家庭房（房内设1.8米大床及1.1米小床个1张，满足家庭出游需求）""套房""行政房（房内棉织品和客用品配置较高）""豪华套房（行政楼层内）"和1间"行政套房（4间套）"。房型的增加既可以设计出多种风格的客房，也可以提高价格，放大客房收益。作为四星级酒店配套，原有的总统套房可能使用率极低，建议将其调整为"行政套房"（4开间），并将室内自然间做成连通房，并加装独立的磁卡锁，在旺季时可分割出售，减少闲置率。

（4）原设计服务间紧邻服务电梯，且服务电梯的通道占去了大部分面积，从图纸看面积明显过小，根本不能满足楼层大约50间左右客房的服务量。建议将服务间调整到图纸下方的客梯左侧设备间中（新风设备可以吊装），并增加消毒间，满足卫生防疫需求。原服务间依然保留，作为服务补充或库房使用。

（5）原设计将客房所有套房均设在了5层，实际运营中客人极有可能提出"套房要分楼层"的要求，基于此点考虑，我们将4层核心筒部位带有较大阳台面积的8个自然间整合为4间套房，这样除了2～3层没有套房，4～5层的较高楼层均做到了有套房可售，布局更加合理。

**2. 客房功能布局调整**

◆2层客房区

增加客房类型：商务单人间4间，开间接近6米，拟作为商务单人间（大床2米）；家庭房3间，异型房，建议布置1.8米大床+1.1米小床各1张，满足游客家庭需求。

调整服务间位置：原服务间面积过小（按卫生防疫要求需独立消毒间），建议将服务间调整到图纸下方的客用电梯间一侧（规划用设备间），原设计服务间保留做库房。

客房类型划分：朝南向一侧客房拟规划为单人间（1.8米单床），北侧为标间（1.35米双床）。

客房服务中心：作为酒店的客房服务区域的服务中心，24小时值守，客房内主要弱电系统，如SOS系统、退房通知系统等均应点对点布位。

酒店办公区：核心筒大堂上方部分拟作为酒店的办公区域，附设内部会议室等。

◆3层（标准层）客房区

增加客房类型：商务单人间2间，拟作为商务单人间（大床2米）；家庭房5间，异型房，建议布置 1.8 米大床+1.1 米小床各 1 张，满足游客家庭需求。

调整服务间位置：原服务间面积过小（按卫生防疫要求需独立消毒间），建议调整到图纸下方的客用电梯间一侧（规划用设备间），原设计服务间保留做库房。

客房类型划分：朝南向一侧客房拟规划为单人间（1.8 米单床），北侧为标间（1.35 米双床）。

◆ 4 层（标准层）客房区

增加客房类型：商务单人间 2 间，拟作为商务单人间（大床 2 米）；家庭房 5 间，异型房，建议布置 1.8 米大床+1.1 米小床各 1 张，满足家庭游游客需求；核心筒中间原上下各 4 间客房（阳台面积较大），调整为各 2 间套房（不建议套房都设计在同一楼层，若接待领导常要求不同层）。

调整服务间位置：原服务间面积过小（按卫生防疫要求需独立消毒间），建议将服务间调整到图纸下方的客用电梯间一侧（规划用设备间），原设计服务间保留做库房。

客房类型划分：朝南向一侧客房拟规划为单人间（1.8 米单床），北侧为标间（1.35 米双床）。

◆ 5 层客房区

楼层用途：为行政楼层，建议拟建酒店的品质应做到"5-4+"，即建造标准为四星级，配置标准低于五星级但高于四星级。

客房规划：18 间行政房、2 间豪华套、1 间行政套（4 开间）；行政间面积与普通单标间没有区别，作为行政房档次的提升，主要是客房家具品质较高、棉织品舒适度较高（支纱和克重），备品（6 小件）要求至少是合资高档品牌，以区别于普通客房。

配套设施：行政酒廊、接待台（办理入住和离店手续），早 7：00~10：00 提供行政早餐（免费）；14：00~17：00 提供行政下午茶（免费），晚间作为"轻吧"开放（收费）。

表 3-25　拟建酒店房型比例及数量

| 类型 | 2 层/间 | 3 层/间 | 4 层/间 | 5 层/间 | 合计/间 | 比例 | 床位数/张 |
|---|---|---|---|---|---|---|---|
| 单人房 | 23 | 25 | 21 | / | 69 | 43.1% | 69 |
| 标准房 | 10 | 18 | 14 | / | 42 | 26.3% | 84 |
| 家庭房 | 3 | 5 | 5 | / | 13 | 8.1% | 26 |
| 商务单人间 | 4 | 2 | 2 | / | 8 | 5.0% | 8 |
| 行政房 | / | / | / | 18 | 18 | 11.2% | 18 |

续表

| 类型 | 2层/间 | 3层/间 | 4层/间 | 5层/间 | 合计/间 | 比例 | 床位数/张 |
|---|---|---|---|---|---|---|---|
| 套房 | / | / | 4 | / | 4 | | 4 |
| 豪华套房 | / | / | / | 2 | 2 | 6.3% | 2 |
| 跃层套房 | / | / | / | 3 | 3 | | 3 |
| 行政套房 | / | / | / | 1 | 1 | | 2 |
| | | | | | 160 | 100% | 216 |

**3. 客房室内设计建议**

设计概念释义：具有文化理念内涵、装修装饰风格独特、人性化设施程度较高、硬件品质较高的酒店。

酒店没有特色就没有文化，没有文化就没有灵魂，独特性、文化性、体验性是度假酒店的三个必备要素。客房产品对提升酒店市场定位和品质环境至关重要。我们建议采取突出品位及休闲的设计来增强其独特特征。应营造一种祥和幽静的环境氛围，能够给入住酒店的顾客带来舒适和放松感。

（1）我们注意到区内温泉度假酒店市场容量将持续增长，其未来市场竞争压力必然增大，拟建酒店只有形成特色的差异化产品，才能规避竞争，缩短市场开拓周期，抢占客源市场。

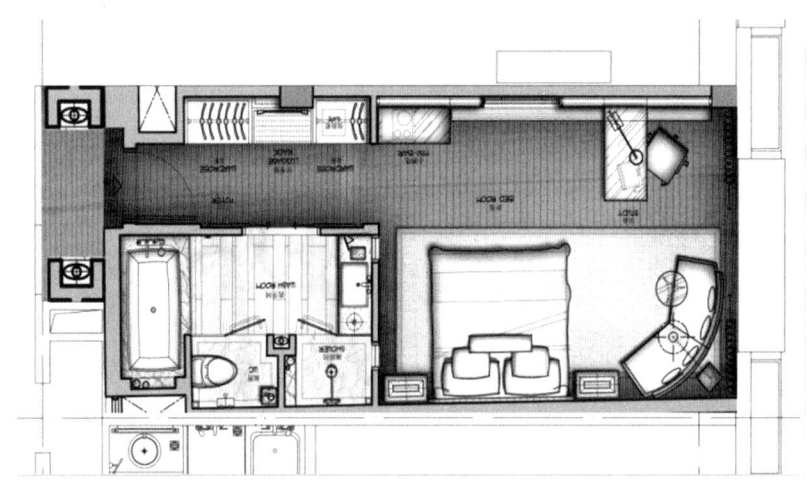

传统型

（2）据中国休闲协会公布的资料，目前国内酒店客房产品差异化很小，客房产品"同质化"现象严重，基本上都是"进门卫生间、床具摆中间"的模式。未来国内酒店的发展趋势将是"精品化"和"主题化"。

(3) 资金投入的"时间原则"。对于精品酒店来说，在投资建造时应考虑"时间原则"。统计资料表明，客人在店内停留的时间长短的区域依次为客房、大堂和餐饮区域。酒店的投资方向也要向这三方面倾斜。如客房的床上用品应选择质量较高的产品，卫生间要考虑干湿分区和灯光设计，以增加客人舒适度。

(4) 设计要点：传统型与居家型客房的区别在于，居家型客房就像回到了家。

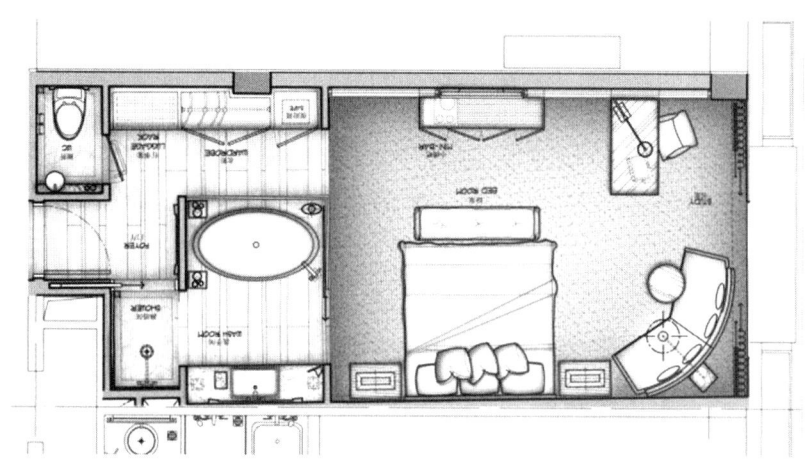

居家型

传统的标准间，双床之间为床头柜，而最新的设计为"好莱坞式"，即床的两侧各配置独立的床头柜。在设计床的高度时（含床垫），传统的高度为400毫米，而最新设计要求床的高度为550~600毫米，建议设计时加以考虑。

### 4. 客房设施

对于一座吸引度假旅游客人的酒店而言，客房设计的一个关键性问题在于通过高效的布局，选择功能实用的家具和固定装置以创造出一种宽敞的空间感。

研究表明，对于拟建酒店的大部分目标客源而言，最重要的客房设施包括：高品质、柔软舒适的床及床上用品；实用明亮的浴室；快速稳定的网络环境；充裕的工作区域；感应式灯光系统以及安静的隔音睡眠环境。大部分要求均与设计相关并且可以在规划设计阶段予以解决。

考虑到上述因素，我们建议拟建酒店的客房应配备以下设施：

◇充分利用自然光线和天花设计为客房营造一种敞亮的氛围和宽敞的空间感。

◇一张固定的沙发或贵妃榻，重点突出其舒适性，并设置在房间户外风景最佳的一个区域。

◇床头柜，台面空间充裕，以便客人搁放私人物品。

◇实用的冲泡咖啡和茶的区域，配以相应的器具。

◇一张照明充足、超大尺寸的工作台，并配以舒适、按人体力学原理设计的座椅，以方便客人工作。

◇贴有标签的各种灯具开关。
◇床边、写字台上和浴室内各放置一部电话。
◇总电源开关应设在进门处和床边。
◇提供可靠的有线和无线宽带网络连接,这对于年轻客人是必备的,同时也是吸引"回头客"的一个关键卖点。
◇在工作区域、床边和卫生间提供一个不间断电源及国际通用的电源插座。
◇重要的弱电系统包括访客等待系统、SOS紧急呼叫系统、客房提前退房系统。

关于卫生间的整体设计,除了通常必备的浴室组件外,还应考虑以下关键点:

◇4组件浴室。4组件浴室应包括封闭式厕所、洗手盆、独立的淋浴设施和浴缸。客房内无须配备豪华的饰品和家具,但浴室内的洁具应达到高品质,最重要的是安全可靠。
◇浴室应配备强水压,同时还应配备一个高压节水型花洒,可以为客人提供品质洗浴体验。
◇洗脸盆应足够深,防止水流溅出,同时可考虑外置,既可增加室内空气湿度,又可做好干湿分区。

### 5. 行政楼层

拟建酒店的行政楼层设置在5层。5层提供24间客房,包括18间行政房,2间豪华套,3间跃层套和1间行政套。配备这些客房应能使拟建酒店更好地锁定高端客户。此外,这类客房房价会高于普通客房,有助于增加拟建酒店的收益。

行政客房的服务区别于普通客房,增加如迷你吧赠饮、每日更换报纸、免费擦鞋、更优质的盥洗用品、水果篮、免费下午茶等服务项目。

拟建酒店的行政楼层中应配置行政酒廊,仅供入住行政客房的客人使用。我们建议拟建酒店行政酒廊的面积应为130平方米左右,约4个自然间单位。行政酒廊的主要功能是接待入住行政客房的客人早餐、下午茶,或作为他们和伙伴会面的场所。

行政酒廊应具备以下特征:

◇一个前台,提供个性化的快速登记/结账手续。
◇大屏幕平板电视,以及设有长沙发的座椅区域。
◇供客人聚会、休闲的休息区域。
◇一个便利的食品服务区域,特别针对早餐时段而设。
◇一个准备食物的封闭式配餐间。
◇男女分设卫生间。

## (六)餐饮产品定位

### 咖啡厅

咖啡厅(自助餐厅)的主要功能包括,供应住店客人的早餐(7:00-9:30),供应温泉中心的客人午餐和自助晚餐(11:30-21:00全时段)。考虑到行政酒廊可服务于行政楼层的住客，我们认为，150个餐位对于咖啡厅应已足够。

同时，我们建议该餐厅应能分割为若干个区域，以提供灵活的用餐区域。在用餐高峰时段，团队客人可就座于指定区域，以免对餐厅内的其他客人造成干扰。而在用餐低峰时段，该餐厅的部分区域可以关闭，以免给人一种空荡荡的感觉。

规划全日制咖啡厅应充分考虑以下因素：

◇每35个座位至少设置一个服务台，供应茶水、咖啡及餐具，并暂时存放待清理的餐具。

◇预留足够的储藏空间，存放婴儿椅、餐具、多余的座椅及家具。设置该区域时应尽量避开餐厅出入口，以免妨碍通行。

◇可以使用一些设计元素来变换用餐环境，如：在餐厅的不同区域摆放餐位（窗户边、靠墙卡座），通过变换灯光、调整食品展示的风格等方式调节餐厅氛围。

◇开放式厨房已成为全日制咖啡厅的一种流行趋势，它可以增加餐厅的环境气氛。建议拟建酒店在其全日制咖啡厅内设置多个开放式加工区和提供不同风味菜肴的自助餐区。

◇餐厅主要就餐区的天花板高度最好在4米以上。

◇餐厅的入口应具备独特的双向开门设计，以便温泉中心的客人从另一侧便捷抵达。

◇餐厅的菜单应融入深受客人欢迎的本地食品，对于那些追求当地美食的旅客而言，品尝到这些食品是其住宿体验的一部分。

**中餐厅**

原一层西侧自助餐厅改为中餐厅，同原设计中餐厅合并，扩大中餐厅的面积，由于未来温泉酒店经营的目标客源群体对包房的需求量可能会多一些，因此，除了预留部分零点整体面积外，最好设计出6个左右的中餐包房。

该处中餐厅的配套厨房建议设置在靠近多功能厅的"宴会厨房"，原设计的多功能厅可保留。

我们建议拟建酒店配备120人的零点大厅和6个包房，其中，5间6~10人包房，1间15人单桌大包房。小包房中应有一部分内部互相连通，以利于自由组合/分割，标准包房的容纳人数设置为最低6人，以满足不同的用餐需求。

中餐厅菜肴出品以提供"养生药膳"为主，苏浙川湘菜为辅。主打"养生药膳"要结合当地的特有食材，如竹食材（竹笋等）、贡米、猕猴桃、农家走地鸡、河塘鱼等，与"五行养生"相呼应。本地菜出品不要多，但要精，要做到原汁原味；选择苏浙川湘菜式主要考虑了主要接待客源群体的口味。

有关中餐厅的设计细节表述如下：

◇大型包房会客区和就餐区分置。

◇大包房设置小型恒温酒窖（各种葡萄酒）。

◇每个包房设置独立备餐间,但建议卫生间单设。
◇每个包房内设有大尺寸平板电视。
◇每个包房的设计风格可不同,供给客人多样化选择。
◇包内的灯光必须进行专门设计。

**多功能厅**

1个面积1100平方米的多功能厅,可分割为两个部分;4个会议室,座位数为20~60个;前室面积518平方米。有配套厨房。

拟建酒店的多功能厅及会议设施优化建议:

◇多功能厅是一个无柱式结构,天花板高度不低于8米;多功能厅的前室用于入口、茶歇、衣帽间。

◇多功能厅备有服务通道,且不与客人流线交叉;备有平层服务库房,用以储存桌椅家具。

◇不设固定舞台,可用活动舞台代替。

◇建议设置贵宾室,位置应靠近多功能厅主入口;小会议室可进行内部连通,满足不同需求。

### (七) 目标客源定位

我们将拟建酒店的客源锁定为"四级市场"。

◆第一级市场以"本省客源+项目公寓业主"为主,从该省历年的旅游发展来看,这部分客源是拟建酒店的基础和保障,本省客源着重辐射周边重点城市,如传统经济和旅游强市。项目公寓的业主要发展其为会员,以起到"点带面"的作用。预计客源目标50%。

◆第二级市场以长三角客源(浙江、上海、江苏)为目标,作为中国经济发展最强的地域,长三角所属省份也是该旅游度假市场的主要支撑力,对这部分市场,可以采取与区内同规模其他酒店资源互换的方式(互认会员和积分),大力拓展市场。预计客源目标25%。

◆第三级市场以周边省份(湖北、湖南、广东、福建)为目标,利用地理距离较近的优势拓展市场。预计客源目标20%。

◆第四级市场是培养具有潜力的市场,主要目的地包括河南、山东和环渤海经济圈城市(北京、天津、河北)。预计客源目标5%。

### (八) 年营业天数的测定

年营业天数是经营测算的一个重要指标和依据,在对拟建酒店的年营业天数进行测定时,主要考虑了以下几个条件:

◆该县年平均气温为17.3℃,其中,一月份最冷,平均气温4.7℃,七月份最热,平均气温29℃,近年来发生极端天气的概率较低,但并不是没有发生的可能。

◆传统节日对度假酒店经营的影响，例如传统节日春节可能会对经营天数和游客人数产生影响，尤其对远途客源影响更大。

◆拟建酒店的类型是度假型酒店，其主营业务是温泉产品，天气条件对客人消费这类产品的影响十分关键，如"大雨""大雾""大风"，夏季气温高等情况都会对客人出行和消费意识产生消极影响，甚至取消预订和出行计划。

综上所述，我们对年经营天数的测定建议为330天。

## 八、经营预测

### （一）酒店价格政策

表3-26 拟建酒店价格建议表

| 房型 | 门市价 | 柜台价 | 订房中心 | 协议/会员价 | 旅游团队 |
|---|---|---|---|---|---|
| 标准房 | 536元 | 6折/322元 | 5折/268元 | 4.5折/240元 | 4折/214元 |
| 单人房 | 536元 | 6折/322元 | 5折/268元 | 4.5折/240元 | 4折/214元 |
| 家庭房 | 736元 | 6折/442元 | 5折/368元 | 4.5折/330元 | 4折/294元 |
| 商务单人房 | 736元 | 6折/442元 | 5折/368元 | 4.5折/330元 | 4折/294元 |
| 行政房 | 796元 | 6折/478元 | 5折/398元 | 4.5折/358元 | 4折/318元 |
| 套房 | 996元 | 6折/598元 | 5折/498元 | 4.5折/448元 | 4折/398元 |
| 豪华套房 | 1396元 | 6折/838元 | 5折/698元 | 4.5折/628元 | 4折/558元 |
| 跃层套房 | 1196元 | 6折/718元 | 5折/598元 | 4.5折/538元 | 4折/478元 |
| 行政套房 | 2576元 | 6折/1546元 | 5折/1288元 | 4.5折/1160元 | 4折/1030元 |
| 温泉门票 | 198元 | / | 158元 | / | 128元 |

- 门市价：酒店对外的市场报价，通常作为酒店的档次标准。
- 柜台价：指前台经授权执行对客销售的价格，也是酒店对客人打折后执行的价格。
- 订房中心价：指采取网络订房中心（携程、芒果、易龙、去哪儿等）分销渠道所执行的销售价格，由于采用分销，需支付佣金，佣金收取标准视不同房型的成交价格而定。
- 协议会员价：指酒店给自己的会员和签订消费协议的客户的优惠价格，本店建议推行储值卡。
- 团队：指发给旅行社团队的价格。
- 以上价格为预计2017年酒店开业的市场报价，经营期间以上各报价随CPI指数而适当进行年度增长。

## (二) 拟建酒店未来10年经营收益分析

表 3-27 拟建酒店未来 10 年经营收益分析表

| 年份 | 客房收入/万元 | 入住率 | 平均房价/元 | 温泉收入/万元 | 日均人数/人 | 门票均价/元 | 门票收入/万元 | 泳装收入/万元 | SPA水疗足浴收入/万元 | 餐饮收入/万元 | 其他收入/万元 | 合计/万元 |
|---|---|---|---|---|---|---|---|---|---|---|---|---|
| 2017 | 1156.3 | 60% | 365 | 3544.1 | 598 | 160 | 3157.4 | 197.3 | 189.4 | 809.4 | 57.8 | 5567.6 |
| 2018 | 1314.4 | 65% | 383 | 4083.8 | 658 | 168 | 3647.9 | 217.1 | 218.8 | 920.0 | 65.7 | 6383.9 |
| 2019 | 1485.7 | 70% | 402 | 4696.0 | 724 | 176 | 4204.9 | 238.9 | 252.2 | 1039.9 | 74.2 | 7295.8 |
| 2020 | 1671.1 | 75% | 422 | 5412.0 | 796 | 185 | 4859.5 | 262.6 | 289.9 | 1169.7 | 83.5 | 8336.3 |
| 2021 | 1871.2 | 80% | 443 | 6225.3 | 875 | 194 | 5601.7 | 288.7 | 334.9 | 1309.8 | 93.5 | 9499.8 |
| 2022 | 1718.6 | 70% | 465 | 7147.8 | 962 | 203 | 6444.4 | 317.4 | 386.2 | 1203.0 | 85.9 | 10155.3 |
| 2023 | 1880.9 | 73% | 488 | 8232.5 | 1058 | 213 | 7436.6 | 349.1 | 446.8 | 1316.6 | 94.0 | 11524.0 |
| 2024 | 2054.5 | 76% | 512 | 9466.1 | 1164 | 223 | 8565.8 | 384.1 | 516.2 | 1438.1 | 102.7 | 13061.4 |
| 2025 | 2239.9 | 79% | 537 | 10901.2 | 1280 | 234 | 9884.1 | 422.4 | 594.7 | 1567.9 | 111.9 | 14820.9 |
| 2026 | 2441.8 | 82% | 564 | 12582.3 | 1408 | 246 | 11430.1 | 464.6 | 687.6 | 1709.2 | 122.0 | 16855.3 |
| 变动 | / | / | 年增5% | / | 年增5% | / | 年增5% | / | 人消年增5% | / | / | / |

制表说明：

◆ 入住率以 2017 年市场预测水平（预测 66%~68%）低 6~8 个百分点测算，前 5 年每年增加 5 个百分点，第 6 年酒店更新改造，较前一年降低 10 个百分点，后 4 年每年增长 3 个百分点。

◆ 平均房价按照市场四星级水平并结合自身产品特点测算，往后每年递增 5%；年可出租房晚数按 72600（年适营天数 330 天）测算。

◆ 温泉日均接待人数按可日接待人数 1995×0.3 系数（预测上客率），2017 年日均 598 人，每年按 10% 增长。

◆ 门票收入按照 180 元每票均价测得，年递增 5%。

◆ 泳装收入按日接待人数×0.5 系数（购买潜力系数）×20 元（人均消费），年适营天数 330 天。

◆ SPA 水疗/足浴收入按日接待人数×0.08 系数（潜力系数）×120 元（人均消费），

年适营天数330天。

◆餐饮收入按客房收入的70%测得，主要为早餐、午晚餐中西式简餐（温泉套餐）和中餐厅收入。

◆其他收入（会议、商务中心、商品、洗衣、场租等）按客房收入的5%测得。

表3-28 拟建酒店未来10年经营成本分析

单位：万元

| 年份 | 营业收入 | 营业税金 | 温泉成本 | 餐饮成本 | 其他成本 | 待分配经营利润 | 人力成本 | 行政及一般支出 | 资产营运保养 | 能源消耗费用 | 市场销售费用 | 经营毛利润 | 毛利润率GOP |
|---|---|---|---|---|---|---|---|---|---|---|---|---|---|
| 2017 | 5567.6 | 311.7 | 213.0 | 404.7 | 11.5 | 4626.7 | 1002.1 | 556.7 | 111.3 | 668.1 | 83.5 | 2205.0 | 39.6% |
| 2018 | 6383.9 | 357.4 | 239.6 | 460.0 | 13.1 | 5313.8 | 1149.1 | 638.3 | 127.6 | 766.0 | 95.7 | 2537.1 | 39.7% |
| 2019 | 7295.8 | 408.5 | 269.4 | 519.9 | 14.8 | 6083.2 | 1313.2 | 729.5 | 145.9 | 875.4 | 109.4 | 2909.8 | 39.8% |
| 2020 | 8336.3 | 466.8 | 302.4 | 584.8 | 16.7 | 6965.6 | 1500.5 | 833.6 | 166.7 | 1000.3 | 125.0 | 3339.5 | 40.0% |
| 2021 | 9499.8 | 531.9 | 340.6 | 654.9 | 18.7 | 7953.7 | 1709.9 | 949.9 | 189.9 | 1139.9 | 142.4 | 3821.7 | 40.2% |
| 2022 | 10155.3 | 568.6 | 383.4 | 601.5 | 17.1 | 8584.7 | 1827.9 | 1015.5 | 203.1 | 1218.6 | 152.3 | 4167.3 | 41.0% |
| 2023 | 11524.0 | 645.3 | 432.8 | 658.3 | 18.8 | 9768.8 | 2074.3 | 1152.4 | 230.4 | 1382.8 | 172.8 | 4756.1 | 41.2% |
| 2024 | 13061.4 | 731.4 | 488.5 | 719.0 | 20.5 | 11102.0 | 2351.0 | 1306.1 | 261.2 | 1567.3 | 195.9 | 5420.5 | 41.5% |
| 2025 | 14820.9 | 829.9 | 550.7 | 783.9 | 22.3 | 12634.1 | 2667.7 | 1482.0 | 296.4 | 1778.5 | 222.3 | 6187.2 | 41.7% |
| 2026 | 16855.3 | 943.8 | 622.5 | 854.6 | 24.4 | 14410.0 | 3033.9 | 1685.5 | 337.1 | 2022.6 | 252.8 | 7078.1 | 41.9% |
| 占比 | 100% | 5.6% | / | / | / | / | 18% | 10% | 2% | 12% | 1.5% | / | / |

制表说明：

◆营业税金按营业收入的5.6%测算。

◆温泉成本按"泳装收入的60%+SPA水疗/足浴（技师分成）收入的50%"测算。

◆餐饮成本按其收入的50%测算（早餐、中西式简餐）。

◆其他成本按其收入的20%测算。

◆人力资源成本按营业收入的18%测算。

◆行政及一般开支中，列支的项目主要是酒店的各项管理费用，包括了洗涤费、清洁费、办公费、低值易耗品费用、客房用品补购费、印刷品费、饮品赠送费、装饰品费用等多种费用。按常规占比测算，约占营业收入的10%左右。

◆能源消耗费用约占营业收入的12%左右，由于酒店定位温泉度假型，水电耗比较大（城市酒店8%~9%）。

◆市场营销费用中,主要用于支付订房中心佣金、酒店促销费用、广告费用等,约占营业收入的 1.5%左右。

◆资产营运保养费用,主要用于酒店日常设施设备的维护保养和修缮修理费用,不含大型机电设备的更换和家具用品的重置费用。约占营业收入的 2%左右。

◆经营毛利润率的计算方法是经营毛利润与营业收入之间的比。

◆本测算只计算到经营毛利润,未包括业主费用。这是酒店的常规测算方式,经营毛利润是衡量经营者的重要指标,也是可以进行市场收益比对的主要数据。业主费用可能包括:折旧、摊销、贷款利息、物业租金、财产类保险、董事会费、纯利润所得税等项。

## (三)经营毛利润预测

表 3-29 拟建酒店未来 10 年经营期主要经营指标汇总表

单位:万元

| 科目 | 指标 |
|---|---|
| 营业收入 | 103500.3 |
| 经营毛利润 | 42422.3 |
| 经营毛利润率 GOP | 40.9% |

## 九、投资回报分析

### (一)物征情况

表 3-30 拟建酒店物征表

| 序号 | 设施 | | 容量 | 面积/m² | 备注 |
|---|---|---|---|---|---|
| 1 | 客房/套房 | | 160 间(套) | 40 | 标准间 |
| 2 | 餐厅 | 咖啡(自助)餐厅 | 150 座位 | 300 | 自助/西餐 |
| | | 中餐厅 | 200 座位 | 500 | 含 6 间包房 |
| | | 大堂吧 | 64 座位 | 212 | 一层 |
| 3 | 大堂 | | | 242 | 挑空 8.4 米 |
| 4 | 多功能厅 | | 540 座位 | 1100 | 一层 |
| 5 | 多功能厅前室 | | | 518 | 一层 |
| 6 | 行政酒廊 | | 15 座位 | 140 | 位于 6 层 |

续表

| 序号 | 设施 | | 容量 | 面积/m² | 备注 |
|---|---|---|---|---|---|
| 7 | 中小会议室 | A 型 | 60 座位 | 150 | 1 个 |
|   |   | B 型 | 20 座位 | 140 | 3 个 |
| 8 | 温泉中心 | | | 9500 | 室内部分 |
| 9 | 露天温泉 | | | 60000 | 室外部分 |
| 10 | 水上乐园 | | | 4000 | 室外 |

## （二）投资明细

表3-31 拟建酒店投资回报分析表

拟建酒店的投资回报分析是基于以下关键项目成本假设：

| 工程和费用名称 | 估算单价元/m² | 总价/万元 | 比例/% | 备注 |
|---|---|---|---|---|
| 正式营业前总投资 | 5492 | 20104.6 | 100% | |
| 其中： | | | | |
| 土建与结构 | 1400 | 5124.4 | | 36603 m² |
| 城市基础设施建设费 | 100 | 366.0 | | 36603 m² |
| 小计 | | 5490.4 | 27% | |
| 室内装饰工程（营业区） | 4000 | 12241.2 | | 30603 m² 含家具电器等固定装置 |
| 室内装饰工程（地下车场） | 800 | 352.0 | | 4400 m² |
| 室内装饰工程（后勤服务） | 1500 | 240.0 | | 1600 m² |
| 小计 | | 12833.2 | 64% | |
| 建筑设计 | 150 | 549.0 | | 36603 m² |
| 室内设计及顾问费 | 200 | 732.0 | | 36603 m² |
| 合计 | | 1281.0 | 6% | |
| 开业筹备费 | / | 180.0 | | 筹备 6 个月费用 |
| 经营用品采购 | / | 320.0 | | 平均 20000 元每房 |
| 合计 | / | 500.0 | 3% | |

**表 3-32　拟建酒店温泉投资分析表**

温泉部分的投资分析是基于以下关键项目成本假设。

| 工程和费用名称 | 估算单价元/m² | 总价/万元 | 比例/% | 备注 |
|---|---|---|---|---|
| 正式营业前总投资 | 3315 | 19895 | 100.00% | |
| 其中： | | | | |
| 土建与结构 | 1200 | 7200 | | 60000 m² |
| 亭廊景观 | 1300 | 195 | | 1500 m² |
| 室外总体工程（园林） | 200 | 1200 | | 按60000 m²计 |
| 温泉管网工程 | / | 3000 | | |
| 小计 | | 11595 | 58% | |
| 室外装饰工程 | 800 | 4800 | | 60000 m² |
| 木屋 | 2500 | 150 | | 600 m² |
| 温泉池 | 1000 | 600 | | 按6000 m²计 |
| 水上乐园设备 | / | 1700 | | |
| 小计 | | 7250 | 37% | |
| 温泉设计 | 100 | 600 | | 60000 m² |
| 合计 | | 600 | 3% | |
| 温泉经营用品 | / | 450 | | |
| 合计 | / | 450 | 2% | |

## （三）投资分析

**表 3-33　拟建酒店投资情况表**

| 项目 | 四星级酒店部分 | 温泉部分 |
|---|---|---|
| 客房数量/泡池数量 | 160间套 | 81个 |
| 建筑面积 | 36603平方米 | 60000平方米 |
| 单位客房造价 | 121万元（四星级以上水平） | / |
| 单位平方米造价 | 5292元 | 3315元 |
| 投资额（不含土地成本） | 20104.6万元 | 19895万元 |

## 1. 投资回报测算

表 3-34　拟建酒店投资回报测算表

单位：万元

| 年份 | 现金流入 | 现金流出 | 投资 | 净现金流量 | 累计现金流量 | 温泉投资 | 合计现金流量 |
|---|---|---|---|---|---|---|---|
| 筹建 | / | / | 20104.6 | −20104.6 | −17899.6 | −19895 | / |
| 第 1 年 | 5567.6 | 3362.6 | / | 2205.0 | −15362.5 | / | −37794.6 |
| 第 2 年 | 6383.9 | 3846.8 | / | 2537.1 | −12452.7 | / | −35257.5 |
| 第 3 年 | 7295.8 | 4386.0 | / | 2909.8 | −9113.2 | / | −32347.7 |
| 第 4 年 | 8336.3 | 4997.1 | / | 3339.5 | −5291.5 | / | −29008.2 |
| 第 5 年 | 9499.8 | 5678.1 | / | 3821.7 | −1124.2 | / | −25186.5 |
| 第 6 年 | 10155.3 | 5988.0 | / | 4167.3 | +3631.9 | / | −21019.2 |
| 第 7 年 | 11524.0 | 6767.9 | / | 4756.1 | +9052.4 | / | −16263.1 |
| 第 8 年 | 13061.4 | 7640.9 | / | 5420.5 | +15239.6 | / | −10842.6 |
| 第 9 年 | 14820.9 | 8633.7 | / | 6187.2 | +22317.7 | / | −4655.4 |
| 第 10 年 | 16855.3 | 9777.2 | / | 7078.1 | −17899.6 | / | +2422.7 |

## 2. 投资回报年限分析

表 3-35　拟建酒店投资回报年限分析表

| 类别 | 酒店部分 | 含温泉部分 |
|---|---|---|
| 初始投资（万元） | 20104.6 | 39999.6 |
| 仅计算拟建酒店静态投资（所得税前）回收年限 | 6 年 3 个月 | 9 年 9 个月 |
| 拟建酒店动态投资回收年限（贴现 6%） | 约 7 年 11 个月 | 约 11 年 10 个月 |

## 3. 内部收益率测算（10 年）

表 3-36　拟建酒店内部收益测算表

| 类别 | 酒店部分 | 含温泉部分 |
|---|---|---|
| 初始投资（万元） | 20104.6 | 39999.6 |
| 10 年经营毛利润（万元） | 42422.3 | 42422.3 |
| 内部收益率 | 2.11 | 1.06 |

## 十、结论

### （一）SWOT（优势、劣势、机会、风险）分析

#### 1. 优势

（1）省内旅游资源众多，形成了以"山、湖、城、村"为主体的旅游体系和"红色摇篮·绿色家园·观光度假休闲旅游胜地"的品牌形象。

（2）旅游业已经成为全省的重点经济支柱性型产业，且发展势头向好；旅游产业正处于快速实现产业升级的大环境中。

（3）旅游客源覆盖区域广泛、辐射面广，且增长趋势高于国内平均水平。

（4）项目所在地的文化悠久、温泉资源丰富、民风古朴，适于打造温泉文化创意产品和温泉相关产品。

（5）项目业主具备政府开发背景，对整个地块的开发和规划充分，资金筹划充足，能够为项目的建设和开业提供强大的支持和保证。

（6）增加地方财税收入，带动地方经济发展；提供就业机会，带动相关行业尤其是农村经济发展。

（7）项目具有交通区位优势、水资源优势、规模与配套优势和经营特色优势这四大优势。

#### 2. 劣势

（1）××村仍处于原始的居住阶段，傍晚时分该地区显得十分清静，对于拟建酒店来说，这需要整个项目建成后才会形成一个完整的综合性配套，所以有必要组织成功的商业活动来提高对前期开发项目的关注度。

（2）未来整体开发项目的成功有赖于一些目前阶段尚不确定的因素。这些因素包括各工期的开发能否适当及时地完成，以及未来的设施使用率水平等。

（3）通往项目的交通道路整体通行情况不理想，如不修缮，恐难以承担预测的游客运力。

#### 3. 机会

（1）"温泉目的地旅游"已成为国内旅游者出行目的地的首选之一（2014年《全球旅行者杂志》排名第三）。

（2）项目所在地自然环境优美、空气质量优质、温泉水质适宜康疗，非常适合作为休闲度假目的地。

（3）生态旅游的蓬勃发展为温泉度假酒店提供了全国性的客源。

（4）该省旅游接待设施现状为"后发"项目发展提供机遇。

（5）旅游业逐渐受到各级政府的高度重视。

#### 4. 风险

由于温泉是新建项目，没有客源基础，也没有品牌积累效应和管理经验，因此，正

确制定整套温泉度假酒店营销策略十分重要。这也是度假酒店建成后能否最快实现投资回收的关键。

## （二）结论

总体而论，作为温泉度假型酒店，项目地点在交通干道上享有极佳的可见度和较便捷的交通条件。随着经济和旅游的逐步发展，未来周边地区将更加繁荣。我们认为，单从酒店开发的角度看，项目地点具备开发一座有温泉度假型酒店项目的主要优势。

# 饭店项目工程建设中的焦点问题

饭店在开始任何一项工程建设前,都应按计划执行"先定位,再选项"的原则,避免因为市场定位不准或饭店投资者、管理者、工程建设者各行其是,为后期经营管理埋下隐患。

在建设过程中,还应有专业的经营管理筹备人员参与项目设计,对项目的功能布局和流线设计提出合理化建议,确保前期的工程建设与后期的经营管理不脱节。

由于饭店的工程建设专业性极强,因而不是本书讨论的重点。本章只就一些前期的工程建设容易对后期的经营管理产生直接影响的焦点问题和解决方案进行详细说明,希望能给饭店的预开业经营管理筹备人员一个全面、直观的了解。

另外,国家旅游局最新发布了旅游星级饭店建造与设计指南,对饭店项目工程建设中的诸多前期问题做了很好的诠释,建议所有的饭店筹备者尤其是按照星级标准筹建饭店的经营者和设计建造者能够全面把握。

## 第一节 项目建设流程及规划误区

### 一、饭店项目工程建设流程

#### (一)实施饭店项目工程建设的条件

(1)确定饭店的建设地点、投资额度、建筑规模,在饭店项目市场计划书的基础上进行周密的可行性研究。

(2)根据经济预测和市场调查预测来确定项目的规模和实施方案。调查内容包括:饭店周围的资源及公用设施情况,项目建店条件和选址方案,关于环境保护、城市规划、防震防洪防空等要求和应采取的措施,项目的经济效益和社会效益评估。

（3）主要是对目标市场进行调研，多方试验投资定位的正确性，根据目标市场来确定饭店投资的规模与额度。计算投入和产出之比，建造装修、改造投入要与饭店项目自身还本付息的能力相适应，制订出切实可行的固定资产投资计划。

## （二）饭店项目的建筑规划与设计准则

### 1. 饭店项目的功能设计准则

（1）饭店项目应有准确的市场定位，任何功能设计都应以方便客人使用和满足客人需求为基点，具有快捷、高效的性能。

（2）饭店的功能设计要以饭店的预期档次标准为依据，以经济效益为目标，体现效益设计准则。

（3）饭店的项目设计应体现生态设计准则，包括饭店的环境生态设计，饭店内部环境生态设计和饭店与环境之间的生态沟通等，都能节能减排，合理降耗，使饭店走上可持续发展的轨道。

（4）饭店的项目设计应体现建筑美学和文化设计的准则，使饭店建筑的外观设计成为可传承的文化精品，饭店的内装饰设计应运用色彩、符号、小品、寓意等形式适度体现民族文化底蕴。

### 2. 饭店项目的功能布局准则

（1）饭店规划指标中所规定的饭店建筑除了要满足一般建筑物的各项通用规范和标准外，还必须满足饭店所特有的功能要求。饭店建筑的一般规划指标包括征地面积、总用地面积、总建筑面积、建筑占地面积、容积率、建筑密度和绿地率等项目。饭店建筑特有的功能布局指标包括公共区域、客房区域面积、餐饮区域面积、会议娱乐等配套设施建筑面积和工程设备区域面积、行政后勤服务部门设计面积等。

（2）饭店项目的功能布局还应满足高层建筑的饭店功能分区要求，这些区域包括地下室、低层公共区域、客房、顶层公共面积和顶层预备用房等。

### 3. 饭店项目的流线设计准则

饭店项目的流线设计主要指三大流线，即客人流线、服务流线和物品进出流线。

（1）客人流线：客人流线包括住宿客人流线和宴会客人流线。在客人流线的设计上，要充分考虑客人的安全、隐私、方便和快捷的需要。其中，垂直交通即客用电梯的设计要满足至少平均每100间客房配备一部的硬性要求，如果有条件，最好能达到平均每70间客房配备一部客用电梯的指标，以使饭店运营高峰期的客流量能在短时间内进行分流。设计宴会客人流线时，最好设计单独的垂直交通系统，尽量不与大堂的客用电梯共用，保证饭店在接待大型团体宴会时能够及时疏导客流，同时不影响其他客人正常使用客梯。

（2）服务流线：服务流线包括有形流线和无形流线。有形流线，是指饭店为客人提供服务时所占用的通道和必经的路线；无形流线，是指信息系统流线。信息系统流线是服务流线中一个最重要的组成部分，是饭店从操作系统到反馈系统再到执行系统的信息

枢纽和预处理中心，在饭店经营管理中发挥着不可替代的作用。在服务流线的设计上，要注意尽可能不与客人流线相交叉。虽然在饭店的实际工作中，服务流线和客人流线完全不交叉几乎是不可能的，但一个好的设计本身就是减少路线重叠和交叉点的设计。服务流线中的垂直交通设计必须独立设计，很多饭店没有员工专用的电梯，员工在日常工作中运输货物、使用服务车甚至运送垃圾时与客人共用电梯，这种做法是极不可取的。

（3）物品进出流线：主要指饭店所采购的经营用品入店流线和垃圾清运出店流线。这个流线不能与客人流线有任何交叉。通常，饭店的这部分业务操作都在地下解决，设计有专供车辆进出的车道、卸货平台、垃圾储存间（包括干垃圾房和带有温度控制的湿垃圾房）等设施。

### （三）饭店项目的工程建设组织管理

饭店应成立专门的管理机构来进行工程组织管理。工程组织管理的内容包括确定项目的组织形式、资金管理、贷款办理、工程承包、物资供应、人工调配、土地调整、工程监理、监测评价和竣工验收等。

**1. 饭店项目的建筑设计和施工单位的选择**

饭店项目的建筑设计和施工单位的选择应采取招投标的方式进行。

（1）准备阶段：准备阶段的主要工作包括成立招标组织和编制招标文件等。饭店项目设计计划任务书的主要内容为：项目概况、项目设计要求和原则、建筑地址和总平面、项目建筑的具体内容、环境要求和项目进度等。

（2）招标阶段：根据国家对工程建设施工投标的管理办法，凡持有工商营业执照和资格证书的勘测设计单位、建筑安装企业、工程承包公司、城市建设综合开发公司等均可参加饭店项目投标。建设工程的招投标不受地区部门的限制。工程项目主管部门和当地政府对外区、外部门的中标单位应当一视同仁。

（3）投标阶段：投标企业应在规定的时间内报送标书。标书内容为：方案综合说明书、设计内容及图纸、建设工期、主要技术要求和施工组织方案、投资估算和经济分析、设计进度和收费标准等。

（4）开标评标阶段：饭店依据方案的优劣、投入产出和经济效益的好坏、设计进度的快慢等各因素确定设计和施工方案。

**2. 施工的组织管理**

（1）编制施工组织设计大纲：为了合理地组织施工，提高经济效益，缩短建设周期，需要编制建设工程的施工组织设计文件。这一工作一般分为两个阶段：初步设计阶段编制施工组织设计大纲由编制初步设计的设计单位负责，施工阶段编制施工组织设计大纲由施工单位负责。

（2）管理建筑工程施工：施工管理的具体要求是实现"三高一低"，即高速度、高质量、高工效、低成本和文明施工。主要包括施工任务、施工程序、施工准备、施工组织设计和施工调度、总平面管理、图纸会审、技术交底、材料构件试验检验、工程质量基层管理等几个部分。

（3）确定装修方案：装修设计以及材料设备设施的配置要严格按照饭店的标准进行，预备参加星级饭店评定的饭店项目要参照国家对《旅游饭店星级的划分与评定》的标准并作为依据。饭店应根据所希望的投资档次进行装修，不要盲目地用高级材料，浪费资金，扩大成本。为避免建筑设计师与室内装修设计师的工作脱节，确定装修设计方案时，可先行由饭店建筑设计方提出整体设计方案，再由各方进行相应的细化设计。

## 二、饭店规划设计都有哪些误区

饭店规划设计中的误区主要表现在以下几方面：

### （一）饭店规划设计只是建筑设计和二次设计

一谈到饭店的规划设计，大多数筹建者考虑最多的是建筑设计和二次设计，他们甚至片面地认为，饭店的规划设计就是建筑设计和二次设计，从而把规划设计的重点放在了以上两个方面。其实，饭店的规划设计是一门综合学科，它包含了许多设计组合的理念。

饭店的规划设计除建筑设计和二次设计，还应包含灯光设计、混响设计、弱电设计、安保设计、厨房设计、园林绿化设计、家具设计、服装设计、艺术品设计和 VI 设计等功能。只有综合考虑多类型的设计，饭店的规划设计才可能是完善的、优秀的。

### （二）饭店建筑外观必须用高档时尚的建筑材料

建筑精品并不是用高档时尚的建筑材料堆砌成的，建筑风格才是建筑物的灵魂。饭店在使用建筑外观材料上应考虑木材、钢材、石材、玻璃等合理搭配，尽量简约，一味追求高档时尚是不可取的。比如，有的饭店建筑外立面大面积使用玻璃幕墙，造成了光污染；有的饭店建筑外立面使用大量高档的进口石材，未考虑雨雪等气候的影响；有的饭店建筑的屋顶采用全透光设计，在实际运营中却解决不了能耗散失的问题；有的饭店建筑外观高大突兀，与周边的建筑物不相融合……

饭店建筑的设计要体现时间效应。所谓时间效应，就是主要的投资区域是依据客人在饭店内停留时间的长短来决定的。对饭店的客人来说，其停留时间最长的区域应该是客房区域、餐饮区域和大堂区域，那么资金的投向也应偏重这些区域。

饭店建筑符合节能环保要求是大势所趋。国家在 2005 年 7 月 1 日正式实施的《公共建筑节能设计标准》中规定了超过 2 万平方米的建筑在开业前都要进行节能测评，相关规定中要求建筑物的墙面（包括透明玻璃幕墙面积）与窗面积比为 1∶0.7；屋顶透光面积不应大于屋顶总面积的 20%；外窗可开启面积不应小于窗面积的 30%。

### （三）单间客房的造价越高越好

饭店的建设投资总额（不含土地费用）可以按照单间客房造价乘以客房总数来计

算，就星级饭店的单间客房造价来说，没有一定的标准，但有一些经验数据可供筹建者参考：

◆一般三星级饭店单间客房的造价为 5000 元/建筑平方米左右；

◆四星级饭店单间客房的造价为 7000~8000 元/建筑平方米左右；

◆五星级饭店单间客房的造价为 10000~12000 元/建筑平方米左右；

◆国际连锁品牌的经济型饭店单间客房的造价为 2000~3000 元/建筑平方米左右。

饭店的投资建设应该按照既定的规模、投资标准来实施，对于有预期星级目标需求的饭店，更应参考相应的标准，保证资金能够得到合理使用。

### （四）客房的房门相对利于整齐划一

大部分饭店客房建筑设计选择的是客房房门相对，其实，这样设计是不利于保护客人的起居隐私的。客房作为客人出行时临时的"家"，应是一个相对安全、私密的空间。所以，在设计客房时最好能做到房门错开，这样做可能会影响楼道中管井的布局，但出于人性化的设计理念，适当的调整还是很有必要的。

### （五）地毯越贵越好

好的羊毛地毯确实可以增加舒适度，但对于饭店来说，大面积铺装羊毛地毯既不经济还容易造成静电，给客人带来不便。如果走廊铺装的是高档羊毛地毯的话，客人就会经常遇到如下尴尬的场面：两个客人在客房走廊中见面，彼此想握手寒暄，但因为有静电，客人在握手之前必须先摸一下墙壁，这岂不是很搞笑。

在铺装地毯时，如果先铺装一层较厚的地垫，上铺较薄的耐磨圈绒尼龙材质的地毯，脚感同样会达到羊毛地毯的标准。尼龙地毯最好选择带导电金属丝的，可以有效防止静电。出于安全考虑，在饭店客房走廊的拐角处尽量铺设一些带有特殊花纹的地毯，以提醒客人路线有变化，防止互相撞到。

## 三、饭店建筑面积与功能设计指标参考

### 1. 饭店设计指标

下表是较常规的高档城市商务型饭店的建筑面积与功能设计为参考指标的。

表 4-1　饭店设计指标

| | | |
|---|---|---|
| | 客　　房：50%~55% | |
| | 餐　　饮：8%~10%（有日益增加的趋势） | |
| | 宴 会 厅：8%~10% | |
| 标准高档酒店<br>建筑面积% | 公共区域：3% | 100% |
| | 康　　乐：±5% | |
| | 行　　政：控制在1%（+地下室） | |
| | 后　　勤：8%~10%（+地下室） | |
| | 机　　电：8%~10%（+地下室） | |

## 2. 饭店功能流线设计参考

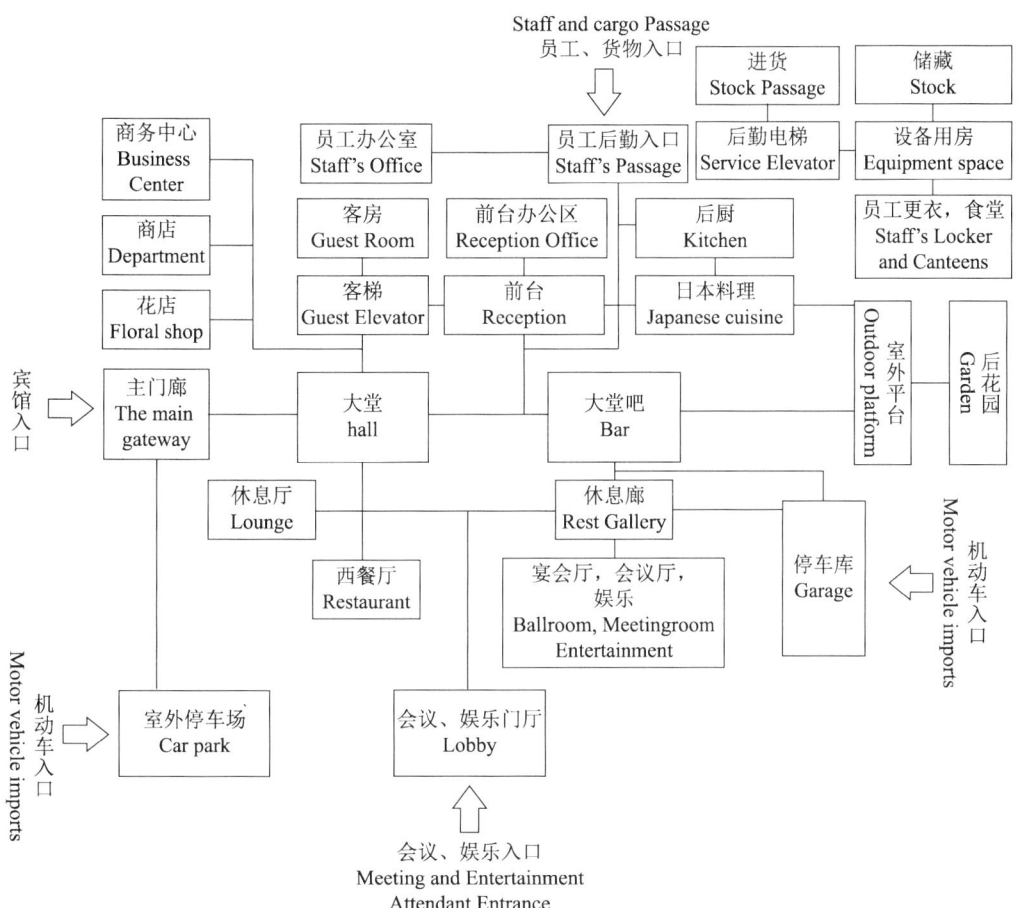

图 4-1 饭店功能流线设计参考图

## 3. 饭店每平方米造价指标参考

表 4-2 国内主要城市饭店造价参考表

单位：元/m²

| 城市 | 五星级 | 四星级 |
|------|--------|--------|
| 北京 | 1.24－1.63 | 0.91－1.18 |
| 成都 | 1.12－1.43 | 0.83－1.06 |
| 广州 | 1.20－1.54 | 0.90－1.01 |
| 上海 | 1.23－1.60 | 0.90－1.16 |
| 深圳 | 1.18－1.52 | 0.87－1.10 |

续表

| 城市 | 五星级 | 四星级 |
|---|---|---|
| 天津 | 1.17-1.54 | 0.87-1.14 |
| 武汉 | 1.12-1.44 | 0.83-1.06 |
| 无锡 | 1.22-1.59 | 0.90-1.06 |
| 西安 | 1.11-1.44 | 0.81-1.05 |
| 珠海 | 1.13-1.44 | 0.80-1.06 |

（数据来源：利比中国报告）

利比中国报告数据均为一二线主要城市综合平方米造价，不包含地价。根据不同城市区域，造价有所浮动，仅供参考。

# 第二节 如何规划设计饭店项目

## 一、如何规划设计饭店重点区域

### （一）停车场车位数量要求

饭店为客人提供的停车场区域包括地面停车场、地下停车场和停车楼等，由于各饭店的情况不一，有的饭店建有自备停车场，而有的饭店则采用租用附近停车场地的办法来满足客人停放车辆的需求。

自备停车场的车位数量可根据停车场的面积大小规划设计，如果面积够大的话，可以相应多设置一些车位。因为随着人民生活水平的提高，私有汽车的数量增长有这方面的需求，所以建议车位数量不少于40%的客房数。对没有足够面积或租用附近停车场地的饭店，其自备或租用车位数应不少于15%的客房数。

饭店在设计停车场时，应合理设计回车标线和交通标志牌，并考虑增设一部分大型车辆停车位，以满足大型旅游团队专用车辆的停放需求。

### （二）前厅公共面积规划

前厅是饭店的信息中心和客流相对集中的核心对客区域，客人不论是办理登记入住和结账离店手续、查询信息、接待访客，还是消费饭店提供的其他服务项目，都要在这个区域。前厅还是整个饭店的门面，是客人进入饭店后感受饭店服务和装饰格调的第一站，前厅的公共面积规划要容纳和承载足够的客人数量，使客人既不觉得空旷松散，又不觉得拥挤不堪。

前厅的公共面积规划不包括任何营业区域的面积，如总服务台、大堂经理、礼宾部、商场、美容美发店、书店、花店、面包房、商务中心、大堂酒吧、茶吧、咖啡厅或其他餐厅等。有关饭店前厅公共面积的规划可以参考《旅游饭店星级的划分与评定》中的相关规定：即不少于1.2平方米/间客房或不小于400平方米，不少于1.0平方米/间客房或不小于350平方米，不少于0.8平方米/间客房或不小于300平方米，不少于0.6平方米/间客房或不小于250平方米，不小于150平方米这五个数据指标。

### （三）客房房型比例和面积

客房房型的规划常见的有套房、标准间、单人间、多人间等几种类型，高档饭店一般还会根据客源需求设置诸如总统套房、行政套房、豪华套房等风格各异的套房类型以提高饭店的档次和市场竞争能力，甚至有些高端品牌饭店的客房全部设计成套房以满足高端客人的需求。

饭店可以根据自己的经营需要规划不同的客房房型的比例。出于对床位数的考虑，一般情况下，饭店会选择一个比较适中的方案，即套房数量不少于客房总数的10%，标准间数量不少于客房总数的70%，单人间和多人间数量不少于客房总数的20%。但随着经济的不断发展，客源市场中单人出行的比率逐渐提高，出于追求舒适度和保证隐私的目的，客房单人间的需求有所提高，饭店经营者也据此做出了相应的调整，加大套间和单人间的比例，单人间的床型从标准床换成了和套间一样的大床，房间面积达到甚至超过了标准间。各房型比例也调整为套房占20%、标准间占50%、单人间和多人间占30%的水平。

饭店平均每间客房建筑面积的计算方法是，用饭店总建筑面积除以客房总数。总建筑面积包括饭店的建筑主体及与饭店经营密切相关的附属配套设施部分，不包括如员工公寓或福利住房等与经营没有直接关系的建筑部分。得出的结果就是饭店平均每间客房的建筑面积。得数越小，说明饭店客房的舒适度越低。

不同类型饭店的客房总面积规划也是不尽相同的，经济型饭店的客房面积较小，有的只有十几平方米，而标准的四星级饭店双间套房的总面积（不包括卫生间和门廊）应不小于40平方米，标准间的总面积（不含卫生间）应不小于20平方米。

饭店客房区域的最新设计规划中，客人的个性化需要变得越发重要，如，规划设计的为商务客人设置的行政楼层、为有特殊需求设置的无烟客房和女士客房备受青睐。

### （四）餐饮对客区域规划设计

饭店提供给客人的餐饮设施有很多，如中餐厅、西餐厅、咖啡厅、快餐厅、其他外国餐厅、旋转餐厅、大堂酒吧、酒吧、茶室、面包房、宴会厅和多功能厅等，会议设施如专业会议厅和展览厅等。大宴会厅和多功能厅要配有衣帽间、贵宾休息室、音响操作室、专用的卫生间和专门的厨房，其中，多功能厅由于其使用的灵活性，必须增加用以存放桌椅的库房设施，会议厅要配有衣帽间、小会议室、贵宾休息室、音响操作室、库房和卫生间。

饭店可以根据不同的经营方案和客源需求选择设计所需要的设施。从餐饮区域的整体舒适度来讲，其整体规划设计要有专业性、格调高雅、色调协调、有艺术感；温湿度适宜、通风良好、无炊烟及烟酒等异味；照明充足、环境舒适、无噪声、背景音乐曲目和音量音质良好。

不同经营方式的餐厅其餐位面积规划也是不同的，一般来说，中餐厅由于较多使用圆形餐台，平均单个餐位面积需要 2 平方米左右，而咖啡厅由于大面积使用方形餐台，平均单个餐位面积需要 1.5 平方米就可以了。多功能厅和会议厅因摆台形式不同，客人的单个占用面积也有所不同。如，摆台形式是剧场型的情况下，客人的单个占用面积可以按 1.2 平方米计算；如换成教室型时，容纳人数应当相应减少，客人的单个占用面积按 1.8 平方米计算。

## 二、饭店灯光设计原理

### （一）灯光设计的基本要点

**1. 可采用暖色的光源，色温为 3000K 左右**

其根据是：无论什么类型的饭店，营造亲切、温馨和友好的氛围是共同的诉求，而色温 3000K 的光源所提供的照明环境，能够强化饭店的这一特点。这是基于人的视觉对色彩的温度知觉和空间知觉的研究，色相偏于橙黄的色彩同色相偏于蓝紫色的色彩，在同时对比时，橙黄让人感觉温暖，离我们近。

基于这种知觉，在心理层次的深度唤起上，橙黄的色彩是同亲切、温馨、友好这样一些心理评价和情感活动紧密联系在一起的。

基于工程实践，每当一个饭店照明工程能够在没有各方面干扰的情况下彻底落实这一原则，其效果就非常好。

**2. 在光源色温标称一致的情况下，要对不同类别光源的光色进行具体分析**

以白炽灯和紧凑型荧光灯为例。一支标称为 2800K 的白炽灯和一支标称为 2850K（也可能是 2700K）的紧凑型荧光灯，这只是指示它们的色表是大体一致的，但对光色（色表和光色依然是有区分的）的评价即色感依然有细微的差异。由于光谱组成不同，白炽灯所发出的光很像水彩颜料的钴黄或镉黄，色调"响亮"而"透明"；而紧凑型荧光灯发出的光很像土黄，色调有些浑浊。

所以，照明设计要有针对性地选择光源类别，在色温相同的条件下，要综合权衡它们在光通量、平均寿命上是否节能、是否便于维护与光色之间的取舍。在节能和延长灯泡寿命的问题上，应结合天然采光和客人活动对亮度的要求，通过智能控制系统适时调光来加以解决。

**3. 注意色温与照度的关系**

利用照度和色温的匹配关系，细致地营造适宜的空间气氛。一般讲，色温和照度应正比例搭配，即高照度、高色温；反之亦然。饭店设计照明要防止色温很高，但照度又普遍偏低，这样会使气氛压抑低沉。

#### 4. 能用直接照明的，就不采用间接照明方式

光槽目前已经在各类商业空间照明中被广泛使用，随着电光源、照明灯具制造技术的发展，用直接照明的方式已经能够避免不舒适眩光对视觉的危害，所以，除非装饰性的要求，饭店应慎用光槽，否则既浪费能源又不方便维护。

#### 5. 使用同样色温的光源，应避免光色杂乱无章

同一个功能区域、表面和物体，采用色温一致的光源，可以使光环境的色调统一。就饭店的照明设计而言，由于强调的不是冲突和戏剧性，所以，统一的色调才符合饭店的特点。

#### 6. 选择合适的配光

针对饭店不同功能区域的室空比，应对配光曲线的光强分布、中心光强和半光强等配光参数加以甄别，以避免两个方面的光通损失。例如，饭店前厅通常位于建筑的裙楼，天花板通常都很高，挑高6米以上是很常见的，选用光束角窄、投光距离长的照明器，才不会使上部很亮，而地面及离地面1米处的活动区域亮度不足；反之，若在客房等天花板较矮的区域使用这样的配光，则会出现地面很亮，而垂直面照度不足等问题。

#### 7. 酒店档次越高，光源的显色指数就要越高

光源的显色性一般用CIE的显色指数来评价，它是对包括人的肤色在内的十几个色样，用待评价光源和标准光源（全阴天空光）进行色彩显示的差异性评价。笼统地讲，一个光源的Ra越高，表明它显色性就越好。

在国内的照明标准和设计实践中，一直对显色都不太重视，通常强调在有辨色要求的场所才需要高显色指数的光源。实则不然，一般人与人有较多接触的场所，尤其是酒店，客人能够显现出健康的肤色是非常重要的。

另外，显色性好的光源比显色性差的，在同样的条件下，可以有较低的照度。这并非是说显色性可以替代一部分照度，而是人在感觉上要清晰一些。

### （二）酒店功能区域的照明变量设计

#### 1. 大堂空间

大堂空间主要有三部分照明区域，它们分别是进门和前厅区域的照明、服务总台的照明以及客人休息区的照明。

从大堂作为空间连续的整体并从照明方式的角度分析，实际上进门和前厅部分应该是大堂的一般照明或全局照明，服务总台照明和客人休息区照明是局部照明。这些照明应该保持色温的一致性，通过三个区域照明亮度对比，使酒店大堂这种非亲切尺度的空间，形成富有情趣的、连续且有起伏的明暗过渡，从整体上营造亲切的气氛。

**进门和前厅**

照度要求：在离地面1米的水平面上，设计照度要达到500勒克斯。

色温要求：为3000K左右，色温太低，空间感显得狭小；色温太高，空间缺乏亲切

感，并且喧闹，直接降低客人的安逸感觉。

显色性要求：Ra>85。较高的显色性，能清晰地显现接待员与宾客的肤色和各种表情，给宾客留下深刻满意的印象。

关于配光：若挑高超过6米，在顶棚采用点式光源配合窄光束的照明器，提供连续的、均匀的亮度。由于发光点不在人的视野范围内，所以灯具可以是敞开式的。假设顶棚到地面的距离是6米，那么它配光曲线的中心光强，在离地面1米处应该不小于500cd。若挑高不超过6米，可以考虑采用带状或面状的发光顶棚来处理。

用光影对比塑型：借鉴欧美酒店照明设计的经验，可以考虑在进门和前厅区域设计不同角度的投光灯，若以客人进来酒店大门的方向为纵轴，那么就可以在横轴的两端设计侧面光，在顶棚成角度地投向进门区域，这有助于酒店服务人员以及客人的形体表达，形成立体感。

**总服务台**

照度要求：一般取750~1000勒克斯较高的亮度，突显总服务台的重要性，以便把客人的视线很快引向到此处。另外，它还便于接待员登记和结算工作。

色温要求：3000K左右，与进门前厅保持一致，进一步强化亲切气氛。

显色性要求：Ra>85。

**客人休息区**

照度要求：一般取300~500勒克斯。照度太高，人们将感觉不安稳；照度太低，人们又会过于懒散。

色温要求：3000K左右。

显色要求：Ra>85

2. 餐厅空间

餐厅空间是酒店重要的照明区域。一般酒店通常设有中餐厅和西餐厅，这两种类型的餐厅，由于在功能、用途上的差异，所以在照明设计上要分别对待。

**中餐厅**

中餐厅常用于商务的或其他方面的正式宴请，照明的整体气氛应该是正式的、友好的。它的一般照明的照度，相较于西餐厅要高出许多；照度应该是均匀的，少有亮度对比所带来的情绪波动；点式光源、条带状光源或各种类型的花灯，均可以满足良好的照明要求；为了使菜肴的质量和色调能够显现得生动好看，以引起食欲，餐桌桌面的照明是重点，最好用显色性高的光源在餐桌上方设置重点照明，若不能在每一个餐桌上方提供重点照明，餐厅的一般照明的照度值就要设计的偏高些。另外，要对配光给予高度关注，以使照明富有立体感。在餐厅照明设计实践中，可以用壁灯或若干投光灯来矫正一般照明的平面化，强化照明对人的形体尤其是脸部表情和轮廓的再现。

照度要求：一般照明的照度取200勒克斯，重点照明取300勒克斯，作为补充的侧面光可采用光源的光束到达照明对象以后，中心光强在150cd左右。

色温要求：3000K 左右，并且要求光色统一协调。

显色要求：Ra>90。

**西餐厅**

常用于非正式的商务聚餐，或就餐人关系较熟悉和密切的用餐场所，照明整体气氛应该是温馨而富有情调的，一般照明的照度值较中餐厅低很多。另外，由于就餐是非正式的，所以可以不要求对人的面部和表情照明进行特别设计。但餐桌桌面的重点照明依然要令菜品生动亮丽，并且要让就餐者方便取用，照明的显色性是很重要的。

照度要求：一般照明的照度取 50~100 勒克斯，重点照明取 100~150 勒克斯，若有侧面光，可采用光源的光束到达照明对象以后中心光强在 50cd 左右。

色温要求：3000K 左右，并且要求光色统一协调。

显色要求：Ra>90。

3. 客房空间

酒店客房应该像家一样，宁静、安逸和亲切是典型基调。

照度要求：一般照明取 50~100 勒克斯，客房的照度低些，以营造静谧、休息甚至懒散的氛围。局部照明，比如梳妆镜前的照明，床头阅读照明等应该提供足够的照度，这些区域可取 300Lux 的照度值。最容易被忽略的是办公桌的书写照明，建议提供书写台灯（通常是用装饰性台灯代替）给客人。

色温要求：3000K 左右。卧室用 3500K 以下的光源，洗手间用 3500K 以上的光源。卧室需要暖色调，洗手间需要高色温，以显清洁和爽净。

显色性要求：Ra>90。较好的显色性能使客人增加自信，感觉舒适良好。

## 三、如何规划设计饭店后勤区域

饭店后勤区域包括行政办公区、一级库房、员工生活区、工程设备间和各种辅助用房等，饭店的经营部门的办公室可以根据具体情况安排在经营区域或后勤区域，公关部、销售部等部门由于业务接待需要，其办公室尽量设在经营区域为宜。

表 4-3 列出了饭店后勤区域的规划，由于各饭店设施情况不同，此表仅供参考。

表 4-3 饭店后勤区域规划表

| 行政办公区 | 库房（一级库） | 员工生活区 | 辅助用房 |
| --- | --- | --- | --- |
| 总经理办公室 | 总库 | 员工更衣室 | 垃圾房 |
| 总经理秘书 | 食品调料库 | 员工浴室 | 食品检验室 |
| 副总经理办公室 | 酒水库 | 工服房 | 电脑机房 |
| 总经办接待 | 清洁设备化学药品间 | 员工食堂 | 洗衣房 |

续表

| 行政办公区 | 库房（一级库） | 员工生活区 | 辅助用房 |
|---|---|---|---|
| 工会主席办公室 | 物品库 | 培训教室 | 综合维修房 |
| 车队 | 棉织品库 | 倒班宿舍 | 工程零备件库 |
| 复印打字室 |  | 员工活动室 | 垃圾分拣室 |
| 人力资源部办公室 |  | 医务室 | 员工出入口保安值班室 |
| 工程部办公室 |  | 员工理发室 | 收货平台 |
| 安保部办公室 |  |  | 收货间 |
| 财务部办公室 |  |  | 设备间 |
| 采购部办公室 |  |  | 配电室 |
| 培训部办公室 |  |  |  |
| 质检部办公室 |  |  |  |

## 四、如何规划设计饭店无障碍设施

规划设计饭店各项设施时，应考虑是否方便体障人士使用。一方面，国家出台了建筑物设计中关于无障碍设施的标准；另一方面，饭店建筑在实际的设计中还要对标准进行细化，切实做到为体障人士提供最优化的辅助设备和设施。

饭店中的无障碍设施包括公共区域部分、交通部分和无障碍客房部分。

### （一）无障碍公共区域设施规划

饭店公共区域部分的无障碍设施包括店外专用通道和专用卫生间。店外专用通道设计有专用坡道和扶手，大堂内均应备有轮椅设施，有条件的饭店还应设置供体障人士专用的卫生间，最好是分开独立设置，最大限度地保护体障人士的隐私。

### （二）无障碍交通设施规划

无障碍交通要求店内凡有客用踏步梯的区域都应设置供轮椅通过的坡道，客用电梯间外最好在墙面的下方单独设置电梯按钮，方便上肢体障人士使用，电梯间内设有扶手杆和供体障人士专用的侧面按键和盲文专用按键。

### （三）无障碍客房设施规划

根据《旅游饭店星级的划分与评定》中的相关规定，要求饭店最少配备1间无障碍客房，有条件的饭店可以按照客房总数的1%比例配备。房间内的家具设备、卫生间等设施均应按照相关标准设计。客房房门的内窥镜也必须相应降低高度，符合规范。

国内有很多饭店的无障碍客房经常被安置在楼层的边角区域，离电梯间过远，从经济的角度看，离电梯间较近的客房无疑比较容易出租，边角房由于房形不规则等因素不容易被客人接受。如果从方便体障人士出行的角度看，离电梯间近无疑是最方便的，所以，饭店无障碍客房的位置最好规划在离饭店楼层电梯间较近的区域内，使无障碍客房真正做到"无障碍"，体现饭店"人文关怀"的经营理念。

## 五、如何进行饭店工程管理规划

### （一）用电负荷规划

在饭店工程建设中，需要设计饭店投入运营后的年用电负荷计划。饭店的年用电负荷即用电总量包括三个部分：照明负荷、制冷与空调设备负荷、动力负荷。

（1）照明负荷：饭店照明负荷涵盖了饭店的公共区域、对客服务区域、办公用房、员工后勤生活区域、设备用房、停车场、夜景照明、霓虹灯广告牌等设施设备。因大部分设施设备属于长期运行，故这部分的用电量可以按饭店年总用电量的40%~50%计算。

（2）制冷与空调设备负荷：制冷与空调设备负荷涵盖了冷冻机组、新风机组、空调系统水泵、风机盘管等用电设备。因不是常年运行，故这部分设备的用电量可以按饭店年总用电量的20%~25%计算。

（3）动力负荷：动力负荷涵盖了生活水泵、消防水泵、电梯、洗衣房设备、厨房设备、电加热设备、弱电系统、办公用电、电器设备等。这部分设备的用电量因与饭店经营情况有关，故用电量可以按饭店年总用电量的30%左右计算。

（4）单间客房用电配额：以五星级饭店为例，单间客房的用电量配额一般4000W就够用了。

### （二）客房综合布线系统规划

饭店客房的综合布线系统包括语音点、数据点、信号源接入点、消防烟感报警装置、紧急广播设施、取电器、风机盘管调节器、灯光控制装置、电源面板、呼救按钮装置、门铃装置、访客等待显示器等设备。

下面依次介绍各布线系统：

（1）语音点指的是电话通信设施，一般设置2~3个点位，分别位于床头柜、写字台、卫生间电话副机。

（2）数据点指互联网宽带网络接入和饭店设置的内部局域网接入，一般只在写字台设置1个点位，也有的豪华饭店根据欧美客人的习惯在床头柜上增加1个点位。

（3）信号源接入点指卫星电视信号、有线闭路电视信号和饭店内部局域网接入，一般只在房间内设置1个点位，有的豪华饭店为了满足客人在卫生间内收看电视节目的需求，会相应在卫生间内增加1个点位。

（4）消防烟感报警装置在房间天花板正中设置1个点位。

（5）紧急广播设施一般设置在卫生间内。

（6）取电器设计在靠近房门的卫生间隔墙上。

（7）风机盘管调节器设计在靠近床具的卫生间隔墙一侧。

（8）灯光控制装置按照需求分别设计在固定位置处。

（9）电源面板通常根据需要设计在写字台上、电视柜下、迷你酒吧柜一侧、床头柜上和卫生间内。

（10）呼救按钮装置设计在卫生间内恭桶一侧墙面上，是客人身体不适时紧急报警用的。

（11）门铃装置设计在客房门外的墙上。

（12）访客等待显示器设计在卫生间内，有客人来访时住店客人不方便见客时使用。

需要注意的是，客房电源面板的设计又分为员工电位和客用电位，员工电位的距地高度一般为300毫米，客用电位的距地高度一般为850毫米。在设计电源面板时应体现人性化，不要把所有电位高度设计成300毫米。电源面板要加装防触电装置，防止客人使用不慎发生意外。

需要注意的是，客房电源面板的设计分为员工电位和客用电位，员工电位的距地高度一般为300毫米，客用电位的距地高度一般为850毫米。设计上应体现人性化，不要把所有电位高度皆设计成300毫米，电源面板要加装防触电装置，防止客人使用不慎发生意外。

## （三）卫生间设计要点

曾有饭店业的同仁开玩笑说："一个饭店是几星级，只要去看看它的大堂公共卫生间就知道了。"可见饭店公共区域卫生间的设计是多么重要。

饭店卫生间的设计要点如下：

（1）设计饭店公共区域卫生间时，要适当引入灯光设计、混响设计、绿化设计、艺术品装饰设计等方案，最大限度地满足公众的审美需求。

（2）女卫生间的面积要比男卫生间的面积稍大些，因为女性使用卫生间的时间比男性要长。男卫生间的立式便斗应设隔板，以保护客人隐私，便斗还可采用无水分解设施，减少异味扩散。此外，卫生间的洗手台最好男女单独分开设置，满足女性客人的补妆需求。

（3）设计餐厅、多功能厅和会议室的公共卫生间时，应根据客人的流量设计厕位，保证在短时间内客人比较集中时使用方便。

（4）设计客房内的卫生间时，可以考虑采用面盆排水入墙、分区照明、干湿区分开等措施，增加卫生间的舒适度。应将电话副机设在恭桶一侧的墙上，高度适中、方便使用。排风扇应低噪环保，并设在恭桶上方，利于污浊空气快速排出。卫生洁具的釉面厚度应达到1.1毫米以上。选购恭桶时，应选择虹吸、静音、3/6升节水、缓冲垫及盖的设备。卫生间的混合器、五金件设备无圆润无尖角，冷热水龙头标示清晰。考虑到整体的便利性和人性化，也可将面盆设计成双盆型。

### （四）楼宇自控系统的构建

构建饭店楼宇自控系统的目的是降低能耗，节约饭店运营成本，保障饭店建筑内的机电设备安全运行，创造舒适的工作和生活环境。通常情况下，楼宇自控系统至少能控制饭店的大型机电系统，包括冷冻站系统（冷热源系统）、空调机组系统（全空气系统）、新风机组系统（或带风机盘管系统）、给排水系统、送排风系统、公共照明系统、供配电系统和电梯以及扶梯系统。

饭店的楼宇自控系统应实现以下功能：

（1）确保饭店内良好的空气品质和舒适的温、湿度环境。

（2）能实现设备的集中控制、科学运行，延长设备的使用寿命。

（3）通过自动控制降低能源消耗，减少管理人员的数量和劳动强度。

（4）提供可靠的、经济的最佳能源供应方案，实现能源管理自动化。

（5）及时提供设备运行情况及有关资料，打印相关报表，真正实现设备维护自动化。

### （五）电梯设备的选型

首先对不同类型的电梯减速装置的性能做一个简单介绍，各饭店可根据实际需要选择不同类型的减速装置。

电梯的减速装置类型按价格高低排序，分别为永磁同步电机、斜齿电机、直齿电机和涡轮蜗杆电机：

（1）永磁同步电机外形为圆筒形，稳定性比较高。其设备的主机噪声只有60分贝左右，属于低噪声设备。设备运行无须添加润滑油，传动效率高，实现了免维护。永磁同步技术主要应用于国外高档、高层饭店，其运行速度可达到3米/秒，是电梯设备的发展趋势。

（2）直齿传动电机的传动效率约为80%，斜齿轮及行星齿轮的传动效率为95%，是目前电梯设备的主流技术。

（3）涡轮蜗杆电机由于传动方式变速比较大，价格经济，一般应用于观光梯等低速电梯设备。一般人能接受的观光电梯的梯速为1米/秒。

电梯选型的注意事项有：

（1）电梯选型时，首要考虑的因素是设备的基本情况，即电梯使用的电源是直流的还是交流的，电梯的运行速度是否与楼层高度相匹配，如何配备选层器，是否需要群控装置等。

（2）电梯设备选型时，应考虑电梯设备的三个重要部分——曳引机、控制柜、轿厢和门机的性价比。其中，对控制柜的质量要求较高，轿厢在由供应商报价时应不加任何装潢费用，待饭店确认装饰风格后再按照装修图纸另行报价。

(3) 高速电梯应尽量选择永磁同步和斜齿传动方式的设备，尽量不要选择漏油、噪声较大的液压电梯。

### （六）电子门锁系统的选型

进行电子门锁系统选型时，应注意下列事项：

（1）电子门锁的性能主要是记录房门开启次数，选型时，应确定电子门锁是否带有离合器、是否节电、与房门手柄是否一体化设计等。

（2）不同类别电子门锁系统的特点不同，各饭店应根据实际需要选择使用。饭店选用的电子门锁系统一般分为三种：磁卡型、IC卡型和感应型。磁卡的特点是仅能定性而不能定量，开启房门是定性，具有其他消费功能则是定量。对饭店业务来说，开启房门的功能是最重要的，其他消费区域由于有电脑软件管理控制，故磁卡不具有消费功能是可以接受的。磁卡的运行成本也有很大的优势，其电池（通常用四节五号碱性电池）寿命可达两年半左右。由于磁卡的制作成本低，可以做到让每个客人都能使用新卡，卫生性较好。感应IC卡的运行成本较高，由于采用非接触式设计，功耗加大，同样的电池仅能使用6～10个月。其卡的制作成本也较高，卡体容易破损且卫生性不高。

（3）不同型号电子门锁系统的性能不同，各饭店应根据实际需要选择使用。市场上比较常见的电子门锁进口品牌有美国的"Saflok Series V"型、挪威的"Vingcard VC—3000"型、加拿大的"KABA ILCO（UNICA）E760K"型。其中，加拿大的"KABA ILCO（UNICA）E760K"型电子门锁系统采用的读卡方式是垂直插入的开放式，开启记录存储容量可以达到400次，挪威的"Vingcard VC—3000"型和美国的"Saflok Series V"型电子门锁系统采用的读卡方式是水平插入的封闭式，开启记录存储容量略小，为100次。封闭式读卡器的特点是当有异物插入时，插卡口被堵塞，这种情况下是不能打开门锁的；而开放式读卡器的插卡口更像是漏斗，是不怕堵的，此外，上提式读卡方式在实际操作中可以避免客人将卡遗忘在锁中，增加了安全性。电子门锁系统的离合装置是防止借助外力强力扭动手柄来打开门锁，挪威的"Vingcard VC—3000"型是没有离合装置的。

（4）在选择电子门锁供应商时，应注意记录设备的永久序列号和临时代码，同时要考虑该系统与电脑软件管理系统的接口设置和后期的维护工作。

## 六、如何进行厨房设计

### （一）厨房总体设计

厨房的流程和功能设计是否合理，将直接影响餐饮经营是否成功。一个理想的设计方案，不但可以让厨师与餐饮服务人员密切配合，井然有序，还可为厨师制作美味佳肴提供舒心的工作环境，餐饮顾客也会因此能得到更好的服务。反之，一个粗制滥造的设计，可能由于功能分区、设备器具安排不合理，厨师使用不顺手，无法发挥其烹饪技术而影响出品质量，久而久之必然会影响到餐厅的声誉。

厨房设计注意事项：

（1）饭店厨房的设计应以分区合理、流线清晰、方便实用、节省能源、改善厨师工作环境、提高工作效率为原则，设备配置不必过多过繁。设备配置过多而实用性不强，不仅会造成资源浪费，而且会占用有限的空间，使厨房生产操作施展不开，增加安全隐患。

（2）进行厨房设计时，应根据现场情况，结合餐厅的功能、要求合理安排和布局，并结合燃气公司以及卫生防疫、环保、消防等行政管理部门的要求，优化设备布局方案，方便将来施工、安装和验收。

（3）厨房是餐饮部门用水量比较大的部门，有许多厨房由于星盆（水池）配备太少、太小，厨师要跑很远才能找见水池，忙起来自然就很难顾及清洗，厨房的卫生很难令人满意。因此，设计时要充分考虑原料化冻、冲洗的需要，以及厨师取用清水和清洁用水的各种需要，尽可能在合适位置设置单星、双星或三星盆，切实保证食品生产环境整洁卫生。

（4）在选择专业的厨房设计公司时，应了解其是否在承接饭店厨房工程方面具有丰富经验，是否在方案设计以及供水、供电、通风等配套方案设计方面具有成熟的工作流程。

在设计厨房布局方案时，应严格遵守以下原则：

（1）了解厨房的既定菜式，设计均应以此为中心。

（2）严格按照生熟食品分隔的原则，确保厨房饮食卫生。在此前提下，尽量缩短输送流线，使路向分明。

（3）合理安排厨房空间及工作位置，确保厨师均能各司其职，分工合作，提高产量与成品质量。

（4）厨具、用具布局空间合理，视野开阔，方便取用和管理。

（5）配备所有装置时，以经济、适用为原则。

（6）合理设计空调和排风系统位置及走向，保证空气流通、温湿度适宜，营造舒适的工作环境。

（7）厨具符合消防、卫生、环保、计量标准，确保使用安全，避免损毁。

## （二）厨房功能分区设计

饭店的厨房区域总体设计应能满足各餐厅经营需求，这就需要对各餐厅相应配备的厨房按照不同功能所需面积进行分配，对厨房内各区域、各岗位所需设备配置进行合理的统筹计划和安排。

进行厨房功能分区设计时，应注意下列事项：

（1）设计饭店厨房时，应在依据饭店项目星级档次、餐饮规模及用途的前提下，结合厨房各区域生产作业的特点与功能，充分考虑需要配备的设备数量与规格，对厨房的

面积进行分配，对各生产区域进行定位。同时还要依据科学合理、经济高效的总体设计原则，对厨房各具体岗位、作业点，按出品风味和规模要求进行设备配备，对厨房面积进行合理的功能布局。

以中餐厨房为例，厨房面积的功能布局应包括下列操作区域：

◆粗加工间（包括蔬菜加工间和肉类加工间）

◆凉菜间（含二次更衣区）

◆烧腊间

◆面点间

◆主灶操作区

◆切配区

◆冷库

◆厨师长办公室（也可设计在邻近的厨房外区域）

◆干货调料库

◆洗碗间

◆备餐间

有的饭店把各厨房的粗加工间和冷库集中设置在一起，成立厨房配送中心，单个厨房就不再需要单独设置以上两个区域。

与中餐厨房相比，西餐厨房或咖啡厅厨房的功能布局相对简单，包括：

◆粗加工间

◆冷菜间

◆热菜操作区

◆饼房

◆洗碗间

◆调料库

◆备餐间

（2）进行厨房功能分区设计时，不能错误地认为改善厨师工作环境，就是无节制地扩大面积、拓展空间。有的厨房对偌大的空间进行大量的实墙分隔，使各作业间互相封闭，看不见，叫不应，既增加了操作人员搬运货物的距离，又不便互相关照和提高工作效率，更容易产生安全隐患。切实可行的做法是，用铝合金和玻璃等材料搭配使用，分割厨房中的各作业点。

（3）厨房的明厨、明档主要是将菜品生产的最后阶段作展示性使用，更多地吸引消费者的注意，通过实物展示促进销售，增加厨房操作的透明度。设计时应注意，明厨、明档应干净、整洁、无油烟、无噪声污染，不能有碍观瞻。

（4）关于厨房面积和餐厅面积的比例问题，卫生防疫管理部门对此有相关的标准，就其合理性来说，如果把厨房面积和餐厅面积设置为一个总面积的话，那么餐厅的面积应不高于70%，厨房面积不低于30%。

### （三）厨房设计应考虑的因素

厨房的功能区划主要有三大块：食品加工烹调区、餐饮器具洗涤区以及物料、食品原材料、菜肴半成品和菜肴成品的储存区。装修设计时，应充分考虑厨房的基本功能和使用要求。

#### 1. 厨房设施设备的选型

厨房设施设备选型注意事项：

（1）厨房设施设备的选型必须符合人体工程学的原理，方便使用，最大限度地减轻操作者的劳动强度，以提高工作效率。

（2）合理布局灶（炉）具、运水烟罩、热水器、星盆（水池）、操作台、壁柜、冰箱等设备，有利于这些设备的使用、清洁及维修，厨房内的各种装饰物不得影响采光、照明和通风。

（3）进行厨房设施设备选型时，应考虑设备核心部件的材质和使用寿命。板材是大多数厨房设备的主要材料，生产厂家大多宣称采用日本、韩国或国产宁波和太钢的不锈钢板材，不管采用何地的材料，必须保证其材质是真正的不锈钢，防止出现以次充好的现象。

不锈钢的分子式是1Cr18Ni9Ti，表示含碳量为0.1%、含铬量为18%、含镍量为9%及少量的金属钛。

就厨房设备中的操作台、盆和柜来说，其台面的板材厚度为1.5毫米、侧板厚度为1.2毫米、脚通为1.5毫米、柜外壳为0.6毫米、门外壳为0.8毫米、门内壳为0.6毫米、暖菜柜水槽为1.5毫米、柜内活动层板为1.0毫米为宜；挂墙层板和立式柜的台面柜厚度为1.2毫米、补墙撑为1.5毫米、疏孔式活动层板为0.8毫米、柜外壳为1.0毫米、门外壳为0.8毫米、门内壳为0.6毫米、柜内层板为1.0毫米为宜。

厨房中的冷冻设备一般配有立式或卧式冰柜，冷冻设备的核心部件是制冷压缩机，选择该类设备时，应了解制冷压缩机的产地、功率、保修时间等信息，其材料规格也应达到内壳0.6毫米、外壳0.8毫米、台面1.5毫末、补墙撑1.5毫米的标准。

（4）选购其他厨房设备时应注意，星盆要有隔油滤网，冷热共用水龙头内芯要用抗膨胀系数高的陶瓷质地加工，制冰机、洗碗机由于运转时间长，应选高质量的产品，防止设备更新淘汰过快。

进行厨房设施设备选型时，有几种情况最容易出现问题，值得筹备者予以特别关注：

（1）厨房设施设备的配置位置要合理。

主灶区一般采用单侧操作的设计，这就要求其一侧尽量要靠墙摆放，以节省面积。

餐厅的规模较大、包房设计较多时，炉灶的组数要按照所规划的接待人数来设计。一般情况是，一组炉灶（双头）可以同时为100人就餐提供热炒菜品服务。

蒸箱等设备的旁边应设计相应的双星盆，满足蒸制类菜品的氽水需要。

货梯或食梯的前面要预留出操作空间，满足服务运输用车的需要。

洗碗间要根据"脏餐具进入→餐具洗涤消毒→干净餐具储存取送"的路线设计一进一出的两扇门，防止餐具二次污染。

（2）配置厨房设备时不能只看外表，不重视板材的质地和厚度。如果买回的设备板太薄、质太轻，工作台一用就晃，炉灶一烧就瘪，不仅会使设备返修率高，厨师使用不顺手也会成为设备的奴隶。设备配置不实用也会使设备的闲置率增高，浪费投资。还有些设备如升降传菜梯和西餐的灭火炉等看似新颖，功能超前，其实实用价值并不高。

（3）设施设备的配置必须做到"因地制宜"和"量材使用"。有的饭店在选择厨房主要设备的炉灶时，不考虑餐厅的菜系和出品，一律选配广式炉灶（广灶的总体特点是火力猛、易调节、好控制），最适合于旺火速成的粤菜烹制，认为只有这样的配备，厨房才是最先进的。要知道，广式炉灶是与粤菜的烹调方法、成品特色相配套的，餐厅的菜系出品以粤菜为主还好，如果餐厅以经营淮扬菜、海派菜或者杭州菜为主，选配广灶就不免为难厨师了。殊不知，淮扬菜擅长炖、焖、煨，海派菜浓油赤酱，讲究文、武火的搭配运用，这都需要炉灶有支火眼配合猛火使用。不考虑这些因素来配置相应的设备，不仅成品风味、质量难以地道，而且也是对能源、对劳动力的一种无谓浪费。

**2. 厨房的通风设计**

不管厨房选配怎样先进的排风设施，必须达到这一要求：厨房尤其是配菜、烹调区形成负压。所谓负压，即排出去的空气量要大于补充进入厨房的新风量。厨房的正、负压配比必须合理，如果负压过大的话，可能会出现进出门被顶住、难以开启的现象。

厨房风道的风速常量一般为6~8米/秒，饭店筹备者应充分考虑新风来源和换气次数，这样，厨房才能保持空气清新。

在抽排厨房主要油烟的同时，也不可忽视烤箱、焗炉、蒸箱、蒸汽锅以及蒸汽消毒柜、洗碗机等产生的浊气、废气，要保证所有烟气都不在厨房区域内弥漫和滞留。

大多数厨房设计公司设计安装的设施设备只到主灶区上部的运水烟罩为止，因此，在功能设计上，饭店还要考虑室内的设备和楼体外部的烟道设施如何对接的问题。

**3. 厨房的地面、天花板和墙面设计**

在建筑设计中，厨房的地面应做300毫米左右的下沉设计，用于厨房的排水明沟。明沟是厨房污水排放的重要通道，要做到厨房地面清洁干爽，明沟设计就不能太浅、太毛糙。设计明沟时，要把厨房区域作为一个整体来考虑，除了库房和办公等区域外，其他位置都要考虑到。用明沟把各操作区域连接起来，可以使厨房更加便于清洁和整理。

厨房的地面材料宜选用防滑、防水、易于清洗的瓷砖。如果材料不能满足防滑要求，会给日常工作造成极大的不便，有时甚至会造成人身伤害事故。在没有选到新颖实用的防滑地砖前，使用传统的防滑红钢砖仍不失为有效之举。

厨房的天花板应选用浅色的、易于清理的建筑材料，如质量可靠的PVC板材或铝扣板等。

卫生防疫部门对厨房墙面的要求是，四周墙壁满铺瓷砖，故其装修宜用防火、抗热、防潮、浅色的材料。

### 4. 厨房的灯光设计

餐厅的灯光偏重装饰性，而厨房的灯光偏重实用性。中国菜之所以位居世界三大菜系之首（另外两个是法国菜和土耳其菜），最重要的原因就是中国菜讲究色、香、味、形，而色字又居首，其重要性由此可见一斑。厨房中出品的菜肴色泽大部分是通过厨师在烹饪过程中的细心观察来控制的，这其中，充足的照明是关键。厨房的灯光设计必须达到标准的勒克斯照度。

这里所说的实用性，主要指下面几点：临炉炒菜要有足够的灯光以便厨师及时把握菜肴色泽；面板、切配区域要有明亮的灯光，方便厨师追求精细的刀工并能有效防止刀伤；出菜打荷的上方要有充足的灯光，以切实避免菜品中混入杂物并流入餐厅。厨房灯光不一定像餐厅一样豪华典雅、布局整齐，但其作用绝不容被忽视。

进行厨房灯光设计时还要着重考虑的一点是，主灶台、工作台的局部照明可用嵌入式日光灯或射灯，其他区域的灯具宜选用吸顶灯。由于各部位配置的灯具瓦数较高，必须在所有的灯具外面加装由特殊材料加工制成的防爆灯罩，防止灯具爆裂伤人和污损菜品。

### 5. 厨房的辅助区域设计

辅助区域设计是强化完善餐饮功能的必要补充。辅助区域，主要指的是在餐饮功能的划分上，不直接服务于客人用餐的餐厅，从行政管理上也不属于菜点生产制作的厨房。但少了这些区域的设计，餐厅可能就会显得粗俗不雅，甚至嘈杂零乱，厨房生产和出品也会变得断断续续，甚至残缺不全。

厨房辅助区域主要有备餐间和洗碗间等，规划位置大多设置在厨房区域内。备餐间是配备开餐用品、传送菜肴到餐厅、创造顺利开餐条件的场所，大部分餐厅皆设有传菜部负责类似业务。各洗碗间的工作一般由饭店设有的管事部统筹安排。

传统的餐饮管理大多对备餐间的设计和设备配备没有给予足够的重视，餐厅经常出现污烟浊气弥漫、出菜服务丢三落四的现象。

备餐间应处于餐厅、厨房过渡地带且要有足够的空间和设备，以便于夹、放传菜夹，便于将出菜信息及时通知划单员。备餐间一般还设有通信联络设备，方便起菜、停菜等信息沟通。

在设计上，应考虑厨房与餐厅之间采用双门双道。双门双道，是指厨房与餐厅之间设置的起隔音、隔热和隔气味（简称"三隔"）作用的进出分开的弹簧门。设计同向两道门的重叠设置不仅能起到"三隔"的作用，遮挡客人视线，有效解决了有些饭店陈设屏风用以遮挡的问题，还保证了同时进出厨房的操作人员不会互相撞到。

在餐饮经营中，合理设计洗碗间可有效减少餐具破损，保证餐具洗涤的卫生质量。

无论是安装了集清洗、消毒于一体的通道式洗碗机的洗碗间,还是采用手工洗涤、蒸汽消毒的洗碗间,在餐具洗涤操作期间,均会产生水汽、热气、蒸汽。如不及时抽排这些气体,不仅会影响洗碗工工作,使洗净的甚至已经干燥的餐具重新出现水汽,还会向餐厅、厨房倒流,污染附近区域。因此,必须采取有效设计措施,切实解决洗碗间通、排风问题,创造良好的工作环境。

## 七、如何设计安保监控系统

### (一)安保监控系统的设计原则

由于饭店是客流比较密集的公共场所,按照公安局对特种行业的管理要求,本着"没有安全,就没有一切"的经营原则,饭店必须设计安装完备的安保监控系统。

将安保监控系统应用到饭店中,就是选择闭路电视监控系统设备。该设备是应用光纤、同轴电缆、微波等在其闭合的环路内传输电视信号,并摄像、成像的独立完整的监控系统。

闭路电视监控系统能真实反映被监控区域和被监控对象的实时情况,让监控人看到并通过录像设备将信号存储下来。利用该系统,可以扩大监控范围,对饭店的盲区、死角和其他重点部位进行24小时不间断监控,有效预防不法行为,节省人力和费用,提高安保效率,保障饭店的公共安全。

本着"请专业的人做专业的事"的原则,设计安装安保监控系统时,应请专业的设备供应商提供具体的图纸和设计方案。

### (二)主要防范区域和部位

安保监控系统的防范区域主要是饭店的停车场、大堂、餐厅、娱乐场所、客房楼层通道、电梯、各收银网点、所有出入口、财务部办公室和库房等重要区域。监控应做到无死角、无盲区。

### (三)监控设备选型

选择闭路电视监控系统时,建议安装数字化监控系统,对饭店分区域采用彩色和黑白监视器设施用以实时监控以上各处的人员流动情况,为饭店的安全管理工作打造一面坚强的盾牌。具体选型时,应按照饭店的投资要求和具体需求来配置,对于重点监控区域应当做到重点防范。

闭路电视监控系统由前端摄像部分、信号传输部分、控制部分、显示部分、存储记录部分、报警部分和报警联动部分组成。下面分别介绍各组成部分的功能及选型要点:

**1. 前端摄像部分**

前端摄像部分是系统设置在监控现场的摄像设备,包括各种摄像机、镜头、防护罩、支架、电源连线等,主要作用是把搜取被监控现场的图像信号转换成电信号。

由于摄像设备是整个监控系统的基础，所以要求系统的后端成像设备的清晰度不能低于电视线。其系统图像部分指标如下：

◆ 图像水平清晰度为黑白显示器大于等于380线。
◆ 图像画面的灰度大于等于8级。
◆ 图像质量的随机信噪比大于等于38杜比。
◆ 图像质量按5级图像质量标准评定的话应不低于4级。
◆ 其他各项指标应符合国家标准。

根据成像种类、所适用的照度、光谱范围、使用环境、器材用途等不同的因素，可将摄像机分成很多种，饭店选型时，要充分考虑各种环境和监控要求，进行合理配置。

就饭店经营特点和监控重点来看，进行设备选型时，应重点考虑以下几个因素：

第一，饭店停车场区域的摄像设备可采用2个全方位、全天候的云台一体机。由于饭店大门外车辆较多，人流量大，所以对监控技术的要求也较高。停车场区域的监控重点是进出车辆的牌照。一般的摄像机不具备逆光补偿的功能，并且没有超级宽动态，在阳光直射下，车牌发射的光线在摄像机上是看不清楚的，就是常见的亮斑或者镜面效应，在监控系统中，应尽量使用室外球型云台一体机，它独有的亮斑补偿功能将会有效解决这一难题。

第二，饭店大堂区域的摄像设备可采用全方位型云台一体机。大堂人来人往，需要照顾到各个方向，要求摄像机能够全方位旋转。当主要监控人发现可疑人物的时候，应能将摄像机拉近特写，这就要求尽量使用可365°旋转的带云台的摄像机，即室内球型云台一体机。

第三，客房楼道区域的管理要求是"无盲区、无死角"，摄像系统可采用全方位球型云台一体机。由于楼道一般比较狭长，且光照度不高，所以在楼道监控摄像机的选型上，可考虑使用全方位球型云台摄像机，它不仅可以满足楼道内的变向监控需求，更可以满足楼道内的镜头拉远、拉近监控，220倍的镜头变焦，足以使最长100米以外的走廊上的物体在监视器中看得如同置于眼前。

第四，在饭店其他大面积的营业区域内，建议考虑加装全方位球型云台一体机，用以实时、全方位监控营业情况。餐厅、娱乐场所及其他容易产生监控盲区的区域，可采用"伪装"型摄像机——红外线彩色半球一体机。它独有的流线型黑色外壳，加上小巧的镜头设计，配以高效的红外灯，在白天，顾客不仅不会轻易发觉它是一台不停工作的摄像机，即使在夜间，它亦能凭借红外线灯，达到如白天般正常的监控效果。

第五，对饭店特殊部位如电梯，建议采用2个电梯专用飞碟型摄像机。电梯是一个相对复杂的环境，从监控技术角度讲，电梯的光源是十分不规律的。正常运行中，电梯里是灯光照明，摄像机能正常工作，可是当电梯门突然打开时，门外光线迅速直射进来，此时，摄像机采集的光照度将瞬间增强好几倍，从监视器上看，屏幕将立即出现一片雪白，然后过个3秒多钟再慢慢清晰。因此，使用拥有技术动态补偿的飞碟型摄像机是十分必要的。

### 2. 显示部分

摄像设备提供的信号在后端设备成像后会形成画面处理系统，画面处理系统具有多画面和单画面切换显示的特点，即在一台显示器上可同时显示多画面图像，将所有摄像机传递的信号成像后显示在控制中心的监控器上，并可实现回放。

### 3. 存储记录部分

系统中配置的录像设备能同时记录下显示器的视频和音频信号，录入的信号自动数字化压缩存储在硬盘中，通过系统自定义设置可以设定存储资料的保留时间，供随时调用查阅。

### 4. 控制部分

系统的控制中心是整个安保监控系统的中枢，它的主要功能是对视频信号进行切换和处理、接收报警信号、对显示图像实时监控和对报警进行预处理等。

以下是有关控制中心的设计要求：

（1）控制中心应选择设置在靠近饭店大堂部位的一层位置，环境尽可能安静，尽量避开电梯等设备。

（2）控制中心的地面装饰材料应选择防静电地板，安装高度一般在300毫米左右。

（3）控制中心的天花板可选择浅色的铝合金针孔吸音板，该板材有机械强度高、不变形、不附尘、易清洁、吸音效果好等特点，同时还有电磁屏蔽作用。

（4）控制中心的墙面可采用便于清洁的阻燃墙纸。

（5）主控制室的照度应达到300~400勒克斯，并配有应急照明系统和空调排风系统。

（6）送入控制中心的电源必须在整个建筑主体电源供给的第一回路上，且不受任何漏电保护器开关的控制。控制中心配备能够提供系统设备在停电状态下连续24小时运行的不间断电源，以保证系统正常工作。

## （四）系统的保密性

出于对系统保密性的要求，安保监控系统的管理员要设置密码，以保证进入系统的优先权和级别操作权限。系统管理员的密码设置完成后，他人无权私自修改或删除密码，系统的每一次操作，如停止捕获信号、回放图像、改变参数、退出程序、高级查询等都需要键入操作员密码或口令，以提高系统的安全等级，防止非法访问。

# 八、如何进行饭店电脑管理系统的选型

## （一）电脑管理系统的应用

饭店的电脑管理系统是把分散到各部门、各销售区域内大量的客人信息和管理信息通过系统软件和硬件互相连接，对信息进行录入、存储、分析、处理、传递和输出以达到信息数据共享及查询的目的，从而使饭店的管理更加科学化、规范化。

### （二）电脑管理系统的发展历史

20世纪60年代末至70年代初期，正是国际饭店业集团化发展的黄金时期，各饭店集团为了强化连锁经营中的各下属饭店管理模式、业务操作流程、报表分析和集中采购等管理模式的一致性，开始大范围使用专业设计研发机构推出的电脑管理系统。到了20世纪80年代，国外的饭店电脑管理系统的产品和技术已日趋成熟，并在饭店业内得到了广泛应用。国内的饭店电脑管理系统就是在这个时期由国际饭店集团引进的。由于国内没有替代产品，管理系统的价格颇高，仅在一些高档饭店中应用。

随着20世纪90年代中后期电子计算机产业的快速发展，饭店电脑管理系统的技术革新也得到了空前提升，新的系统平台不断问世，系统的功能不断升级，其产品的价格接近平民化，使该产品的应用范围扩大到大多数饭店企业成为可能。

### （三）电脑管理系统的作用

#### 1. 饭店信息处理的核心

在饭店的日常工作中，一线对客服务部门通常会接触到大量的客人信息，如客人在入住登记时填写的姓名、职务、民族、宗教信仰等资料，客人在餐饮区域消费时的饮食禁忌和习惯，客人在入住客房后所穿拖鞋放在床的哪一侧等生活习惯，客人是否是左撇子等，这些信息应被作为最重要的客史信息加以利用和保存。

一个好的电脑管理系统应当提供"信息找人"的操作模式，而如果是"人找信息"就会延误服务时机。"信息找人"的模式主要体现在当操作人员录入客人姓名或房号等相关信息时，系统能自动提示该客人的习惯等"档案"资料，为操作人员提供个性化服务提供方便。

饭店的二线管理部门可以通过系统对管理信息进行分析，达到降低成本、节约费用的目的，顺利实行优化管理方案。

#### 2. 提高服务质量

通过系统提供的操作平台可以实现快速的预订、登记入住、各销售点的实时挂账、一次性结账、查询等功能，缩短了客人的等候时间，提升了客人对饭店服务的满意度。

#### 3. 提供决策依据

系统通过对各部门的数据和信息进行实时统计和分析，可以饭店决策者提供经营分析、收入统计、同期比较和预算完成情况的说明，为科学决策提供理论和现实依据。

#### 4. 提高工作效率

系统操作简单、便捷可以大大提高饭店内各部门业务操作的准确性。通过系统，还可实现饭店办公自动化和无纸化办公。

#### 5. 完善内部管理机制

系统的运行可加强饭店各部门间的信息沟通，使饭店在一个有序的经营环境内运作。系统提供的多种安全级别，保证了相应级别操作者的操作和查阅权限，也保证了饭店的信息安全和管理机制畅通。

### （四）电脑管理系统的选型

饭店电脑管理系统的构建主要包括系统硬件、系统软件和应用软件等设备，从应用上可以分为两大模块，分别为一线部门的经营管理模块和二线部门的后勤管理模块。

**1. 系统选型应具有的功能**

预订管理——包括订单管理、快速订房、预订修改、特殊信息、宾客留言、创建档案、房态管理、预订报表、综合查询等。综合查询含预订信息、住店宾客信息、宾客离店情况、客史档案、房态信息、可用房信息、房间订单信息、锁房信息、账户信息、列车时刻表、航班时刻表、各地邮编、电话区号、本地电话查询、周边公共设施分布信息等内容（下同）。

前台接待——包括散客接待、预订接待、团体接待、快速开房、协议客户管理、长途电话管理、宾客留言、换房延住、账户管理、自动挂账、创建档案、特殊账户、特行数据、修改折扣、房态管理、接待报表、综合查询等。

前台收银——包括散客结账、团体结账、不退房结账、账单打印、交易管理、交易审核、快速挂账、团队挂账、自动挂账、封锁账户、特殊账户、自动转账、转账处理、账单管理、冲账处理、房态显示、综合查询等。

商务中心——包括账单管理、快速挂账、交易管理、综合查询等。

客房管理——包括房态管理、客房查询、洗衣管理、迷你酒吧管理、拾物管理、物品管理、耗品管理、工服棉织管理、综合查询等。

营销管理——包括宾客资料管理、宣传主页、远程预订、VIP客户管理、黑名单客户管理、协议客户管理、团队管理、旅行社管理、应收款查询、销售合同管理、销售活动管理、报表管理、预算完成情况分析等。

餐饮管理——包括餐厅点菜、酒水管理、会议管理、退菜操作、厨房管理、宴会销售、宾客结账、预订管理、成本核算、二级库管理、报表打印、资料管理、会员管理、综合查询等。

康乐管理——包括账户管理、宾客结账、转账管理、点歌系统管理、酒水管理、营业查询等。

财务管理——包括固定资产、库房管理、应收账款、会计科目、收入分析、成本控制、日审夜审、欠款审计、挂账管理、现金报表、特殊付款、应付账款、商品管理、预算管理等。

工程管理——包括设备档案、维保计划、备件管理、报修管理、系统配置等。

人力资源管理——包括员工档案、工资管理、奖惩管理、考勤管理、福利计划、保险管理、后勤餐宿管理、培训管理、职业前景设计等。

安保管理——包括停车场（含车库）管理、自动报警、预案管理、安保培训计划等。

经理查询——包括客源分析、收入分析、房价分析、房态查询、团队分析、散客分析、综合查询、预算分析等。

### 2. 需与系统对接的设备

在饭店的实际工作中，还涉及一些应用设备必须与电脑管理系统进行对接。在进行电脑管理系统的选型时，要提前做好相关的咨询工作。这些需要对接的设备包括：

程控电话系统——包括自动开/关客房电话直拨功能、自动计费、话单录入、话单查询、话费管理、分机管理、参数定义、宾客查询、饭店功能等。

磁卡门锁系统——包括客房门锁的自动制卡、房卡挂失、一房多卡、延住处理等。

餐饮点菜系统——包括在餐厅设置电子点菜机，在厨房和备餐间设置工作站点或远程打印机，通过点菜系统使预先设定的菜品自动显示或打印在相应站点上，包括但不限于餐厅名称、桌号、菜肴名称、菜肴数量、特殊要求等，并可通过预先设置的数据查询其风味特色、主配料表、成本卡等信息，厨房反馈的沽清等信息也可以及时传递到服务一线。

特行登记传输系统——根据当地公安特行的要求把客人资料及时传递到相关终端上，保证饭店合法经营。

## 九、饭店设计的新思路

### 1. 客房双床房的床型摆放

传统的标准间双床之间为床头柜，而最新的设计为"好莱坞式"，即床的两侧各配置独立的床头柜。在设计床的高度时（含床垫），传统的高度为400毫米，而最新设计要求床的高度设计为"高床"，即550~600毫米，建议设计时加以考虑。

### 2. 客房重点弱电系统的设计

重要的弱电系统包括访客等待系统、SOS紧急呼叫系统、客房提前退房系统。

访客等待系统：外侧与门铃系统相连，内侧按钮设置在浴室恭桶靠近墙面的一侧，主要用于当客人如厕正巧赶上有访客按门铃时，可以按下按钮，外侧门铃系统即显示"请等待"。

SOS紧急呼叫系统：随着中国进入老龄化社会，尤其是老年客人入住酒店时突发心脑系统疾病的可能性大大增加，而这类突发性疾病如能在第一时间得到处理，可以极大提高使病人的生存率。该系统就是为预防此类事故发生所增设的。系统的显示终端与客房服务中心连接，该中心24小时有服务员值班，发现紧急报警可马上进行处理。系统报警按钮安装在靠近浴室恭桶一侧墙上，离地30厘米，保证突发病人可用腿脚有效碰触，按钮的形制应符合标准。

客房退房提示系统：对酒店客人来说，退房时的查房等候时间较长，这时容易产生烦躁情绪。该系统在客房取电器一侧位置上增加了提示按钮，其显示终端与前台及客房

服务中心相连，便于服务人员快速做出反应，缩短退房时间，增加客人满意度。

### 3. 浴室与客房隔墙的设计

为了扩大浴室空间的延展性，很多酒店设计师会在浴室与客房的隔墙处使用透明玻璃用以强化装饰效果，可是考虑到浴室的私密性，大多数设计会配套一幅卷帘，有电动的也有手动的。

新的设计取消了卷帘，而代之以"液晶雾化玻璃"，使用起来更加方便，同时也规避了卷帘易于损坏的弊端。

### 4. 客人到店提示系统

客人到店提示（RFID 技术）已经得到应用。该系统可以使客人自动收到欢迎短信，服务人员收到 VIP 到店的提示信息，包括客人的姓名、性别、国籍、照片等信息。服务人员可以主动欢迎客人。

### 5. VIP 客人远程等级系统

VIP 客户可通过手持登记设备（TABLET PC）进行远程入住登记，在房内或是店外就能完成登记、身份辨识及信用卡付款手续，节约了在前厅排队等候的时间。手持登记系统放置在前厅，服务员收到 VIP 到点提示短信后即可作准备。

VIP 客户或者入住酒店多次的客户信息在电脑系统中，前台在接待 VIP 后，可第一时间带客户进房，然后用手持登记设备让客户签名即可完成入住登记。Check in 和 Check out 都可远程进行。

### 6. 自助入住/退房系统

针对 35~50 岁熟悉计算机操作的商务人士，客人可自助完成登记及退房手续。

### 7. 全新的电视系统

走进一般的酒店客房，总是能找到一本厚厚的酒店指南。在现代化饭店，所有信息都被设计在全能的电视系统里。电视体统内置八国语言，兼具电视频道、航班信息、消息留言、账单查询、全球天气、租车服务等各种功能，还有各地风景名胜、服装商场等具体介绍推荐。整个系统的操作设置非常的简单，常用到的两个键是 ok 和 back。

## 十、饭店项目建设及预开业需办理哪些行政报批手续

饭店作为公共建筑设施，从项目规划立项到工程建设再到预开业筹备，需要取得政府相关行政管理部门的认证许可，由于各地的政策和标准不同，这里把可能需要报批的行政手续列出来（表4-4），仅供参考。

### 表 4-4　饭店项目建设报批行政手续

| 序号 | 报批项目 | 审批内容 | 审批部门 |
|---|---|---|---|
| 01 | 项目规划立项 | 规划许可 | 规划局 |
| 02 | 节能测评 | 依据 2005 年 7 月 1 日开始实施的 GB50189—2005 公共建筑节能标准，2 万平方米以上的公共建筑首先进行节能措施测评，未达标的一律不准开业 | 城市建设委员会 |
| 03 | 项目粗装消防合格 | 依据项目用途提前申报 | 公安消防管理部门 |
| 04 | 公司营业执照及项目名称预核准 | 成立公司的性质、经营范围及预名称申报，核准的名称保留 3 个月，可延期 | 工商行政管理部门 |
| 05 | 卫生许可证 | 餐饮设施的设计规划和客房区域洗消间的标准 | 卫生防疫管理部门 |
| 06 | 公安特行许可证 | 安保监控系统设置、应急逃生设施设备的规划 | 公安特行管理部门 |
| 07 | 环保评估认证 | 项目环保规划 | 环保局 |
| 08 | 消防验收合格证 | 二次装修（精装修）消防设计规划 | 公安消防管理部门 |
| 09 | 项目竣工备案 | 项目的竣工验收 | 城市建设委员会 |
| 10 | 外事接待安全 | 符合外事接待安全的规定 | 公安外事管理部门 |
| 11 | 税务登记证 | 税务登记 | 国税局和地税局 |
| 12 | 电话计费系统认证 | 饭店电话计费系统符合标准 | 质量技术监督管理部门 |
| 13 | 电梯运营许可 | 电梯年检 | 质量技术监督管理部门 |
| 14 | 烟草专卖证 | 烟草商品的进销渠道符合规定 | 烟草专卖管理部门 |
| 15 | 计量工具合格证 | 饭店内使用的计量工具符合标准 | 质量技术监督管理部门 |
| 16 | 市政用水量核准 | 符合国家对企业用水的规定 | 用水监察管理部门 |
| 17 | 停车场规划/计费 | 停车设施规划和计费标准审核 | 交通管理部门/物价管理部门 |
| 18 | 霓虹灯广告牌设立 | 符合城市管理相关规定 | 城管监察部门 |
| 19 | 社保登记 | 企业用工的社会保险 | 劳动保障部门 |

# 饭店开业筹备计划管理

饭店预开业筹备期间的工作千头万绪，十分繁杂，投资者和开业筹备者往往不知道从何处着手。因此，编制预开业经营筹备工作计划，罗列出详细的主要事务的履行内容和完成期限是十分必要的。

简单说，饭店项目预开业经营筹备计划工作是从人、财、物三个基准点入手，进行经营管理体系的筹建的。饭店项目经营管理体系的筹建成功与否，是决定饭店开业后进入经营期正常有序运营的前提条件，且具有十分重要的意义。

## 第一节 如何制订饭店开业筹备工作计划

### 一、如何确定开业筹备工作计划的起始时间

饭店项目经过先期筹划后进入第二个时期——工程建设期。投资者根据工程建设预期完工时间，会初步确定饭店的预开业时间，而预开业经营筹备工作也将以这个时间为准紧锣密鼓地开始。

为确保饭店预开业经营筹备工作顺利有序地实施，一般情况下，未来饭店的经营管理者会在预开业前6个月进入筹建现场开始经营筹备工作。这一阶段的经营筹备工作是与饭店工程建设工作相交叉的，其优点在于经营管理者可以更好地了解饭店的工程建设情况，对饭店的功能设施也会有直观的认识，便于掌握工程建设的进度并与工程建设方沟通。

## 二、筹备者应当关注哪些工程问题

工程建设由于专业性很强，所以很少引起饭店的经营软件筹建者和管理者过多的关注，而恰恰在这个时期，饭店建设中的功能布局和服务流线等优化设计将对饭店的后期经营产生直接影响，许多建筑布局甚至会直接体现经营管理者的思路和经营策略，此时介入饭店建设意义重大。

开业筹备者需要关注饭店建设工程的许多方面，涉及饭店的粗装修设计、二次装修设计、建设工程进度、设施设备的适用性等。具体讲，开业筹备者应当关注下列工程问题：

——工程土建结构的设计
——给排水系统（包括中水系统）
——冷热供水设备（包括锅炉、水泵、板式加热器、管道、阀门等）
——消防水系统（包括喷淋管线、分层阀门、消防水箱等）
——供电系统（包括配电室规划、强弱电线路分置等）
——空调系统（包括分体空调或中央空调等）
——结构化综合布线（包括电话系统、闭路电视系统、宽带接入系统、安保监控系统、电脑管理系统、手机信号增强系统等）
——消防报警系统（包括烟感器、中控器等）
——排污系统（包括污水排放、化粪池、隔油池、油烟排放净化装置等）
——电梯设备（包括观光电梯、自动扶梯、其他客用电梯、员工电梯、食梯等）
——音响系统（包括背景音乐系统、消防广播系统等）
——煤气、天然气设备（包括外设气站、管线、表房、泄漏报警器等）
——应急发电机或双路供电系统
——周边绿化带规划（包括绿地、园林、建筑小品等）
——外部装饰灯带的规划（包括地灯、园林灯、装饰灯带等）
——中控室、电脑机房设备
——餐厅和厨房内部的功能布局设计（包括餐位设计、装饰风格、厨房位置、流线等）
——窗户金属构架、玻璃安装
——地面、墙壁、天花板安装
——节水洁具、五金构件安装
——灯具安装
——洗涤机械设备安装
——清洁卫生机械设备安装
——厨房机械设备安装

——门地弹簧安装

——石材（大理石、云石、瓷砖）的初次保养

——家具木器安装

——锁具安装

——电器设备安装

——窗帘等布艺品安装

——样板间的验收

——应急照明及出入口标志安装

——消防器材安装

——残疾人设施安装（含通道、厕位、客房等）

——指示用标牌安装

——停车场规划施工

——外墙粉刷贴面

——霓虹灯造型设计及施工安装

——工程调试（满负荷运转24小时）

——外墙清洗

——钥匙移交管理方

——工程施工图纸备份移交管理方

——工程施工图纸归档

——设备启用维护保养和故障排除

——各部位维修调试

——清理周边环境，清理建筑垃圾

——项目环保评估验收

——交工投入使用

## 三、开业筹备工作计划包括哪些要素

在确定了饭店预开业时间的前提下，负责经营管理的筹备者通常采用倒计时的形式来编制饭店预开业筹备工作计划。以预开业时间为计划目标，设置工作内容、完成时间、具体执行人等工作流程，以保证饭店预开业经营筹备事项按时完成。

为了更加清晰地表述饭店开业筹备的工作任务、负责人、完成期限等计划安排，特制作表5-1。该表采用的不是通常的倒计时计划，而是常规的表述方式。

表 5-1 饭店开业筹备工作任务安排

| 序号 | 工作任务 | 负责人 | 工作期限 | 工作计划 前2月 | 第3月 | 第4月 | 第5月 | 第6月 |
|---|---|---|---|---|---|---|---|---|
| 1 | 进行市场调研，搜集相关资料 | 经营部门 | 15个工作日 | 1 √ | 2 | 3 | | |
| 2 | 协助投资方确认内装修设计方案 | 各部门 | 10个工作日 | 4 √ | 5 | 6 | | |
| 3 | 提供对样板间的具体要求 | 客务部 | 2个工作日 | 7 √ | 8 | 9 | | |
| 4 | 编制饭店的经营方案与价格政策 | 各部门 | 15个工作日 | 10 | 11 √ | 12 | | |
| 5 | 编制饭店组织机构与人员编制 | 各部门 | 5个工作日 | | √ | | | |
| 6 | 编制饭店用工制度 | 各部门 | 5个工作日 | | √ | | | |
| 7 | 编制工资标准及级差分配原则 | 各部门 | 5个工作日 | 13 | 14 √ | 15 | | |
| 8 | 编制经营预算 | 各部门 | 15个工作日 | | 16 | 17 √ | | |
| 9 | 组织员工招聘 | 人力资源部 | 40个工作日 | | 18 √ | 19 | | |
| 10 | 编制采购计划 | 各部门 | 10个工作日 | 20 | 21 | 22 √ | | |
| 11 | 协助投资方审核确认饭店设备选型方案 | 各部门 | 20个工作日 | 23 | √ | | | |
| 12 | 编制饭店开业前经营筹备预算 | 各部门 | 5个工作日 | 24 | √ | | | |
| 13 | 提出饭店开业前经营筹备资金使用计划 | 财务部 | 7个工作日 | 25 | √ | | | |
| 14 | 编制饭店各项管理制度、服务标准、操作流程 | 各部门 | 20个工作日 | 26 | 27 | 28 √ | √ | |
| 15 | 编制饭店整体培训计划 | 各部门 | 10个工作日 | 29 | 30 | 31 √ | | |
| 16 | 员工后勤区域的前期准备工作 | 行政部 | 10个工作日 | 32 | 33 | 34 | 35 √ | 36 |
| 17 | 提示投资方办理饭店开业相关行政审批手续 | 行政部 | 15个工作日 | 37 | 38 | 39 √ | √ | |
| 18 | 提出饭店VI标志设计要求 | 总经理 | 10个工作日 | 40 | 41 | 42 | √ | |
| 19 | 编制经营部门的详细营销方案与实施计划 | 经营部门 | 20个工作日 | 43 | 44 | 45 √ | | |
| 20 | 编制饭店装饰方案 | 各部门 | 5个工作日 | 46 | 47 | 48 | √ | |
| 21 | 编排房号与电话号码排序 | 客务部 | 10个工作日 | 49 | 50 | 51 | √ | |

续表

| 序号 | 工作任务 | 负责人 | 工作期限 | 工作计划 前2月 | 第3月 | 第4月 | 第5月 | 第6月 |
|---|---|---|---|---|---|---|---|---|
| 22 | 组织采购物品的收货、验货、入库与摆放 | 各部门 | 根据采购到货时间 | 52 | 53 | 54 | √ | |
| 23 | 固定资产建账造册 | 财务部 | 10个工作日 | 55 | 56 | 57 | 58 | √ |
| 24 | 配合投资方进行四方验收 | 各部门 | 5个工作日 | 59 | 60 | | 61 | √ |
| 25 | 接收饭店钥匙 | 总经理 | 5个工作日 | 62 | 63 | | 64 | √ |
| 26 | 工程竣工图纸备份、存档 | 工程部 | 5个工作日 | 65 | 66 | | 67 | √ |
| 27 | 机电设备资料的移交 | 工程部 | 5个工作日 | 68 | 69 | | 70 | √ |
| 28 | 组织饭店开荒 | 总经理 | 20个工作日 | 71 | 72 | | 73 √ | √ |
| 29 | 编制流动资金的申请报告 | 财务部 | 5个工作日 | 74 | 75 | | 76 | √ |
| 30 | 编制开业庆典计划 | 总经理 | 5个工作日 | 77 | 78 | | 79 | √ |
| 31 | 设立经营账户 | 财务部 | 5个工作日 | 80 | 81 | | 82 | 83 √ |
| 32 | 饭店设备调试 | 工程部 | 8个工作日 | 84 | 85 | | 86 | √ |
| 33 | 外墙清洗与杀虫处理 | 客务部 | 5个工作日 | 87 | 88 | | 89 | √ |
| 34 | 组织满负荷试运转 | 总经理 | 48小时 | 90 | 91 | | 92 | √ |
| 35 | 开业典礼的实施 | 总经理 | 1个工作日 | 93 | 94 | | 95 | √ |

## 四、开业筹备工作计划包括哪些主要内容

### 1. 确定经营管理团队的组织机构

按照饭店预期的经营管理模式确定饭店未来经营管理团队的组织机构。包括任命饭店的决策层和管理层，建立经营管理者和投资者的沟通渠道，确定业务往来汇报和批复的形式和程序等工作内容。

### 2. 完善经营管理团队的办公条件

包括设立筹备处办公地点和准备相关的办公条件等工作，为经营管理团队将要开展的经营筹备工作创造良好的环境。

### 3. 编制饭店中长期发展计划纲要

管理方组织经营管理团队学习、领会由投资者确定的饭店项目前期策划市场预案，保证经营筹备计划的目的与市场预案一致，贯彻预先确定的经营方针，并依据本思路编制饭店中长期发展计划纲要，其内容包括饭店的中长期目标、饭店企业的责任、达到目

标的思路和经营过程控制方案等。

#### 4. 设计饭店名称和标志

包括设计饭店的中英文名称、字体、主体色调和标志等，设计完成后，为保证市场形象不受非法侵害，一般应申请商标注册。

#### 5. 进行市场调研，搜集相关资料

管理方组织各部门管理人员对区域饭店市场进行调研，掌握区位旅游资源情况、饭店业产值、饭店数量、饭店经营情况、周边区域客源主体、客人的消费习惯、具有一定规模的社会餐饮娱乐企业的数量、执行的价格体系和饭店市场的发展前景等资料。找出和分析竞争对手或潜在的竞争对手，着重分析其客源结构、产品定位、价格政策、平均房价、出租率、服务特点、餐饮菜系、酒水喜好、人均消费、娱乐项目的设置和收费标准等经营方面的数据。

#### 6. 确认饭店的产品架构和功能配套

包括饭店客房的体量、各种房型规划、餐饮娱乐设施的规模和相关的配套服务设施等。

#### 7. 制定价格政策

在饭店项目前期策划的市场预案和市场调研的基础上制定饭店的价格体系，包括所有对客收费项目的价格及成本说明，并对价格政策、价格控制等进行相关说明。

#### 8. 编制饭店简介

经营筹备期的饭店简介主要用于员工招聘和培训及饭店对外租赁项目的招商等，待饭店开业的所有准备工作完备后，再增加实景图片等内容可成为饭店的主要对客宣传资料。饭店简介包括饭店的名称、类型、投资方介绍、管理模式、基本对客设施、地理位置、周边旅游资源、经营地址、邮政编码、预订电话、传真、网址、客房价目表和经营特色等具体内容。根据客源结构的具体情况还要有英文、日文、韩文或其他国家的语言文字注释。

#### 9. 编制饭店的年度经营方案

以饭店项目前期策划的市场预案和市场调研的结论为依据编写，大致包含了11个方面的主要内容：经营管理概述、饭店的经营目标、成本控制、产品分析、市场定位、市场细分与目标市场的选择、经营战略选择、经营战略的核心、产品开发策略（总体功能设计与产品定位）、营销策略、经营方案的实施计划等。

#### 10. 编制饭店组织机构与人员定编

根据饭店的经营方案设置组织机构系统，明晰管理层级和管理方向。饭店的管理层级一般分为决策层、管理层、执行层、操作层四部分，不同类型和标准的饭店，其管理层级是不同的，管理方要依据实际情况设计绘制饭店整体组织机构图。人员定编时应考虑到经营方案中的饭店市场定位及部门设置，配置以下限为准，要因事设岗，不要因人设岗。人员定编要充分考虑人力成本对饭店经营成果的影响，客房数量

与员工人数的比例应符合饭店发展规律。

**11. 编制饭店用工制度**

根据饭店各部门的营业和办公时间，合理安排员工的班次和工作时间。饭店用工制度必须符合国家和地方劳动保障部门的法律法规。饭店应在《员工守则》中说明相关制度。

**12. 编制工资标准及级差分配原则**

根据饭店经营所在地和饭店业态的实际情况，核定本饭店各级人员的工资标准，合理规划工资结构。级差分配以多劳多得、效益第一为原则。

**13. 组织员工招聘**

根据饭店的组织机构和人员定编核定招聘人数，结合饭店用工制度，由相关业务部门出台员工招聘标准，充分利用饭店所在地与相邻区域的人才市场和旅游学校的生源，并根据饭店的预开业经营筹备进度列出相应的招聘人员的到岗时间。对于专业性强的业务部门如厨房，可采取工资包干的方法组织队伍，保证人员的整体素质和服务质量。

**14. 编制饭店开业前经营筹备预算**

饭店开业经营筹备涉及资金使用的一般有几大项：开办费、人员招聘及培训费、标志体系设计费、开业典礼费用、人员工资及相关的交通、考察、通信、食宿、办公等费用。在确定了饭店开业前经营筹备预算后，可行文向投资方申请这部分资金。考虑到可能存在的不确定因素，需要增加一部分不可预见的费用，约为总费用的10%。饭店开业前的经营筹备资金总体上要实行"宽打窄用"的原则，以最大限度地节约成本，创造收益。

**15. 编制饭店各项管理制度、服务标准、操作流程**

按照饭店的经营方案和管理要求编写饭店的管理制度、服务标准和操作流程，并整合为《饭店运作手册》经审批后执行。

**16. 员工后勤区域的前期准备**

招聘员工到岗前应做好后勤准备工作，包括确定食宿场所、培训教室、培训用品、服务人员及相关的后勤管理制度等。

**17. 编制饭店整体培训计划**

培训计划包括管理人员专业培训、员工入店培训、礼节礼貌培训、服务质量标准培训、业务知识培训、消防安保培训、食品卫生培训、相关法律法规培训等。

**18. 实施培训计划**

根据培训计划要求，开设不同阶段的培训课程，分为公共课、专业课、实际操作课程等。在实施过程中，应列出培训讲师、培训要求、培训时间、课程安排、培训效果调查、培训阶段测试等实施方案，确保培训计划实施的有效性。

**19. 对客房样板间提出具体要求**

管理方要求饭店的建设施工方对饭店的各种房型提供样板间，并对房间布局、家具配置、卫生间洁具、照明灯具、客用品配置、棉织品配置、电器、艺术品配饰、空调排风系统、消防设施、门锁系统、防盗装备等提出具体要求，检查合格后封门，作为饭店客房验收的标准。

20. 编制经营用品采购计划

根据前期的经营方案和饭店的市场定位编制采购计划。采购范围包括办公用品、棉织品、电器、会议影音设备、店内服务车辆、玻（璃）瓷（器）银（器）、机电设备、清洁用品、印刷品、客用品、家具货架、工装、员工餐宿用品、厨杂用品、食品原材料、生鲜调料、工艺装饰品、管理系统软件、消防器具、保安工具、维修备件、开荒用具、低值易耗品、车辆等项目。编制经营用品采购计划时，应标注品名、数量、规格、品牌产地、质量要求、估算价格、采购周期和到货时间等详细内容。

21. 协助投资方审核确认饭店设备选型方案

为便于开业使用和维修保养，饭店管理方应协同投资方做好设备的选型工作。饭店设备选型方案主要涉及工程机电设备、消防设备、家具用品、厨房设备、洗衣房设备、通信设备、清洁机械、管理系统软件、磁卡门锁等项目。

22. 实施采购计划

具体的采购计划可由投资方根据不同的采购项目采取招标的方式执行，由管理方负责确定样品的质量。由于不同的地区市场供给规模不同，对于采购项目中的一些小件用品也可用当地自采的形式解决，以节约采购成本。

23. 编排客房房号

根据饭店客房楼层情况编排客房序号。编排时，应注意当地消费者和国际通行的数字禁忌，比如大部分欧美客人忌讳"13"这个数字，意大利客人认为"17"这个数字不吉利，中国客人忌讳"4"这个数字。在号码排序上应统一归类，不同楼层相同的房型设置相同的号码后缀，方便客人和饭店工作人员识别。

24. 饭店电话号码资源配置

统筹电话号码资源，划分客用、自用的相应线路号码，规划直拨和分机号码分布，制定饭店自用电话号码的使用规定。

25. 编制经营部门的详细营销方案及实施计划

在经营方案的基础上细化经营部门的营销方案，包括开业促销计划、贵宾卡发行计划、餐饮营销计划、节日促销方案等。

26. 编制经营预算

在经营方案的基础上编制经营预算，用常规表格的形式分别表述饭店经营部门的营业收入、经营成本、经营费用、经营利润等项目的测算和管理部门的管理费用的测算。经营预算先规划制定讨论稿，其预算成果应略高于投资方预期的投资回报要求。经批复执行的经营预算，在执行过程中每季度或每半年根据实际经营和市场变化情况再做调整。

#### 27. 编制饭店装饰方案

装饰方案包括饭店的主体色调选择方案、鲜花绿植装饰方案、艺术品摆放方案、装饰画布置方案等。主要设计重点在饭店外围环境装饰、大堂装饰、客房装饰、餐区特色装饰、娱乐区域装饰和公共区域装饰等具体方案。

#### 28. 提出饭店Ⅵ标志设计要求

饭店一般请专业公司提出Ⅵ标志设计方案，方案主要包括饭店标志、中英文字体、主体色调、霓虹灯设计、印刷品标志、标志牌设计、艺术品摆放等内容。

#### 29. 协助投资方办理开业行政审批手续

办理行政手续这项工作涉及的大部分资料是由投资方提供的，管理方在这方面所掌握的资料很少，所以常见的情况是由管理方来协助投资方办理此项业务。饭店的经营所在地不同，政府部门对饭店企业申请设立的要求也不同，饭店可依据当地具体情况办理相关手续。

#### 30. 规划和设立饭店库房

采购计划开始实施后，管理方应督促工程建设方先期完成饭店库房的施工工作，合理规划和设立各部门库房和饭店总库，并做好相应的采购物品的接收计划。库房区域的货架、小型运输车辆等设施设备应按期提前到货。

#### 31. 采购计划的完成

采购计划实施完毕后，大量的物资物品将陆续到店，管理方应根据采购计划中不同物品的到货时间，组织人员收货、验货，并由专人负责登记造册。各部门根据采购计划做好物品的入库、直拨、入位和摆放工作。在存放物品时，应留意物品的保质期和储藏方法，最大限度减少损耗。饭店管理方还应指定废旧包装和垃圾的存放地点，并派专门的清理小组对可回收的垃圾进行分拣处理。

#### 32. 固定资产的建账造册

各种设备和采购物品到货后，饭店应对所有的固定资产进行盘查甄别，做好饭店的一级账目管理和各部门二级明细账目的建账造册工作，建立各级资产的保管员制度和相应的管理制度，核定固定资产的盘点期限。

#### 33. 配合投资方进行四方验收

饭店工程建设完工后，管理方将配合投资方参加由饭店项目审批方、投资方、建设方和监理方组织的对饭店工程质量的四方验收工作。管理方验收的重点是，查验客房和其他功能区域的施工质量和建筑工艺是否符合标准，其中，客房的验收标准是看客房的施工标准是否与样板间的工艺一致。由于管理方将是饭店设施的实际使用者，故应妥善保管验收报告并及时复印归档，如发现施工质量问题，应及时与工程建设方联系，规划整改方案和执行时间。

#### 34. 接收饭店钥匙

饭店的工程建设大多采用的是"交钥匙工程"，工程建设方把钥匙移交给管理方后即视为施工建设结束。饭店管理方可派保安部负责与工程建设方的钥匙交接工作,具体操作人员应本着高度负责的态度,逐一核对,登记归档,预留备份钥匙后由各部门领用,并制定钥匙管理制度。

35. 工程竣工图纸备份、存档

工程竣工图纸是饭店今后进行工程维修和更新改造的最重要的第一手资料,饭店应妥善保管竣工图纸并备份和存档。饭店管理方可派行政管理部门负责与投资建设方进行工程竣工图纸的备份移交,移交后的所有图纸必须登记归档造册,并制定相关的图纸管理提档制度。

36. 接收机电设备资料

由饭店工程部负责与投资建设方进行机电设备资料的移交工作。接收相关资料后,应登记归档,并由相关业务部门根据实际情况列出所有设备的保修期和维修保养计划。

37. 组织饭店开荒

开荒计划一般分为三次:第一次为粗开荒,主要工作是清除饭店外围和内部的建筑垃圾和清理卫生死角;第二次为精开荒,主要工作是保证饭店所有区域清洁卫生达标;第三次开荒为检查布置,主要工作是扫尾和物品摆放,使饭店达到待客营业状态。

38. 申请流动资金

饭店管理方根据批复后的经营预算,核定饭店的流动资金用量,制订流动资金使用计划,并以行文申请的方式提交投资方。

39. 编制开业庆典计划

开业庆典计划包括开业庆典的时间、地点、参加人、主持人、剪彩嘉宾、庆典仪式、庆典活动、会场布置、广告宣传、参观路线、庆典宴会安排、陪同人员、迎送程序、庆典礼品、请柬送达和车辆安排等具体事宜。

40. 设立经营账户

由饭店的财务部根据投资方拨给的流动资金合理安排资金的使用,设立饭店的经营账户,并做好经营预算的指标分解下达工作。

41. 调试饭店设备

饭店管理方对饭店设备进行试运转,主要涉及对配电、空调、上下水、机电、照明、电信、厨房、洗衣等设备进行调试。在调试过程中,应充分考虑到设备运行中可能出现的跑、冒、滴、漏现象和安全问题。调试时,应通知工程建设方到场并做好应急预案。

42. 外墙清洗与杀虫处理

联系专业的清洁公司对饭店进行开业前的外墙清洗工作,并联系当地卫生防疫部门做好饭店内外围的防虫、杀虫工作。

43. 组织满负荷试运转

饭店管理方组织饭店各部门进行48小时满负荷试运转,同时制订应急预案。饭店

的所有员工均按照正常工作班次在岗。满负荷试运转时，各部门发现问题应及时报告并按应急预案处理。满负荷试运转是饭店开业前的最后一次大练兵，在此期间，管理方可邀请投资方及业界专家来饭店试吃试住，搜集他们对饭店设施设备和服务的反馈意见，从而更好地进行预开业经营准备。

**44. 实施开业典礼**

饭店管理方按照投资方批复的开业典礼计划，按部就班地实施开业典礼，做好饭店开业的所有准备工作。

至此，饭店项目的预开业经营筹备工作也就告一段落，饭店将正式进入市场经营期。

# 第二节　如何制订饭店开荒计划及筹备开业典礼

## 一、如何制订饭店开业前的开荒计划

### （一）开荒时间安排

开荒工作一般安排在饭店正式开业前 30~40 天，如果饭店的客房体量较大，造成工作量加大，则可根据实际情况适当延长开荒时间。

### （二）开荒阶段计划

饭店的开荒工作可分为三个阶段：

第一阶段为"初步开荒期"，主要工作是清理饭店遗留的建筑垃圾，清除卫生死角，消灭大的污垢。在本阶段，需要饭店筹建管理者根据整个饭店的开荒工作量，打乱各部门建制，统一分配开荒区域和具体开荒任务，并实行责任包干制。初步开荒的时间需要 10 天左右。

第二阶段为"中度开荒期"，是为饭店开业后的经营环境打基础的时期。该阶段的主要工作是强化饭店卫生状况，进行外墙清洗作业，绿化环境，清除异味，摆放经营和办公家具、用品归位等。开荒时间为 20 天左右，人员安排与第一阶段相同。由于这一阶段是饭店开荒工作中最重要的一环，要求饭店筹备管理人员能够予以高度重视。

第三阶段为"精度开荒期"，由各部门各自负责自己经营管理区域的全面开荒工作，要求精益求精，至少达到饭店规定的卫生标准。持续时间 5 天左右。

### （三）开荒准备工作

**1. 准备开荒用具**

按照用途，开荒用具可分为以下几类：

（1）小型用具：包括抹布、毛刷、钢刷、橡胶水管、小铲、小刀、钢丝球、百洁布、橡胶手套、扫把、铁锹、簸箕、垃圾袋、垃圾桶、玻璃清洁套装、云石刀、电筒、拖布、各种清洁药剂等。

（2）机械设备：包括除尘设备、地毯清洁设备、石材抛光设备、液压式升降梯、打蜡上光设备等。

（3）安全设备：包括各种创伤应急药品、应急灯、灭火器、安全帽、绝缘手套、安全带、护目镜、手套、雨靴等。

（4）运输设施：包括带轮垃圾桶、平板推车、垃圾清运车辆等。

**2. 组织实施**

根据具体情况设立组织机构、协调各种事项、召开开荒汇报会、制定验收标准和程序、编制突发事件紧急处理预案、下发《人员和物品出入管理制度》等。

**3. 开荒计划安排**

根据饭店的实际情况划分开荒区域、制定开荒任务、调整开荒进度、发放开荒工作标准和要求、核定完成时间、明确工作责任、检查落实奖惩机制等。

**4. 组织开荒业务技能培训**

挑选业务尖子组成培训小组，对所有员工进行系统的开荒作业培训，包括清洁剂使用方法培训、机械设备使用培训、安全培训等实用性强的各种培训。

### （四）开荒工作程序

**1. 清扫顺序**

清扫时，应遵循先高层后低层，先客房后餐饮，先营业区域后饭店公共区域的原则。

**2. 拆除物品包装物程序**

拆除所有物品的包装后，应通知客房部 PA 组，由相关人员统一搜集处理。不得私自乱扔，私自外卖。统一处理后的收入上缴财务部。

**3. 设备物品开箱程序**

所有设备物品必须由仓库保管员在场监督开箱，当场进行简单的运行调试，所有配件、使用说明书、线路图、保修单等分别交由部门使用人员登记保管存放，不得随意丢弃。

**4. 物品外出登记程序**

所有需要带出饭店的物品，必须由携带人出具由部门经理或筹备组负责人等管理人员签发的出门条，经保安人员查验登记后放行。

### （五）开荒注意事项

（1）严禁个人清洗饭店高层外墙玻璃。

（2）严禁湿手擦拭带电电源面板和控制器。

（3）严禁各种违章操作。
（4）严禁未切断电源的情况下清洁机械设备。
（5）严禁工作期间嬉戏打闹。
（6）严禁不戴安全带进行高空（2.3米以上）作业等危险行为。

## 二、如何筹备饭店开业典礼

开业典礼是饭店作为商业性组织为庆祝开业而举办的一种商业性庆典活动，旨在向社会和公众宣传饭店投资企业和下属的饭店企业，利用庆典活动提高饭店企业的社会知名度，展现本饭店良好的社会形象，广泛吸引潜在的客户群体。随着我国社会主义市场经济体制的发展，开业典礼作为企业一项必不可少的商业活动被广泛采用。

饭店业是旅游业经营性服务企业的代表，大多数饭店企业希冀借助开业典礼的成功举行向社会和目标市场展示其自身的经济实力，国内的饭店企业多以具有鲜明中国风格或民族特色的开业典礼形式为首选。

### （一）开业典礼的前期准备

**1. 成立开业典礼领导小组**

筹备开业典礼一般应成立领导小组，设总负责人一名，一般由饭店的筹备组负责人或总经理兼任，负责开业典礼的整体决策和领导工作。

开业典礼领导小组下设两个组，分别是执行组和联络组。执行组成员一般由饭店各部门经理兼任，由饭店总经理任组长，具体负责开业典礼计划的具体执行和落实工作。联络组成员一般由饭店的行政管理部门、公关部和销售部的工作人员担当，由熟悉人际关系的业主方人员担任组长，具体负责开业典礼的公关和接待工作，配合执行组保证各项计划顺利实施。

开业典礼领导小组应根据计划流程对各项工作进行细分和量化，做到责任到人、各负其责，并提出各项工作的目标要求，明确完成时间，确定工作汇报和批复程序，公布奖惩制度等。

**2. 确定开业典礼的主题**

筹备开业典礼一定要确定一个中心思想。这个中心思想可以是饭店的经营宗旨，如"宾客至上，热情服务"，也可以是饭店的对外宣传口号。要求语句简练、表述鲜明，能给嘉宾留下比较深刻的印象。主题多以标语、条幅、文字图片资料、实物展示等多种方式展现。

主题涉及的内容主要有：通过舆论宣传扩大饭店的知名度；向公众展现饭店在住宿设施、餐饮娱乐项目、价格和服务等方面的市场优势；围绕与会嘉宾，适时推销饭店产品，争取签订宾客与饭店的消费意向，争办与会企业的会议接待等项目的承接权等。

**3. 开业典礼的财务预算**

在确定了开业典礼的总原则和方针后，还要考虑开业典礼的财务预算。一般来说，开业典礼的财务预算包括以下几方面的费用：

(1) 餐饮接待费用：指接待参加典礼宾客的用餐和酒水费用。

(2) 礼品赠送费用：指赠送给参加典礼的宾客的礼品或纪念品的购置费用。

(3) 往来交通费用：指接送参加典礼的宾客和准备典礼时所花费的租车费、汽油费、过桥费、高速通行费等交通费用。

(4) 物品租用费用：指租用典礼用充气拱门、高空气球、绿植鲜花等临时物品的费用。

(5) 物品采买费用：指采购用于典礼活动的各项物品的费用。

(6) 演出活动费用：指用于典礼仪式当天如军乐队、舞狮等演出活动的费用。

(7) 宣传广告费用：指花费的用于宣传典礼的广播、电视、报纸、网络及各种印刷品等媒体广告的费用。

(8) 装饰绿化费用：指饭店内部、建筑外立面的装饰和绿化费用。

(9) 邮电通信费用：指用于典礼的邮电和通信费用。

(10) 其他费用：用于与典礼仪式有关的其他各项费用。

(11) 不可预见费用：按照常规，还要准备相当于开业典礼财务预算费用10%左右的费用作为不可预见费用，以备不时之需。

开业典礼的财务预算由各部门根据需求提交预算计划，由负责相关工作的财务人员核定预算是否符合标准，然后报请总经理审批，经批复后下发各部门执行。在开业典礼预算执行过程中，各部门必须严格按照预算要求开展相关工作，本着控制成本、节约费用的宗旨做好开业典礼的各项筹划工作。

### (二) 开业典礼的场地选择

开业典礼一般选在饭店门前广场或饭店大堂内举办，如果条件不允许，也可考虑租用大型会议场所。

在选择场地时，应充分考虑下列因素：

(1) 场地的容纳人数与预计接待的宾客人数是否一致。

(2) 室外空间的面积是否适宜。

(3) 典礼会场的交通是否便利。

(4) 会场周边的停车位是否可以满足需要等。

确定典礼场地后，应对场地周边的环境提前进行治理，做好区域环境的绿化美化工作。

场内布置包括围栏、拱门、彩带、气球、标语、条幅、造型花坛、花篮、绿植、牌匾、典礼台等设备设施，应整体规划，努力营造喜庆、热烈的庆典气氛。

### (三) 开业典礼的时间选择

如何确定合适的开业典礼举办时间，主要取决于下列各项因素：

(1) 举办开业典礼的前提条件是，饭店具备了完全试营业的条件，饭店的各种服务功能和水、电、气、暖等硬件设施经过了一段时间的试运营并保证达标。如果饭店没有做好相关的准备工作就仓促开业，会给与会嘉宾留下负面印象，这样就与开业典礼的目的背道而驰，得不偿失。

(2) 何时举办开业典礼，通常是由饭店投资者确定的。根据饭店经营的季节性特点，开业日期大多集中在每年的3月份到10月份。考虑到民众的偏好和习惯，阳历日期的"8"或"9"、民间阴历日期中适宜开业的所谓"黄道吉日"也很有可能成为备选日期。

(3) 确定开业典礼举办时间时，还应考虑与会主要领导和嘉宾的时间安排，尽量选择大多数与会公众能够参加的时间，避免出现冷场。

(4) 邀请的主要嘉宾有外宾时，还应兼顾外宾所在国的风俗习惯、禁忌和民族审美取向，避免出现尴尬的局面。

(5) 考虑到饭店今后的持续发展，举办开业典礼时应照顾周边居民的生活习惯，避免扰民。开业典礼的起始时间一般安排在上午9~10时为宜。

(6) 在确定了开业典礼的时间后，还应密切关注当日的天气预报，提前向气象部门咨询当日的天气情况，如果预报的情况不理想，应重新考虑更换日期。

### (四) 开业典礼的宾客邀请

#### 1. 邀请对象

参加开业典礼的宾客主要分为贵宾和嘉宾两部分。贵宾包括地方政府行政领导、饭店投资方领导、饭店主管行业领导、业内权威专家和学者及参加剪彩仪式的人士；嘉宾包括饭店企业行政管理部门的领导、地方大型企业领导、潜在的客户群体、业务合作伙伴、投资方参加人、同行业人员、贵宾随从和其他人员以及报社、电台、电视台等宣传媒体的朋友等。

受邀宾客确定参加开业典礼后，饭店应及时制定一份"开业典礼来宾表"，标明所有贵宾和来宾的个人信息，包括：抵达时间、是否需要接送、联系方式、陪同人员、饮食习惯等。表中内容经填写完整后下发给开业典礼小组的所有成员，以便各部门按照具体情况开展相关工作。

#### 2. 邀请方式

邀请宾客参加开业典礼的方式多种多样，主要有发放请柬、拜访邀请、电话邀请和传真、邮件、网络邀请等。根据邀请方式的不同，饭店应派相关人员负责专项工作。邀请时，应表明诚意和尊重，告知被邀请人开业典礼的时间、地点和注意事项。邀请工作应至少提前一周完成，以便被邀请人及早安排和准备。

为了使参加典礼的宾客更加清晰地知晓典礼流程，饭店在印刷请柬时，可同时标明具体流程，提供诸如领取胸花、来宾登记、参观线路、剪彩时间、宴会起始时间、领取礼品地点等信息，方便宾客安排店内的活动。

### （五）开业典礼的宣传

开业典礼的宣传途径主要有下列几种：

（1）利用电视、广播、路牌、报纸、杂志、网络等媒介发布饭店企业开业的信息，这些媒介具有传播面广、传播速度快、受众广的特点。

（2）通过发放饭店自制的广告散页传播信息，具有内容详尽、可持续时间长的优点。

（3）在饭店建筑物周围设置醒目的条幅、宣传画、霓虹灯、平面广告等方式进行宣传。

在选择不同的宣传方式时，饭店应计算不同宣传途径的成本，以期用相对少的投入获得相对多的产出。

### （六）开业典礼的场地布置

#### 1. 典礼台的布置

大多数饭店都将开业典礼的举办场地设在饭店的外围广场，利用饭店的雨搭部分作为典礼台。为显示隆重和敬客，可在典礼台的地面上铺设红色地毯，在雨搭台阶处设置分隔栏。典礼台作为典礼的最高潮部门——剪彩仪式的主会场，其装饰风格应突出喜庆和隆重氛围。典礼的主持台一般设置在典礼台的左侧。饭店应在其正门的上方张贴横幅，内容为"××饭店开业典礼"。按照惯例，举行开业典礼时，宾主一律站立，一般不设主席台和座椅。

#### 2. 观礼场地的布置

开业典礼的观礼场地中央为嘉宾观礼区，由现场领位员引领客人进入。为了营造欢快、热烈的现场气氛，在观礼场地的周边可安排饭店员工到场，所有员工着工装按照不同部门分区站立，同贺庆典。

#### 3. 现场表演的布置

规格较高的典礼会在剪彩仪式中穿插安排一些精彩的现场表演，包括军乐队表演、舞狮表演和气球放飞等。军乐队和舞狮表演队伍应安排在观礼场地的侧面，气球放飞表演安排在场地的四周，突出喜庆氛围。

#### 4. 停车场地的布置

饭店应利用自有停车场和临时停车场满足参加典礼嘉宾的停车需求。饭店应设专门人员引导车辆停放入位，进出口标志应清晰，地面交通标线规范。

#### 5. 其他布置

除认真布置主会场外，饭店还应在外围悬挂灯笼、宫灯、彩带，在醒目处摆放来宾赠送的花篮、牌匾，在场地四周设置空飘气球、充气吉祥物等。

### （七）开业典礼的准备

#### 1. 礼品准备

赠予来宾的礼品应能起到宣传饭店的作用，具体要求是：

（1）可在礼品包装上印上饭店的标志、广告语、开业日期和联系方式等信息。

（2）礼品的制作要精美，要考虑有一定的实用性，使拥有者有广泛的使用场合和机会。

（3）礼品还要有一定的收藏价值，具有纪念意义，使拥有者能够对其珍惜和重视。

#### 2. 设备准备

开业典礼现场所需设备包括：音响系统、录音设备、照明设备、录像设备、照相设备等，所有设备都应提前由饭店工程部门进行检查调试，保证其能正常使用。

#### 3. 交通工具准备

交通工具主要包括接送贵宾和嘉宾的专用车辆、饭店用于外联的应急车辆和典礼当天运送货物的自用车辆等。所有车辆应配备好司机，并与被接送人提前确定接送的时间、地点、联系方式及其他事宜。

#### 4. 餐饮宴会准备

餐饮部负责人需要做的前期准备工作有：

（1）根据开业典礼的预算制定不同标准、不同风味的菜单、酒水单。

（2）按照既定的菜单和酒水单提前制作"样席"，并请饭店开业筹备领导确定当日的菜单和酒水单。

（3）根据参加典礼的人数确定饭店内的餐饮接待场所，进行场地装饰、布置和桌次安排。

（4）调配餐饮服务人员和厨房工作人员按照相应的服务和操作标准进行准备工作。

（5）根据开业典礼的需求开具体的采购清单，并配合实施采购行为。

（6）提前做好餐厅摆台、酒水备货和厨房食品原材料及半成品的加工工作。

#### 5. 典礼来宾胸花准备

饭店应为开业典礼当日获邀的所有来宾准备胸花，这项工作一般安排市场销售部或公关部来执行。

胸花一般用鲜花和绿叶植物来搭配。选择鲜花时必须注意使用禁忌，宜选用百合等花卉。

参加典礼的来宾一般分为两种，一种是参与典礼剪彩仪式的来宾，这类宾客可以在其胸花上标示"贵宾"字样，以示尊贵；对参加典礼的其他来宾可以在其胸花上标示"嘉宾"字样。工作人员应根据来宾数量准备相应数量的胸花和备用胸花。

市场销售部或公关部工作人员在典礼当日宾客抵达饭店后第一时间内，根据开业典礼来宾表，请客人签名并向客人发放胸花。

#### 6. 典礼店内参观路线的设计

店内参观是饭店开业典礼的一个重头戏。通过店内参观，可以使宾客对饭店功能设施和服务项目的规模、布局、标准、等级都有一个直观的了解，对饭店来说可以起到宣传和广告的作用。

店内参观一般安排在开业典礼仪式之后，这时距离用餐还有一段时间，宾客可以较为放松地体验饭店的服务。

店内参观的路线设计应由市场销售部主持完成。带领客人参观饭店也是市场销售部的日常业务工作之一。由于参加开业典礼的宾客比较密集，且参观时间较为集中，故应设计至少两条不同的参观路线，并保证两条路线的客人尽量不交叉。参观时间应尽量压缩在40分钟左右，使宾客不至于长时间行走而产生疲劳。在开业典礼仪式正式开幕前，饭店相关负责人应按设计好的参观路线走一遍，检查路线设计是否合理，参观流程是否符合预计要求。

店内参观范围应涵盖饭店的主要对客服务设施，包括饭店大堂、商务中心、商品部、餐饮设施、客房设施、康乐设施、会议设施等功能区域。陪同参观的人员应充当饭店讲解员，按照统一的解说稿向客人重点介绍饭店的特点和服务特色，使宾客对饭店有一个良好的第一印象。

#### 7. 剪彩仪式的用具准备

按照常规，参加剪彩仪式的贵宾人数应设计为单数，且不会低于5人。相关人员应提前准备好红色绸花、盛放绸花的"金盘""银剪"等工具。这里说的"金盘""银剪"当然也不是真金白银的盘和剪，常见的"金盘"是用金色绸布包裹的托盘、"银剪"是用锡纸包裹后的剪刀，所谓"金盘"和"银剪"不过是借用民俗讨个好口彩而已。

剪彩仪式开始时，饭店还应安排由多位礼仪员组成的礼仪队，呈送装有绸花的"金盘"和"银剪"请剪彩人持剪。

### （八）开业典礼的员工动员

各项工作准备就绪后，为了强调开业典礼的重要性、激励所有员工的士气，使各部门能够做到统筹安排、统一调度、协调配合，一般应由开业典礼领导小组组织召开全店动员大会。会议内容包括通报参加开业典礼仪式的主要贵宾、开业典礼的流程安排、应急预案的实施说明以及员工代表发言等，使所有员工明晰工作区域和典礼流程，通晓如何处理突发事故，以便顺利完成开业典礼的各项目标。

### （九）开业典礼的彩排预演

正式举办开业典礼前，饭店还应安排一次彩排预演。预演的时间最好定在开业典礼日期的前两天，这样既可以保证预演和正式典礼的连贯性，又可以集中发现问题，并为解决问题留出整改时间。

彩排预演时，应严格按照典礼当天的流程进行。领导小组及成员具有模拟宾客和检查员的双重身份,对后勤保障、设施设备和其他各项准备工作进行详细排查,指导落实相关工作有条不紊地进行。

### (十) 开业典礼的应急预案

#### 1. 天气变化导致的地点变更预案

由于天气变化存在许多不确定性,饭店应制定相关应急预案。如果已确定的典礼日期在临近期天气有变化时,就要考虑变更开业典礼举办场地。

饭店一般会将设置在店外的仪式挪到饭店大堂内举行,如果大堂的面积小不能容纳大量宾客的话,也可以考虑在面积大一些的多功能厅、宴会厅举行开业典礼。一旦确定要执行更改地点的预案,就应实际情况根据简化典礼仪式的相关程序。

#### 2. 工程预案

工程预案,是指在开业典礼仪式进行过程中对可能发生的影响典礼进程的工程问题制订应急处理方案。

预案要求工程管理部门预先对饭店的电力、用水、天然气等能源提供运行保障,通过技术手段,保证典礼仪式举行期间不断电、不停水、不停气,并应制订临时出现上述问题时的紧急处理预案。预案中应详细表述方案的内容及实施方法,尽最大可能做到周全考虑,万无一失。

另外,典礼所用主要音响设备应准备有替代品,以备不时之需。

#### 3. 安保预案

安保预案,是指针对典礼仪式展开防火、防爆、防盗及人身伤害事故的发生等安全保障应急处理方案。

预案要求安保管理部门就典礼仪式制定警力规划,对典礼的重点部位如停车场、典礼现场、大堂、宴会区域、厨房区域、VIP休息室等区域进行重点布控。

安保部门的负责人应就典礼仪式举行期间的防火、防爆、防盗及人身伤害事故的发生等事项按照一定的程序和标准制订出预处理方案,对各项应急方案经审批后下发到各部门,并对其具体操作流程开展全员培训,保证典礼仪式顺利进行。

### (十一) 开业典礼仪式的流程

参加典礼的宾客到达饭店后,由停车场管理人员引导车辆有序停放,然后由迎宾员引领客人进入大堂。饭店应安排副总经理和负责公关、销售、前台等部门工作的经理以上人员在大堂做好迎接工作,欢迎工作包括呈递名片、请宾客出示请柬、陪同宾客至签到台签名留念、引导宾客临时落座休息、陪同参加典礼的贵宾至贵宾室休息等。

在典礼仪式开始前,知会宾客至仪式主会场,引导宾客到达观礼指定位置,仪式进程如下:主持人宣布典礼仪式开始→介绍参加剪彩仪式的主要领导和参加典礼仪式的主要来宾→请饭店业主方代表致辞→请参加剪彩仪式的代表致辞→请饭店总经理致辞→主持人宣布剪彩仪式开始→军乐队表演、舞狮表演、气球放飞……→剪彩活动结束,宾客参观饭店→典礼宴会开始→宴会结束，发放礼品→宾客离店，典礼结束。

在主会场安排典礼仪式时需要注意，从主持人宣布典礼开始至剪彩活动结束这段时间不宜过长，一般设计在 20 分钟内比较适宜，宾客站立时间过长容易产生疲劳感。

### （十二）开业典礼的总结评估

开业典礼结束后，饭店的典礼领导小组应根据典礼的实行效果进行总结和评估，请公关销售等部门对参加典礼的宾客进行回访，征询宾客对饭店设施设备、餐饮菜品质量、服务标准等项目的意见和建议，并形成文字报告。

饭店管理方应对作出突出贡献的部门和员工要予以表彰，同时也要找出流程中出现的问题和不足，并在今后的经营中得到改进。

# 饭店开业组织管理

饭店的组织管理，就是根据饭店企业的战略发展规划和计划管理的各项任务要求，按照责、权、利相结合的原则，将所有员工编排设计成一个分工协作的工作管理体系，以实现员工、工作、物质条件及外部环境的优化组合，从而使各层级员工更好地完成既定的经济任务和经营目标。

## 第一节 几点必须了解的知识

饭店开业后，如何设置部门和机构，如何定岗定编，如何制定管理制度……这些都是组织管理的重要内容，下面简要介绍饭店组织管理的几点常识。

### 一、饭店组织管理的基本原则是什么

饭店的组织管理要本着"市场营销—战略发展—优化结构"的原则，依据科学化、系统化和规范化的方法来实施。

饭店业是一个特殊行业，由于其产品生产、销售的同时性和业务流程的独特性，决定了饭店的组织形式必须适合业务运转的需要。

饭店的组织管理是为饭店的经营管理目标服务的，任何一家饭店的经营管理目标都是由许多可变因素决定的，如饭店的地理位置、建筑布局、所有制类别、市场定位、客源结构、产品特色、管理水平、服务特点、员工素质等。饭店的各部室、班组的设立应完全根据饭店的具体业务状况而定，不可千篇一律，也不能墨守成规。

在饭店的组织管理中，应当注意的是，任何员工都只能有一个主管上级，用一句话表述就是："下级对上级不能越级汇报、可以越级申诉；上级对下级不能越级指挥、可以越级检查"。

## 二、先行设计饭店业务流程是进行组织管理的前提

在设置组织机构前,首先应当围绕饭店的战略发展目标、市场定位和产品定位进行业务流程的总体设计,并使流程达到最优化,这是饭店组织管理的起点和终点,也是检验饭店组织管理设计成功与否的根本标准。

## 三、饭店部门和机构设置常识

确定了饭店业务流程后,应当按照优化后的业务流程设计服务岗位,根据服务岗位数量和专业化分工的原则确定管理岗位和部门机构。这是组织结构的基本单位,通常用组织图来表示。

饭店一般选择以层级管理为基础的业务区域制、直线管理职能制作为主要的组织架构。在设计管理层级时,应当按照参与饭店管理的不同职能来进行。

一般来说,中高星级饭店会设置四个层级:

第一层级:以饭店总经理、副总经理或总经理助理、驻店经理等最高管理领导组成的决策层。

第二层级:以饭店各部门总监、经理或副经理等中层管理干部组成的管理层。

第三层级:以饭店各部门主管、领班等基层管理人员组成的执行层。

第四层级:以饭店各部门员工组成的操作层。

这四个层级构成了饭店的组织架构,通过逐级领导、层层负责的管理机制,实现饭店的有效运营。

## 四、饭店的劳动定额与编制定员的配备原则是什么

饭店管理者应对每个岗位进行工作目标与工作任务分析,规定每个岗位的工作标准、职责、内容、作业程序,然后按照岗位工作的需要确定相应的人员编制。尤其应确定岗位所需人员的业务素质要求,因为它将直接影响工作效率和服务水平以及饭店的发展。

饭店选择劳动定额与编制定员的配备方法,通常是按照饭店客房总数与员工总数的合理比例确定的。饭店的主要产品是服务,而服务需要由人去完成。饭店员工总数的多少往往决定了服务品质的优劣。一般来说,饭店的星级越高,提供的服务越完备,其用工人数也就越高,四五星级饭店的客房总数与员工总数的比例可能会达到1∶2以上。低星级饭店或经济型饭店由于压缩了管理层次,缩短了管理跨度,客房总数与员工总数的比例甚至可以达到1∶0.4左右。

饭店应根据市场定位、服务设施配备、业务流程设计等规划劳动用工的合理比例,找到最佳的结合点进行经营。

## 五、饭店管理制度的制定原则和主要内容是什么

饭店管理制度是对管理工作中的基本事项、要素关系、运作规程及相应的联系方式进行原则性的规定。它对整个饭店组织形式进行标准制宜、目标导向,并从根本上完善饭店作为企业的整体形象。

饭店实行制度化管理,依靠行政指挥系统、行为规范、技术标准及组织权威等手段实现管理。饭店的规模越大,分工越细,部门与员工之间的相互依赖关系就越强,就越需要运用制度化管理稳定生产经营秩序,保证饭店基本的运作效率。

饭店管理制度主要包括主导性管理制度、员工守则、部门化运营规范、各级岗位工作说明书、服务程序标准说明书、工作技术标准说明书、饭店质量管理文件、饭店各级人员的职务工资和奖励级差的分配原则等。本章第二节将详细介绍不同管理制度的主要内容。

# 第二节 设计组织管理的内容

## 一、主导性管理制度的主要内容

- ◆ 预算管理制度
- ◆ 例会管理制度
- ◆ 礼貌服务标准
- ◆ 基本决策管理制度
- ◆ 安全应急预案及处理制度
- ◆ 行政值班管理制度
- ◆ 办公室管理制度
- ◆ 印章管理和使用制度
- ◆ 文件资料密级管理制度
- ◆ 档案图片管理制度
- ◆ 凭证管理制度
- ◆ 礼品奖品管理制度
- ◆ 营销管理和价格政策制度
- ◆ 前台办理登记管理制度
- ◆ 会客登记制度
- ◆ 物品捡拾处理制度
- ◆ 库房管理制度

- ◆ 二级库管理制度
- ◆ 物品消毒及检验管理制度
- ◆ 棉织品管理制度
- ◆ 物品报废管理制度
- ◆ 卫生管理制度
- ◆ 厨房食品成本控制制度
- ◆ 员工培训制度
- ◆ 员工考评管理制度
- ◆ 设施设备管理制度
- ◆ 钥匙管理制度
- ◆ 采购管理制度
- ◆ 资本性支出管理制度
- ◆ 应收账款管理制度
- ◆ 现金及支票管理制度
- ◆ 固定资产管理制度
- ◆ 费用开支管理制度
- ◆ 报销管理制度
- ◆ 发票、收据及预收款凭证管理制度
- ◆ 合同管理制度
- ◆ 流动资金管理制度
- ◆ 各级人员签免折扣制度

## 二、员工守则的主要内容

员工守则是饭店管理的基本文件之一，体现饭店对每位员工的管理要求，明确饭店的经营方针和管理理念，阐述用工和劳动薪酬标准，公布相应的奖惩条例。

员工守则主要包括下列要素：

### 1. 总经理致辞

包括总经理欢迎辞、饭店的任务、饭店的经营方针、管理理念和饭店的社会责任等。

### 2. 饭店及其基本设施介绍

包括作为饭店经营主体的公司构成、成立时间、投资方、管理方和主要业绩介绍，饭店的建筑面积、投资总额、建设标准、客房体量、主要配套服务功能、地理位置、星级或预备星级标准等基本情况介绍。

### 3. 劳动条例

包括招聘原则、应聘手续、劳动合同说明、试用期限、工作时间、调动与晋升、辞职与离职、除名与开除等劳动用工程序。

4. **福利待遇**

包括工资制度、社会保险、个人所得税说明等相关规定，依据国家和地方劳动保障行政管理部门要求，结合饭店的具体情况制定的工作时间、各种假期、医疗、计划生育、劳保政策、员工培训、精神文明建设活动、退休制度和饭店对员工的其他特殊优惠政策等内容。

5. **员工设施设备使用**

包括员工餐厅、员工宿舍、员工活动室、员工培训教室、员工沐浴室、员工更衣室、医务室、理发室、员工制服管理等相关内容的说明。

6. **工作准则**

包括仪容仪表、行为举止、表情神态、服务用语、名牌名卡的使用、如何处理投诉等内容。

7. **奖惩条例**

包括饭店规定的奖励和违规种类、奖励和违规条件、奖励和违规程序、奖励和违规执行办法、员工申诉的渠道和方式等内容。

8. **安全守则**

包括饭店制定的各种防火、防爆、防盗安全应急预案和操作说明等内容。

## 三、部门化运营规范的主要内容

部门化运营规范是饭店针对各部门日常业务所制定的控制手段和范围，它规范了各部门在开展业务经营活动时的操作方式、执行程序等具体内容。

1. **前厅部**
- ◆ 贵重物品保管箱使用规定
- ◆ 礼宾部工作规范
- ◆ 行李寄存管理规定
- ◆ 大堂经理服务规范
- ◆ 总机服务规范
- ◆ 接待员服务规范

2. **客房部**
- ◆ 区域卫生清洁要求
- ◆ 设施设备保养细则
- ◆ 洗衣房工作规范
- ◆ 绿化工作要求
- ◆ 布巾室工作规范
- ◆ 低值易耗客用品发放使用规定

- ◆ 二级库管理规定
- ◆ 部分物品再利用管理规定
- ◆ 垃圾清运管理规定

### 3. 餐饮部
- ◆ 班前会制度
- ◆ 日常培训规定
- ◆ 食品饮品报损制度
- ◆ 玻（璃）瓷（器）银（器）器具管理规范
- ◆ 环境卫生及器具消毒管理规定
- ◆ 食品卫生检验制度
- ◆ 仪容仪表服务规范
- ◆ 成本核算管理制度
- ◆ 原材料领用制度
- ◆ 菜品质量控制规范

### 4. 康乐部
- ◆ 环境卫生管理规范
- ◆ 礼貌服务规范
- ◆ 设施设备安全操作规范
- ◆ 日常管理制度
- ◆ 在岗培训规定
- ◆ 值班制度
- ◆ 对客服务须知
- ◆ 突发事件的应急预案

### 5. 销售部
- ◆ 销售访问及落实检查细则
- ◆ 协议客户检查细则
- ◆ 商务活动前期准备规定
- ◆ 部门行政管理制度
- ◆ 销售人员责任制度
- ◆ 销售价格管理规范
- ◆ 营销分析会议制度
- ◆ 销售工作报告制度
- ◆ 客史档案管理细则
- ◆ 重大活动资料留存管理细则
- ◆ 公共关系联络规范

◆ 宣传品制作规范

6. 总经办

◆ 公文制作规范

◆ 公务接待行为规范

◆ 饭店信息汇编制度

◆ 秘书工作规范

◆ 会务操作规范

◆ 用车管理规范

7. 人力资源部

◆ 各级人员业务考核内容

◆ 员工设施使用规定

◆ 考勤管理办法

◆ 工资管理规定

◆ 培训管理制度

8. 工程部

◆ 设施设备档案资料管理规范

◆ 零备件使用规定

◆ 库房管理制度

◆ 维修保养检查细则

◆ 设备机房卫生环境规范

◆ 设施设备安全操作规范

◆ 值班制度

◆ 交接班制度

◆ 设备运行管理规范

◆ 设备台账管理规范

◆ 设备动态管理规范

◆ 维修工具管理制度

◆ 计划检修规定

◆ 维修服务规范

◆ 三级保养制度

◆ 外协施工管理制度

◆ 计量管理制度

9. 安保部

◆ 礼貌服务规范

◆ 业务素质要求

- ◆处理各种突发事件的应急预案规范
- ◆内保警卫工作规范
- ◆巡视工作规范
- ◆纠正不法行为规范
- ◆钥匙管理制度
- ◆消防器材使用保养规定
- ◆车场服务规范

10. 财务部
- ◆财务管理总则
- ◆流动资金管理规范
- ◆物资管理规范
- ◆采购管理规范
- ◆物品的验收、入库及报账规定
- ◆物品出库规定
- ◆固定资产管理规定
- ◆物品盘存规范
- ◆合同管理规范
- ◆票据凭证管理规范
- ◆库房管理规范
- ◆差旅费用管理规定
- ◆现金及支票管理规定

11. 采购部
- ◆采购供应商的选择规定
- ◆采购物品报价规定

## 四、各级岗位工作说明书的主要内容

饭店制定各级岗位工作说明书的主要目的是保证管理的科学性、有效性、平等性，使各级人员岗位工作的责、权、利划分清晰，管理层级关系明确，工作内容清楚。

一般应从四个方面表述岗位工作说明书：层级关系、任职条件、岗位职责和工作内容。在岗位职责描述中，应本着"谁主管谁负责、谁在岗谁负责、谁操作谁负责"的原则制定相关内容。

### 1. 决策层各级岗位工作说明要点

说明要点：决策层应在董事会的领导下，全面负责饭店的经营管理工作。遵守国家和地方的法律法规，守法经营，努力完成预期的各项经营管理指标，提高饭店的服务和管理水平，创造良好的社会效益和经济效益。

工作内容：确定饭店的经营方针和管理理念，制定饭店中长期发展规划，制定饭店的年度经营预算并组织实施，建立健全饭店的组织系统、运行机制和规章制度，协调各部门的协作，审定价格政策，根据市场趋势调整营销策略，审定财务制度和分配方案，指导各部门业务工作并进行质量控制，领导安全应急管理工作，组织接待重要客人和重大公关活动，带头遵守店规店纪等。

2. **管理层各级岗位工作说明要点**

说明要点：在饭店决策层的领导下，主持各部门的业务经营管理工作，主持本部门的各项会议，执行既定的经营预算，建立健全本部门的组织系统、运行机制和规章制度。

工作内容：协调各班组的日常工作，加强与各部门的沟通和协作，制订并实施本部门的培训计划，提高本部门的服务质量和管理水平，监督下级的工作质量，改善工作环境，遵守店规店纪。

3. **执行层各级岗位工作说明要点**

说明要点：完成主管上级交办的工作，保证业务经营管理工作有序进行，按照饭店规定的服务和管理程序工作。

工作内容：督导下级日常经营管理工作，提高服务质量和管理水平，主持本班组的班前会，负责本班组的考勤管理工作，处理投诉，负责例行的工作检查，对下级员工进行基础培训。

4. **操作层各级岗位工作说明要点**

说明要点：完成上级交办的工作，热情礼貌地投入到实际工作中，按照服务程序和技术标准进行业务操作，遵守店规店纪。

工作内容：认真完成职责范围内的各项工作。

## 五、服务程序标准说明书的主要内容

服务程序标准说明书主要针对的对象是饭店的直接对客经营部门，主要内容涉及：

1. **前厅部**

◆VIP接待程序

◆客人投诉处理程序

◆客人丢失物品处理程序

◆客人损坏饭店财务处理程序

◆客人受伤处理程序

◆账项争议处理程序

◆电话预订程序

◆团队预订程序

◆取消预订程序

- ◆ 担保预订程序
- ◆ 超额预订程序
- ◆ 客户档案建立程序
- ◆ 团队房间分配程序
- ◆ 散客房间分配程序
- ◆ 预订散客入住接待标准
- ◆ 团队客人入住接待标准
- ◆ 客人换房程序
- ◆ 续住程序
- ◆ 查询服务
- ◆ 留言处理
- ◆ 客人留物转交程序
- ◆ 散客行李服务程序
- ◆ 团队行李服务程序
- ◆ 函件处理程序
- ◆ 接机服务
- ◆ 委托代办服务
- ◆ 商务中心服务标准
- ◆ 电话业务服务标准
- ◆ 秘书及翻译服务

2. **客房部**

- ◆ 迎送客人服务标准
- ◆ VIP 接待标准
- ◆ 迷你吧服务标准
- ◆ 客衣洗涤服务标准
- ◆ 开夜床服务标准
- ◆ 加床、擦鞋及托婴服务标准
- ◆ 客房清洁标准
- ◆ 茶具、杯具消毒标准
- ◆ 大堂及公共区域清洁标准
- ◆ 公共区域卫生间清洁标准
- ◆ 地面清洁保养标准
- ◆ 电梯清洁保养标准
- ◆ 绿化布置与清洁标准
- ◆ 钥匙管理

- ◆ 客人遗留物品处理程序
- ◆ 征询客人意见程序
- ◆ 客房维修保养标准
- ◆ 床垫的翻转使用标准
- ◆ 清洁机械的使用保养标准
- ◆ 工服收发标准
- ◆ 布草收发标准
- ◆ 洗涤设备使用标准
- ◆ 房务中心服务程序

3. **餐饮部**
- ◆ 餐饮服务六大技能
- ◆ 中餐零点服务标准
- ◆ 中餐宴会服务标准
- ◆ 迎送客人标准
- ◆ 酒水服务标准
- ◆ 西餐早餐服务标准
- ◆ 西餐正餐服务标准
- ◆ 酒吧服务程序
- ◆ 雪茄烟草服务标准
- ◆ 结账服务标准
- ◆ 撤台服务标准
- ◆ 备餐间服务程序
- ◆ 团队用餐服务标准
- ◆ 自助餐服务标准
- ◆ 鸡尾酒会服务标准
- ◆ 大堂酒吧服务标准
- ◆ 咖啡服务标准
- ◆ 客房送餐服务标准
- ◆ 会议服务标准
- ◆ 特殊客人的服务程序
- ◆ 分单的服务程序
- ◆ 客损物品处理程序
- ◆ 打包服务程序
- ◆ 食品外卖服务程序
- ◆ 客人投诉的处理程序

- ◆ 餐饮器具清洁标准
- ◆ 厨房卫生清洁标准
- ◆ 餐具盘存标准
- ◆ 食品原材料加工程序
- ◆ 冷菜制作程序
- ◆ 热菜烹调程序
- ◆ 面点制作程序
- ◆ 厨房设备清洁保养标准

4. 康乐部
- ◆ 歌舞厅服务标准
- ◆ 卡拉OK厅服务标准
- ◆ 桌球室服务标准
- ◆ 棋牌室服务标准
- ◆ 电子游艺厅服务标准
- ◆ 室内球类项目服务标准
- ◆ 室外运动项目服务标准
- ◆ 游泳池服务标准
- ◆ 桑拿按摩室服务标准
- ◆ 美容美发厅服务标准
- ◆ 健身房服务标准
- ◆ 客人意外受伤处理程序
- ◆ 客损物品处理程序

5. 销售部
- ◆ 销售访问程序
- ◆ 电话销售程序
- ◆ 带客参观程序
- ◆ 团队预订及接待程序
- ◆ VIP等级和划分程序
- ◆ 散客预订程序
- ◆ 签订协议客户程序
- ◆ 宣传活动组织及接待程序
- ◆ 广告制作与策划

## 六、工作技术标准说明书的主要内容

工作技术标准说明书主要针对的对象是饭店的行政和后勤管理部门，主要内容涉及：

### 1. 总经办
- ◆ 公文信函收发处理程序
- ◆ 总经理访客接待程序
- ◆ 宾客意见书的处理程序
- ◆ 会务操作程序
- ◆ 档案立卷程序
- ◆ 档案借阅程序
- ◆ 车务工作标准

### 2. 人力资源部
- ◆ 员工招聘办理程序
- ◆ 定岗定编办理程序
- ◆ 新员工入职办理程序
- ◆ 员工调动办理程序
- ◆ 员工辞职办理程序
- ◆ 员工升迁办理程序
- ◆ 员工内部调整办理程序
- ◆ 员工评估程序
- ◆ 工资薪金发放程序
- ◆ 奖金、津贴发放程序
- ◆ 考勤统计程序
- ◆ 劳动争议处理程序
- ◆ 员工档案管理
- ◆ 奖惩处理程序
- ◆ 培训计划实施程序
- ◆ 承接外来人员培训程序

### 3. 工程部
- ◆ 设施设备日常保养标准
- ◆ 报修程序
- ◆ 设备检修程序
- ◆ 设备故障处理程序
- ◆ 设备购置程序

◆ 设备报废程序

4. 安保部

◆ 大堂保安员工作程序

◆ 车场保安员工作程序

◆ 安保巡视程序

◆ 押送提取款项程序

◆ 火警处理程序

◆ 接警处理程序

◆ 文件管理程序

◆ 各种突发事件应急预案的处理程序

5. 财务部

◆ 餐厅收银工作程序

◆ 前厅收银工作程序

◆ 原始单据的使用程序

◆ 作废账单的处理

◆ 现金、信用卡、支票的收受程序

◆ 外币兑换工作程序

◆ 夜审工作程序

◆ 日审工作程序

◆ 会计工作程序

◆ 出纳工作程序

◆ 成本控制工作程序

◆ 库房工作程序

◆ 呆账、坏账处理程序

6. 采购部

◆ 采购物品工作程序

7. 饭店质量管理文件

（略）

## 第三节　饭店绩效管理文件

近年来，如何提高饭店中高级管理人员的工作效率与饭店整体收益水平，越来越受到酒店高层和投资人的重视，绩效管理也被提到了一个非常的高度。

下文就详细介绍一下如何制定和推广绩效管理方案。

## 一、绩效管理的指导原则

### 1.1 目的

更好地把绩效管理与酒店战略和总体营运计划紧密联系起来，充分调动各方面的积极性，形成科学合理与薪酬挂钩的绩效考核机制，通过提高员工业绩，推动酒店整体业绩提升，从而实现酒店的总体营运计划。

### 1.2 定义

绩效管理是通过对企业战略的建立、目标分解、业绩评价，将业绩成效用于企业日常管理活动中，以激励员工持续改进并最终实现组织战略以及目标的一种正式管理活动。

### 1.3 目标

- 把酒店的经营目标转化为详尽的、可测量的标准。
- 把酒店宏观的营运目标细化到员工的具体工作职责中。
- 用量化的指标追踪跨部门的、跨时段的绩效变化。
- 及时发现问题，分析实际绩效表现达不到预期目标的原因。
- 对酒店的关键能力和不足之处提供分析依据。
- 为酒店的经营决策和执行结果的有效性提供有效支持信息。
- 鼓励团队合作。
- 为制定和执行员工激励机制提供工具。

### 1.4 适用范围

本手册主要适用于酒店中高层管理人员。
员工考核由各酒店参照相关制度和本手册自行制订。

### 1.5 实施

本手册自正式颁布之日起实施。

### 1.6 修改

本手册由人力资源部负责解释并修改。

### 1.7 使用

本手册由所属各酒店人力资源部保管和使用。

## 二、绩效管理指南

### 1.8 基本原则

- 酒店总体战略目标逐层分解，强化目标一致性。
- 关键绩效指标和基本目标值设定相结合，强化关键绩效导向。
- 考核与指导、反馈相结合，加强双向沟通、增强考核效果原则。
- 坚持客观、公正、公开、实事求是。
- 以财务性数据为主，定量和定性相结合。

### 1.9 实施流程（绩效管理循环）

绩效考核只是绩效管理的一个环节，它不是独立的，而应该与其他环节组成一个管理循环，才能充分发挥其作用。绩效管理循环主要包括以下几个部分：

- 绩效计划的制订。从上到下逐层分解酒店经营目标，制订个人绩效考核指标，下发绩效考核表。
- 绩效辅导与培训。
- 绩效考核实施与执行。
- 绩效沟通。
- 绩效考核结果的运用。

## 三、建立绩效考核体系

### 1.10 考核体系

建立一套科学的考核体系，是酒店高层管理者的重要工作目标，建议组建一个层级分明、职责明确的考核体系。

### 1.11 明确层级考核关系

依据由上一级考核下一级的原则：
（1）管理公司考核所属各酒店总经理
（2）总经理及驻店经理考核其分管部门总监及经理
（3）各部门总监（经理）考核该部门下设岗位人员

## 四、成立绩效管理组织

### 1.12 绩效管理组织机构

略。

**1.13 酒店绩效管理小组**

为能真正有效地抓好绩效管理工作，发挥绩效考核的作用。各酒店可以成立绩效管理小组。

绩效管理小组主要成员：

- 由酒店总经理、驻店经理（副总/总助）、绩效考评主管（兼）及财务部人员组成。
- 总经理担任组长。
- 驻店经理（副总/总助）负责具体的考核工作。
- 各酒店在人力资源部设置一名绩效考评主管（由行政主管兼任），具体负责数据收集、日常行为记录和绩效考评档案管理工作。

绩效管理小组主要职能：

- 负责组织召开考评会议。
- 对整个酒店的考评结果负责，并具有最终考评权。
- 负责平衡各部门绩效分数。
- 确定各绩效等级的薪酬系数。
- 对被考评人的行为及结果进行测定并确认。
- 负责考评工作的布置、实施、培训和检查指导。

**1.14 绩效角色分配**

人力资源部

人力资源部下属绩效管理岗负责落实绩效管理的具体工作。

运用绩效管理结果，制订人力资源开发计划。

部门协调员

各部门分别指派一人为绩效管理协调员（可由部门文员等兼职），为人力资源部的绩效管理工作提供支持。

主要负责按时收集绩效考核表，并提供/收集绩效考核所需的数据和参考意见。绩效管理协调员名单报人力资源部备案。

部门总监负责组织召开本部门考评复核会议，对本部门的考评结果负责。

各级管理人员负责对直接下属考评，参与本部门考评复核会议。

**1.15 绩效管理会议指南**

绩效管理月度例会指南

每月召集一次绩效审视会议（地点由会议召集人决定），会议召集人为绩效管理负责人。会议参加人员为酒店部门总监/经理、绩效考核主管。

月度会议要讨论的主要事项：

- 汇总本部门的绩效记录。
- 审视绩效业绩。
- 研究下月绩效指标实现的可靠性。
- 确认绩效考核的结果。
- 如有争议，提交上级解决。
- 人力资源部备案。

绩效管理半年度/年度会议指南

每半年度/年度召集一次绩效审核会议（地点由会议召集人决定），会议召集人为酒店总经理。会议参加人员：总经理、驻店经理/总经理助理、酒店部门总监/经理、绩效考核主管。会议由绩效考核主管记录。

半年度/年度会议主要讨论事项：
- 审核年度绩效表现。
- 确认年度绩效达成结果。
- 下一年度的绩效指标确定。
- 酒店人力资源部备案。
- 总经理将根据绩效成绩进行绩效面谈。

### 1.16 主要步骤

步骤1：部门总监/经理完成绩效考核自我审核，并上交至绩效管理小组组长。
步骤2：部门总监/经理与上一级领导一起对考核业绩（月度会议或单独考核）。
步骤3：直接领导与部门总监/经理座谈并提供反馈。
步骤4：部门总监/经理提出意见并在考核表上签字。
步骤5：复印绩效考核表及结果交人力资源部。
步骤6：人力资源部与部门总监对员工业绩加以审视。
步骤7：人力资源部跟踪员工发展/接班人的职业进程。

## 五、绩效考核的实施

### 1.17 建立考核目标

考核期初（一般在下一考核周期的前一个月度，酒店下一年度工作目标确立之后），由考核者与被考核者进行沟通，制定双方认可的考核目标。

要遵循的原则：
- 部门总监/经理级的考核指标要尽可能突出战略规划、年度工作计划的重点，体现共性和基础性的管理要求，而不追求面面俱到。
- 与总经理考核指标保持基本一致，只要作相应分解；考核内容、范畴和权重根据各部门特性而有所不同。

- 可以量化，有明确的衡量标准，具有相当的客观性，有时间限制。

**1.18 酒店经营目标的分解流程**

部门总监/经理的考核指标是通过分解酒店经营总目标而来。

目标分解和酒店绩效考核表制订是绩效管理的基础工作。

是上下级双向沟通，并由上级领导进行确认的过程，以达到对酒店战略目标进行逐层分解的目的。

经营目标分解流程

- 酒店每年在下达的工作目标和综合计划的基础上，编制并下达各酒店年度综合经营计划，作为酒店本考核期内的经营目标。
- 总经理办公室成员与其分管部门总监/经理根据酒店下达给部门的经营目标以及部门的年度工作目标和综合计划，提出并确认部门经理的工作重点，确定考核期内部门经理的关键绩效指标和基本目标值及相应权重，填写部门经理绩效考核表。
- 所有部门的年度关键绩效指标及关键工作计划的总和应大于或等于酒店总目标，这样才能保证酒店整体目标的实现。

**1.19 确立关键绩效指标（KPI）**

对部门总监/经理的考核以关键绩效指标来体现。

关键绩效指标是用来衡量工作绩效表现的量化指标，是对工作完成效果的最直接衡量方式，是对考核目标的具体描述。

设立原则：关键成功因素是酒店实现战略目标的关键领域。对关键目标进行评价的一个原则就是看该目标是否有助于酒店战略目标的实现。

- 关键绩效指标基于公司的整体业务战略而设定。
- 与酒店当年的经营目标相关，反映了酒店所期望达到的目标。将酒店的战略目标转化为明确的行动内容。
- 关键绩效指标应该是与被考核者岗位职责直接相关的工作成果，被考核者通过自己的努力可以对指标的结果产生影响。每一个关键绩效指标都是某一个关键成功因素的最佳指示器，每一个关键成功因素必须至少有一个关键绩效指标来描述。
- 关键绩效指标将被考核者工作成果进行量化，使得对被考核者的工作成果的衡量更加客观。
- 关键绩效指标应该体现各岗位工作的重点，不宜过多。关键绩效指标应该确保可以衡量。

关键绩效指标主要分为四类：

- 财务类指标
- 客户类指标
- 营运/执行类指标

- 学习与成长类指标

### 1.20 绩效考核指标对不同部门的不同意义

同样的指标，对不同的部门总监/经理而言，其具体内容、权重设置、涉及范畴都有可能是不同的。

（1）具体内容不同。如"成本控制"对人力资源总监/经理而言，主要是指劳动力成本；对工程部经理而言，主要是能耗成本或维修成本；对市场总监而言，是指销售费用成本。

（2）权重不同。如对人力资源总监/经理而言，其员工考核指标部分可以作为核心的考核部分；而对经营性部门而言，财务绩效、营运考核两大部分指标应作为重要的部分。

（3）范畴不同。如"员工满意度"指标，对人力资源总监/经理而言，是指酒店整体的员工满意度；对市场总监而言，是指市场部（包括销售部、公关部）的员工满意度。

### 1.21 设立基本目标值

基本目标值是指刚好完成酒店对岗位某项工作的期望时应达到的绩效指标完成标准，通常反映部门总监/经理在正常情况下应达到的绩效表现（如要求员工满意度达到80%）。

#### 1. 设立的原则

基本目标值的确定，可根据批准的年度计划、财务预算及岗位工作计划，由相关部门提出，总经理和酒店绩效管理小组最终审核确定。

基本目标值的设定，侧重考虑可达到性，如基本目标能完成，则意味着岗位工作达到酒店期望的水平。

- 价值驱动原则：要与提升酒店价值和追求利润回报最大化的宗旨一致，突出以价值创造为核心的企业文化。
- 一致性原则：与酒店发展战略和年度经营计划相一致，一定要围绕酒店发展目标，自上而下逐层分解、设计和选择。应结合酒店战略侧重点，服务于酒店关键经营目标的实现。
- 突出重点原则：在选择KPI和确定基本目标值时，要选择那些与酒店价值、与岗位职责结合更紧密的绩效指标和基本目标值。
- 可行性原则：考核目标一定是可以控制的，同时，目标要有挑战性，有一定难度，但又可以实现。
- 共同参与原则：在考核表的设计过程中，管理者和管理层都要参与。
- 客观公正原则：要实施坦率、公平、跨越组织等级的绩效审核和沟通，保持绩效透明性，做到绩效评估系统、客观。

- 综合平衡原则：通过合理分配 KPI 和基本目标值的权重，实现对岗位全部重要职责的合理衡量。
- 岗位特色原则：考核表内容的选择、目标的设定要充分考虑不同业务、不同部门中类似岗位各自不同的特色和共性。

可参考过去相类似指标在相同市场环境下完成的平均水平，并根据情况的变化予以调整。也可参照一些行业指标、技术指标、监管指标、国际指标，确定合理的水平。

### 2. 权重分配

在做目标值权重分配时，对公司和酒店战略重要性高的指标权重高；被考核者影响直接且显著的指标权重高；综合性强的指标权重高；

权重分配在同级别、同类型岗位之间应具有一致性，又兼顾每个岗位的独特性，因此具有一定的浮动范围。目标值分配要注意典型通用指标在各部门所占权重均保持统一，以体现一致性。每一项的权重一般不小于 5%、不大于 50%，以免对综合绩效的影响太弱或太强。分配步骤为，先确定四大类关键绩效指标权重，再确定各类关键绩效指标中具体指标的权重。

权重分配的建议：

| 部门 | 关键绩效指标 | 权重分配 |
| --- | --- | --- |
| 经营性部门 | 账务类指标 | 40%~60% |
| | 客房类指标 | 20%~30% |
| | 营运/执行类指标 | 20% |
| | 学习与成长类指标 | 10% |
| 非经营性部门 | 财务类指标 | 20%~40% |
| | 客房类指标 | 10% |
| | 营运/执行类指标 | 30%~60% |
| | 学习与成长类指标 | 10%~20% |

## 1.22 制订绩效考核表格

当确定了绩效指标和权重后，即可制订绩效考核表。

考核表由酒店和考核方签字后由人力资源部绩效考核主管备案。

## 1.23 开展考评

- 人力资源部将绩效合同/绩效考核表分发至相应部门，也可制作统一表格张贴在行政人员会议室。
- 考核者每月根据相关资料及被考核者考核期内表现填写被考核者 KPI 的实际完成

情况，由各部门绩效协调员及人力资源部绩效考核主管汇总绩效考核表，计算绩效分数。

－考核者确定被考核者的绩效结果，并由被考核者签字确认，统一报备人力资源部。
－有争议的，由绩效管理小组裁定。
－考核领导小组按照正态分布原则确定绩效等级的分布。
－资料存档。
－绩效管理工作领导小组确定绩效结果。

### 1.24 考核结果的应用

相关政策：年度的绩效考核结果要求上报管理公司人力资源部。

绩效考核的结果将作为酒店在经营管理决策中的重要参考依据。其结果将运用于以下方面：

－作为酒店总经理审批酒店各部门总监/经理年度奖金的参考依据。
－作为酒店聘任/管理公司审批酒店总监（经理）职位晋升的重要参考依据。
－为评选年度部门经理级管理人员劳动模范的参考依据。
－作为对酒店总监（经理）进行提高培训的依据。
－作为寻找经营管理短板、实施管理改进的依据。
－用于工资调整和奖金分配。
－用于晋升调配和职位置换。
－用于培训教育。
－用于个人发展计划。

### 1.25 绩效沟通与反馈

相关政策：得出每周期绩效考核分数后，考核者与被考核者要进行一次绩效沟通。

－沟通要安排在下一周期绩效考核之前。
－会谈时间确定后，应提前告知被考核者。
－建议在封闭的会议室沟通，并准备茶水等，在融洽的气氛中进行。每次沟通不少于1个小时。
－会谈讨论被考核者在上一考核期工作中存在的优缺点，针对发现的缺点设计改进方案，规划个人下一考核期的初步发展计划。
－被考核者对考核结果进行确认。

### 1.26 绩效考核周期

根据指标评估的时间性，对部门总监/经理的考核主要有月度过程考核和年度考核。

月度考核：酒店对部门经理/总监级的过程性考核指标，逐月考核、年末汇总，如营业收入、GOP（经营毛利润）、员工投诉、顾客投诉、员工面谈、成本控制，质量检查等。

年度考核：管理公司统一考核的将按年度进行考核。以下这些指标一般将按年度评估，如员工满意度、顾客满意度、核心员工保留、安全/卫生及产品最低标准等。

考核周期：年度考核周期从每年的 1 月 1 日始至 12 月 31 日结束。

### 1.27 其他

岗位变动时的绩效管理

- 考核期内发生岗位异动，工作交接时，在原岗位工作 3 个月以上的进行原岗位绩效考核，经过考核、复核和反馈达成一致意见后，报人力资源部备案。
- 考核期内发生岗位异动，形成两份或两份以上工作时间超过 3 个月的绩效考核结果时，以加权平均值为参考值，最终结果由考核领导小组确认。
- 公司内调动，调动前的考核结果将纳入年度考核成绩。

绩效指标的调整

- 受酒店业务发展计划的变更、组织结构的调整、市场外部环境的重大变化，或一些不可抗拒因素等非个人主观可控因素的影响，绩效考核表可以在执行过程中进行修改。
- 对绩效考核表进行修改以前，原绩效考核表仍然有效。

## 六、酒店部门总监/经理考核的关键绩效指标

### 1.28 部门总监/经理考核指标的设立

为统一和强化具有共性的、基础性的管理模式与标准，塑造酒店的品牌形象；便于对管理者进行业绩的横向对比与分析，从而为晋升、年度奖金发放、职业培训等人力资源管理工作的开展提供客观的参考依据；便于通过对比寻找差距，推动酒店之间的交流与学习，寻求管理的不断改进与持续提高。

对酒店部门总监/经理的考核分为公司年度统一评估考核（年度）和酒店自行考核（月度）。

酒店部门总监/经理的关键绩效指标共分两大部分：公司年度统一评估的基础考核指标、建议酒店自行评估的基础考核指标（仅供酒店参考）。

### 1.29 公司年度统一评估考核的指标

营业指标：酒店有预算的目标。

客户忠诚度（含暗访）：管理公司开展的每年一度的宾客意见调查和暗访。

员工忠诚度：管理公司开展的每年一度的员工意见调查。

关键员工流失率：人力资源部年终统计结果。

消防/安全/卫生/标准：按管理公司制订的最低标准进行检查。

民意测评：按公司统一下发的测评表进行，由酒店组织。

## 1.30 建议酒店实施过程评估的基础考核指标

### 财务类指标

财务类绩效指标，是体现酒店价值创造成果的最直接的效益指标，可显示出酒店和部门的战略及其实施和执行是否正在为最终经营结果（如利润）的改善作出贡献。

经营性部门与非经营性部门选择财务类指标不同，主要考核指标为：
- 营收指标：保证酒店年度经营目标的实现。
- GOP 指标：满足酒店营利性要求。
- 成本率执行：加强成本控制。
- 人均劳动效率：提高生产效率和经营效率。
- 应收账款：保证合理的现金流量，防止财务危机。
- 存货额度。
- 能耗。

### 客户类（顾客和员工）指标

客户类指标，是检视满足核心客户的关键指标，酒店应以目标客户和目标市场为方向，关注于是否满足核心顾客需求。

主要考核指标：
- 顾客满意度：酒店定期调查
- 客户管理
- 目标市场占有率：相对竞争对手
- 员工满意度：酒店定期调查
- 员工流失率/核心员工流失率
- 人才培养与输送（接班人计划计划执行）
- 客户投诉
- 市场信息
- 员工投诉
- 客户维系/流失
- 客户开拓
- 离职面谈/五必谈/员工定期面谈

### 营运/执行类指标

营运/执行类指标，是实现酒店价值增长的重要营运操作控制活动效果的衡量指标，是紧密结合不同岗位特色，体现其直接工作效果的指标。

营运/执行类指标应该反映该岗位独特的工作成果。运营绩效考核应以对客户满意度和实现财务目标影响最大的业务流程为核心。运营指标既包括短期的现有业务的改善，又涉及长远的产品和服务的革新。

注意不要选择两个相似的指标考核同一项具体工作。选择的指标应能体现整个部门的主要年度目标，指标数量不应太多，一般不超过 5 个。

选择营运类指标时要特别考虑目标值的设定以及数据收集的途径，确保可实施性。

主要考核指标：
- 计划制订及完成
- 质量主题活动策划、执行
- 责任事故/安全生产
- 营销主题活动策划、执行
- 核心员工流失率
- 设施设备保养计划、执行。

学习与成长类指标

学习与成长类指标用来评估员工管理、员工激励与职业发展等保持酒店长期稳定发展的能力，它为财务类指标、客户类（顾客和员工）指标、营运/执行类指标提供基础构架，是驱动三个目标获得卓越成果的动力。

学习成长类指标在同级岗位上的设置必须保持一致性。

削减对企业学习和成长能力的投资虽然能在短期内增加财务收入，但由此造成的不利影响将在未来给企业带来沉重打击。

主要考核指标涉及员工的能力、信息系统的能力、激励、授权与相互配合，具体为：
- 培训计划执行
- 培训满意度
- 人均受训时间
- 部门协作（信息传递）
- 员工技能抽查合格率

# 七、酒店部门总监/经理绩效考核

## 1.31 公司统一评估

餐饮总监绩效考核
房务总监绩效考核
工程部经理绩效考核
市场总监绩效考核
人力资源总监绩效考核

保安部经理绩效考核

康乐部经理绩效考核

销售部经理绩效考核

公关部经理绩效考核

管家部经理绩效考核

前厅部经理绩效考核

### 1.32 酒店月度评估

酒店部门总监／经理月度考核表

• 综合得分（P）的分值等级：

由酒店按各项指标的要求进行设置。如客户满意度要求为95%，如达成则满分为5，每下降3个点减1分，以此类推。但下降到一定值如80%时，则为零分。

• 内容设置定义：

目标值：指该关键指标要实现的标的，如客户满意度要求不低于95%。

权数（I）：根据各考评项目的重要性，给各考评项目赋予的系数。如应收账款率为5，占总权重设置为5%。

项目得分：是综合得分和权数的乘积。如综合得分为5，该项目权重为10，即该项目得分为：5×10=50分。

备注：说明一些需要补充的内容，如果是A或E需要举记录案例。

总分：是所有项目得分相加得到的总分。总分根据考核习惯可设置为500分值，也可设置为100分值。不影响考核结果。

• 其他：

由于本表是按月填写，建议可利用自动化办公系统，创建电子文档。

• 特别要求：

总监级考核成绩连同工作总结计划每月6日前上传公司相应部门。

## 八、中层管理人员领导能力360度评价问卷

领导能力评价模型介绍：360度调查是一种用于评估个人领导和管理技巧的方法和机制。包含四种被调查对象：被评估者，他／她的上司，同级和下属。本调查是对被测评人的综合评价，为保证测评结果的公正性，至少需要8名以上人员参与测评。以中层或基层管理人员为例，参与测评的人员中，上司不少于1位，同级不少于2位，直接和间接下属不少于5位。

调查过程分为四步：问卷调查→问卷分析→对策制定→行动跟进。

（1）内容

问卷内容包括四部分：管理技能，领导能力，交流技能，公司价值观。

四个被调查对象群都需对这四部分内容做答。

（2）分析

对问卷进行统计分析：各参与角色的平均分将按一定的权重比例计入总结分，具体权重由各酒店决定。可参考的比例为，上司：同级：下属＝40：10：50

编写反馈结果报告：在反馈报告中将重点分析被评估者的自我评估与他人评估间的相似点和相异点。报告也将对被评估者有待发展的领域提出建议。

每位调查参与者都可得到一份反馈报告，报告包括对其分析的详细描绘。

问卷的填写是保密和匿名的，问卷填写者即使给出的评估很低也不必担心上司会知道。

所有同级和下属参与者的评价被整合成一个部分反映在反馈报告中。

上司的评价一般会被单独列出以便管理者本人将自我评定同上司的评定相比较。

（3）致填写者

您的评估将有助于被评估者清楚地了解自己的管理力度和发展需要。

您的反馈将作为被调查对象核心职业发展的基础，并帮助其成为一位更富有效率的管理者和领导。

非常感谢您抽出时间与我们合作！

请写明您与您所评价的人之间的关系：

（　）您自己　　（　）您的上司　　（　）同事　　（　）下属

（4）总体评价

指导语：

－所有参与评价的员工都被要求根据被评价者的实际情况完成该部分问卷。

－每个问题只选一项。

－如果问题未涉及被评估者的工作和行为或者您对该被调查者的此项行为活动不清楚，则回答"不适用"。

－根据您对所评定的管理者的观察与了解，对下面的每一陈述都要做出选择。

（5）确定重要领导因素

指导语：

－只有被评价者本人及其上级主管被要求完成该部分问卷。

－重新阅读第一部分问卷。基于被评价者的工作职位要求以及这些领导技能对该工作职位的重要程度，请您从中选出最重要的 5-10 个能力。

－请注意，对这些能力的重要性的判别只能依据该工作职位对能力的要求，而不能依据被评价者个人的工作绩效。

## 附：相关名词解释

酒店营业总收入　　是核算每一会计年度酒店在销售商品、提供劳务及让渡资产使用权等日常活动中所产生的收入。包括客房、餐饮、康乐、商场、商务中心、其他收入等。

**酒店营业总支出**　是核算酒店经营性销售商品、提供劳务过程中发生的费用，以及非经营性部门发生的日常费用支出。

**酒店营业总利润**　简称GOP，GOP＝酒店营业总收入－酒店营业总支出。

**客房营业总收入**　是核算酒店客房经营的各项销售收入，包括房费收入、服务费收入、客房小酒吧商品销售收入、客房区域会议室场租收入、除上述收入项目外的其他收入，以及客房部发生的与其经营无直接关系的各项收入，不含与固定资产清理相关的收入，包括盘盈变卖净收入、罚没收入、废品收入、其他收入。

**客房部营业总支出**　是指在每一会计年度经营部门直接发生的以下各项支出：工资及相关的福利费、工会经费、职工教育经费、物料消耗、低值易耗品摊销、修理费、公务费、广告费、业务宣传费、差旅费、服装费、洗涤费、邮电费、劳动保护费、社会保险费（此费用按部门直接发生的人员进行会计核算）、住房公积金（性质同上）、特许权管理费、基本管理费、保险费（公共责任保险及其他业务经营保险）、运杂费、地方税费、演出费、员工宿舍住宿费、防疫费、外聘人员劳务费、其他费用（因客房营运而直接产生的费用）、财务费用（仅指金融机构手续费）、营业外支出（指客房部发生的与其生产经营无直接关系的各项支出，不含与固定资产清理相关的支出，包括非常损失、赔偿违约金、罚款、捐赠支出、其他支出）。

**客房营业总利润**　简称客房GOP，客房GOP＝客房营业总收入－客房营业总支出。

**餐饮总收入**　是核算酒店餐饮经营的各项销售收入，餐饮收入应该按每个餐厅来确认。包括餐费收入；酒类、饮料类等可准确计量的食品、饮料收入；咖啡、果汁、茶水等无法准确计量的食品、饮料收入；餐饮区域的会议室、场租等收入，除酒水饮料、咖奶以外可准确计量的各类商品收入；餐饮部提供的各类服务收入，包括按销售收入的百分比增加到客人账单中的费用以及进入消费场所设备使用费、开瓶费、宴会布置等特别服务费；除上述业务以外的其他零星收入，以及餐饮部发生的与其经营无直接关系的各项收入，包括盘盈变卖净收入、罚没收入、废品收入、其他收入。

**餐饮部营业总支出**　参照客房营业总支出，另外增加燃料费，此燃料费仅指餐饮部消耗的管道煤气、瓶装煤气、酒精等费用。

**餐饮营业总利润**　简称餐饮GOP，餐饮GOP＝餐饮营业总收入－餐饮营业总支出。

**能耗控制**　是核算酒店日常经营耗用的烘焙、水、电费用，其中，燃料指燃煤、管

道煤气、瓶装煤气、重油、柴油等其他烘焙支出。

**维修费用** 是指酒店劳动所发生的各类财产的维修支出和用维修的设备零配件费用及其他相关费用支出，包括机电（指机械、电器、电话）、灯具、房屋、门窗、电脑、锅炉、家具、管道、卫生洁具、空调、通风设施、消防设施、设备小工费（指设备部外请人员修理所支付的劳务费）、车辆（指日常修理、年检年审、预计大修）等。

**人力成本** 是核算支付给员工的基本工资、奖金、福利费、职工教育经费、工会经费、养老保险、医疗保险、失业保险、工伤保险、女工生养基金、劳动保护费、员工餐费等费用。

**销售指标** 是反映酒店市场部销售业绩的总金额。

### 绩效考核检讨（年度/半年度）

审核概述

Ⅰ. 半年度关键绩效指标达成

_____
_____
_____

Ⅱ. 主要绩效评价（自我评价）

_____
_____
_____

Ⅲ. 绩效面谈并提供反馈，改进措施

_____
_____
_____

被考核人签名/时间：　　　　　　　审核人签名/时间：

# 饭店开业价格管理与营销管理

## 第一节 如何制定饭店产品价格体系

### 一、掌握制定饭店产品价格的原则

饭店企业的实质是运用经营资产和资金,通过业务经营活动取得收益,使其投资得到相应的回报。在这一过程中,为饭店所销售的商品制定一个合理的价格,则是满足这一经营目标的重要前提。当价格体系的运转符合市场和自身发展的需求时,饭店才能得到预期的利润。

制定饭店产品价格体系应遵循下列原则:

1. **满足自身生存和发展需求**

饭店产品的价格体系必须保证能够产生预期的利润,也就是说,这个价格体系的设计和制定就是饭店的预期自我价值评价,表现为饭店所销售商品的价格高低与其价值高低是成正比的。

2. **符合市场供给需求**

在评价饭店所销售商品的价格体系时,市场供给需求才是最重要的决定因素,即所谓的价值决定价格。

对于价格来说,影响其上升或下降的主要因素是看市场的供求关系。例如,在供应总量不变的前提下,当市场供大于求时,整体价格必然会趋于下降;相反,当供小于求时,价格杠杆必然发生作用,此时的整体价格必然会上涨。

对于饭店的消费者来说,总是希望以相对低的价格购买饭店所销售的商品,而饭店经营者的想法刚好相反,但这都不能是一厢情愿的,只有消费者预期的需求价格和饭店经营者的供给价格相一致时,饭店的商品销售才能实现,需求价格和供给价格才能转化为成交价格。

### 3. 价格政策必须保持相对稳定性和延续性

市场可以影响价格，但对于饭店所销售的商品价格而言，决定其价格的永远是价值。饭店的自我价值评价与市场评价是互动的，饭店在日常经营所要做的，是把价值发挥到极限以满足消费者的价值观。

每个饭店在经营中都会有明确的客源目标市场，而具有相同价值观的消费者构成了饭店的客源结构主体，这部分主体对饭店的价格体系十分敏感，如果饭店的价格经常变动，甚至超过了他们的预期，将造成主体的连带性波动，并产生不利的后果。所以，饭店的价格政策必须保持相对的稳定性和延续性，在此基础上，饭店再根据市场的变化做出适当调整。

## 二、了解影响饭店价格制定的因素

### 1. 外部环境

影响饭店价格制定的外部因素包括但不限于以下因素：

◆ 饭店所处的地理位置（交通、环境、风景）

◆ 经济发展形势

◆ 旅游市场发展趋势

◆ 旅游市场透明度（价格与服务方面的比较）

◆ 市场需求的波动

◆ 季节的变化

◆ 商旅游客的消费心理

◆ 同一区域内的饭店供给量

◆ 消费者的习惯

◆ 竞争对手的价格体系

◆ 消费者的质量预期

### 2. 内部环境

◆ 建造总成本因素

◆ 市场定位

◆ 预期投资收益率

◆ 定价理由（价格决定成本）

◆ 短期变化（为某活动提供的特别价格）

◆ 价格政策

◆ 提供有区别的服务

◆ 最高利润指标

◆ 最低成本目标

## 三、如何制定饭店客房价格

饭店客房的价格制定方法有很多，这里仅提供几种较常见的模式。

### 1. 千分之一定价法

千分之一定价法是国际上较为通用的一种计算方法，主要是根据饭店的总建造成本来制定客房的价格。其计算公式为：

$$每间夜客房价格 = 饭店建造总成本 \div 饭店客房总数 \div 1000$$

其中，饭店建造总成本包括土地使用费用、建设安置成本和经营用品采买成本等。

例如：某五星级饭店的建造总成本是5亿元人民币，规划客房总数为500间/套，那么它的每间客房价格就是1000元人民币。

通过千分之一定价法计算出来的客房价格只是客房的平均价格，由于客房类型不同，客房的销售单价也是有区别的。面积大、投资高的高级客房如套间等客房产品的销售价格肯定会高于这个平均价格，而投入相对经济的客房价格肯定会低于这个平均价格。

千分之一法是以饭店的总建造成本为基本依据测算平均房价的，未考虑其他诸多因素对房价的影响，但由于其方法简单，可以作为筹备者制定房价的基本工具来使用。

### 2. 赫伯特定价法

赫伯特定价法是20世纪50年代美国饭店和汽车旅馆协会主席罗依·赫伯特先生创立的。这种定价方法以目标收益率为定价的出发点，在已确定营业期各项成本费用及饭店利润指标的基础上，通过计算客房部的营业收入来确定房价。在计算过程中，它结合了国际饭店业通用的统一会计制度，通过参照资产负债表和损益表中反映的收支状况，在预测成本支出的前提下来制定客房价格。其计算方法如下：

（1）测算饭店投资总额。

（2）确定正常情况下的目标收益率，计算出目标利润额。

$$目标利润额 = 总投资额 \times 目标收益率$$

（3）测算税金、保险费和折旧。

（4）测算行政管理费、能源消耗、维修保养费用和营销费用。

（5）计算饭店营业总收入，即 b+c+d。

（6）测算各部门（不含客房部）的利润。

（7）计算客房部应取得的利润，即 e-f。

（8）测算客房部营业费用。

（9）计算客房部应取得的营业收入，即 g+h。

$$客房部营业收入 = 目标利润 + 饭店营业费用 + 饭店管理费用 -$$
$$其他部门利润 + 客房营业费用$$

（10）确定客房预期销售量。

（11）计算客房平均房价。

平均房价＝客房营业收入÷（预计出租间夜数×365×年平均出租率）

用这种定价方法得到的结果比较准确，但需要大量的市场信息和准确的资料，从计算方式上看，它更适用于已经走上正常经营轨道的饭店企业，对于没有任何经营数据可以参照的新饭店来说，是不现实的。

### 3. 客房面积定价法

客房面积定价法是先确定客房预算收入，然后计算出单位面积的客房应得收入，再确定每间客房应得的收入，从而确定客房价格。其计算公式为：

每间夜客房价格＝客房预算总收入÷（营业天数×客房总面积×平均出租率）×某间客房面积

例如，饭店客房全年预算总收入为5000万元，饭店客房总面积为1万平方米，预计客房年平均出租率为70％，套用上述公式，可计算出面积为20平方米的标准间客房的价格约为400元。

用这种定价方法测得的结果不是平均价格，而是可以根据需要按照各种不同类型的客房来分别测算。它是以客房预算总收入和平均出租率的预测数据为主要依据的，其他计算条件相对简单，这就要求筹备者对市场和预算的敏感度较高，因为一旦预测数据与实际情况差距较大，就会出现计算偏差。

### 4. 随行就市定价法

饭店的经营筹备者不论采用哪种方法制定房价，都不能忽略一个重要信息，那就是与本饭店位于同一竞争区域内并同档次、同规模、已处于市场运营中的饭店企业的客房价格。

参考同业饭店的客房价格对新开业的饭店有重要意义：首先，这个价格能够存在，本身就说明了它是合理的，是被类似的客源市场所接受的；其次，这个价格是由具有相同饭店客房商品的多个供应企业和适用于这个市场的消费者群体共同决定的，基本不存在运作风险；最后，这个价格是合理的客房商品的平均成本、平均利润和营业税金的总和，是买者与卖者之间形成的彼此都会接受的"预期价格"，因而具有竞争力。

饭店经营筹备者选择随行就市法定价是最简单的，它既能降低企业的市场风险，增强企业的竞争力，对于快速进入目标市场也是最有效的方法。但是，每个饭店企业的运作、管理和赢利模式还是有很多不同之处，这就需要各饭店综合考虑自身情况后加以实施。

## 四、如何制定饭店餐饮价格

饭店餐饮部所销售的商品主要是菜肴和酒水，对于这两种商品的价格，可以采用成本定价法来制定。

成本定价法是以商品的所有成本（含变动成本和固定成本）作为定价基础的，其计算方法是：

$$餐饮价格 = 原材料成本 \div (1 - 内扣毛利率)$$

$$内扣毛利率 = (销售价格 - 原材料成本) \div 销售价格$$

菜品的原材料成本是由主料、配料和调料三部分组成的。酒水的原材料价格指的是进货单价，毛利率的确定必须保证每份出品都能获得平均利润的分摊额。一般来说，菜品的毛利率可以控制在50%~60%，酒水的毛利率可以高些，为55%~65%。

例如，鱼香肉丝的原材料成本为：

| 原料 | 投量 | 单位 | 成本价 |
| --- | --- | --- | --- |
| 猪肉 | 100 | 克 | 3元 |

| 配料 | 投量 | 单位 | 成本价 |
| --- | --- | --- | --- |
| 清水笋 | 30 | 克 | 1.1元 |
| 木耳 | 10 | 克 | 0.2元 |
| 葱 | 7 | 克 | 0.08元 |
| 蒜 | 5 | 克 | 0.06元 |

| 调料 | 投量 | 单位 | 成本价 |
| --- | --- | --- | --- |
| 食油 | 适量 | | |
| 辣酱 | 适量 | | |
| 盐 | 适量 | | |
| 糖 | 适量 | | |
| 味精 | 适量 | | |

调料计：0.7元

内扣毛利率为50%　　　　　　　　　　　　　合计：5.14元

鱼香肉丝的价格 = 5.14 ÷ (1 - 50%) = 10.28元

在饭店餐饮部的实际运营中，并不会出现每一个菜品或酒水的毛利率都相同的情况。例如，某些高档菜品或酒水的加价率低、销售量少，不可能按照原定的毛利率来计算其价格，因为这样得出的价格是不被市场接受的，那么就要降低毛利率的水平。青菜类菜肴或软饮料酒水的加价率高、销售量大，可以增加毛利率的水平。总之，经营管理者需要平衡日常业务中的进、销、存这三者间的关系，保证将综合毛利率控制在合理的水平上。

## 五、如何设计饭店价目表

设计饭店价目表的作用是把饭店确定的客房商品市场销售价格通过宣传册的形式传递给目标客源市场的消费者，使消费者对饭店客房商品的结构、档次、特点等信息有一个全面的了解，从而引起消费者的购买欲。

饭店价目表的设计风格要与饭店的整体VI设计和CI设计相符。

价目表主要包含以下内容：

（1）饭店店名、店标、管理品牌等。

（2）价目表主语。

（3）公共信息，含地址、预订电话、传真、网址或主页、邮箱、邮编等。

（4）客房价格信息。一般采用表格的形式，纵向栏目为饭店的客房类型和等级（包括加床价格等），横向栏目是门市价格等。

（5）其他信息。如房价中是否包含早餐价、客房退房时间、饭店接受的付款方式、预订保留的时间、服务费收取比例、其他收费项目、几岁以下的儿童与父母同住一间客房可享受免费待遇等。

（6）特色服务。包括客房中收费或免费的服务项目、其他配套服务信息等。

（7）多语言表述。根据饭店的目标客源市场选择适合的语种印刷宣传册。

## 六、如何制定饭店价格政策

### 1. 饭店价格政策的制定原则

饭店价格政策的制定原则就是要规范在实际经营中谁是授权者、授权的对象、授权的权限标准和具体内容、执行者如何操作等一系列问题，保证饭店价格体系完整有效，并按计划顺利实施。

### 2. 饭店价格政策的制定机构

饭店应成立相应的管理机构主管所有有关价格政策的工作，这个机构一般被称作"价格政策管委会"。

"管委会"由饭店总经理授权财务部组建。"管委会"的主管领导由总经理担任，副职则由副总经理、财务部经理担任，直接向总经理负责。委员包括各部门的经理、财务部门业务主管和销售部高级客户代表等。

### 3. 制定价格政策的二级授权

饭店价格政策的一级管理授权是由总经理授权部门经理，二级执行授权是由部门经理直接授权给具体业务的操作人。此外，由于业务管理对口，财务部经总经理授权后，拥有价格政策执行过程中的监督权。

任何一个层级的授权者必须以饭店既定的经济任务为目标，以正确执行价格政策为己任，逐级负责、逐级落实、逐级检查。

### 4. 饭店价格政策的制定程序

制定饭店的价格政策是由销售部提出预期方案开始的。方案主要包括：市场调研相关信息、同档次规模饭店的价格体系分析、饭店的经营方针、预期收益率、经营状况、预期价格体系、调整价格的计划、价格政策的具体方案等。

销售部的方案成型后，报价格管委会进行专题讨论，分析研究方案中预期价格体系和价格政策的可行性，提出意见和建议，经整改后由总经理批准形成饭店"年度价格政策执行方案",然后下发到各业务部门执行。

**5. 饭店价格政策的内容**

（1）免费房的规定：申请饭店免费房必须由饭店副总经理以上领导批准后方可执行，任何部门和任何人不得以任何借口私自开设免费房。经批准执行的免费房应走正规的登记手续。未经批准执行的免费房由当事人按门市价格自行付款。

（2）散客预订的折扣规定：饭店销售部、前厅部经理最高房价折扣权限是：旺季时为门市价的20%，淡季时为门市价的30%。前厅部预订员、大堂经理、销售代表的最高折扣权限（即柜台价）是：旺季时为门市价的10%，淡季时为门市价的20%。特殊情况需升级开房时，必须由大堂经理或接待主管批准并登记注明原因，且房间升级的标准只能在原房型的基础上提高一个等级。原则上，行政客房、高级套房不能作为升级目标。

（3）旅行社团队的折扣规定：旅行社团队及散客的房价按照饭店与旅行社事先签订的协议价格执行，低于协议价格的需请示价格管委会决策领导，获得批准后方能执行。旅行社陪同按照一陪同一床的标准和协议价格执行，如协议中规定陪同所入住的为免费房，应及时填写审批单。

（4）会议团体的折扣规定：饭店接待的会议团体的房价，应按照销售部与会议团体事先签订的协议价格执行，其餐饮及娱乐消费折扣也应遵照协议执行，低于协议价格的需请示相关领导，获得批准后才能执行。

（5）业主公司或董事会预订的折扣规定：饭店接待业主公司或董事会的预订，应按照事先签订的协议价格标准执行。在同等条件下，上述人员享有对饭店设施的优先使用权。

（6）其他：除上述被授权的业务人员外，饭店其他人员均无房价折扣权，各被授权人必须按照规定正确执行价格政策。

如对饭店的价格政策有调整动议，必须通过正常渠道提出申请，经批准后方可按照新的标准执行。任何人不得擅自更改价格政策中的相关规定。

# 第二节　如何规划饭店营销管理系统

在饭店开业前，经营筹备者最重要的一项任务就是制订饭店营销计划。制订营销计划需要经过市场调研、根据市场定位进行客源分类分析、产品设计、价格制定、收入预测、营销策略及途径的确定、公关广告宣传及部门费用控制计划等程序。

## 一、如何进行市场调研

市场调研是饭店在制订营销计划前应做的重要工作。通过获取大量的市场调研资料，可以分析出饭店市场的现状，明确客源市场的目标群体，了解竞争饭店的价格体系，为确定本饭店未来的经营和发展方向提供理论基础和数据支持。

在进行市场调研时，应成立相应的调研小组，由有经验的营销人员负责具体的业务工作。调研人员应本着实事求是、认真严谨的工作作风开展调研工作，保证各项数据准确无误。

市场调研工作应从三个方面入手：第一个方面，从本饭店所在区域饭店市场入手，从总体上对饭店市场经营环境和现状进行调研；第二个方面，对客源市场中的目标群体展开详细调查；第三个方面，对区域市场内已存在的单体饭店进行调研。

调研结束后，由主要负责人进行分析整理，汇编成册，形成书面的调研报告，作为下一步制订营销计划的依据。

下面就从调研工作的三个方面介绍调研内容：

## （一）对区域饭店市场经营环境和现状进行调研

这项调研工作的主要任务是搜集整理资料。获取资料的主要渠道是国家和地方行政管理部门、专业出版社、业内权威机构发布的有关公报。包括国家和地方旅游局、中国旅游饭店业协会公布的历年旅游系统统计资料，国家和地方统计局公布的有关旅游饭店行业的公报，相关专业出版社出版的《中国饭店业务统计》等刊物。

通过以上资料，可以分析出区域饭店市场的构成、旅游行业的接待人数、客源市场的构成、人均花费、饭店业务摘要、饭店业绩景气预测、部分城市业绩指标比较、各等级饭店企业的运营情况、星级饭店市场的客源构成及房价贡献等权威性技术数据，为本饭店未来的经营和管理及制定营销策略提供理论依据和可比较的基本数据。

## （二）对客源市场中的目标群体进行调研

开展这项调研的目的是取得目标客源群体消费需求的第一手资料，用来衡量饭店将要推出的客房和餐饮产品能否满足目标群体的需求。

在选择客源市场中的目标群体时，一定要按照饭店既定的市场定位所圈定的目标群体加以甄别。也就是说，如果饭店定位于商务型高端饭店，那么选定的目标群体一定是有可能消费饭店产品的商务群体，这个群体既包括单个的客人，也包括公司等机构和组织。

在确定了目标群体后，调研人员要以本饭店为中心点画一个半径五公里的圆，然后确定活动在这个圈子里的具体对象，列出名录，做好准备工作。

一旦确定了目标群体中的具体对象，就要采用相应的方式展开具体的调研工作。常见的调研方式有上门拜访、电话访谈、信件调查和街头随机调查等。这几种方式都各有利弊，上门拜访有可能会因为各种原因遭到被拜访人的拒绝，电话访谈的答案可能会模棱两可，信件调查的回收率不高，街头随机调查的准确率低。为了保证调研数据的真实、有效,建议采取电话预约然后上门拜访的方式。

"饭店市场调查表"的格式和内容如下:

饭店市场调查表

尊敬的宾客:

您好!

非常感谢您参与本饭店的市场调查,为了能够更好地为您提供服务,请您尽可能依照实际情况填写下列项目,您的资料将被录入到会员数据库中,我们将定期邀请您参加饭店为您准备的多种会员优惠活动。

致

　　顺利!

饭店总经理

~~~~~~~~~~~~~~~~~~~~~~~~~~~~~~~~~~~~~~~~~~~~~~~~~~~

姓名:_____□先生/□女士/□小姐

单位/公司名称:_____

职位:_____

地址:_____邮编:_____

电话:_____传真:_____

电子邮箱(个人):_____电子邮箱(公司):_____

签名:_____日期:_____

□ 如果您不希望定期收到本饭店的优惠活动信息,请在空格内打"√"

~~~~~~~~~~~~~~~~~~~~~~~~~~~~~~~~~~~~~~~~~~~~~~~~~~~

| 关于贵公司 | □ 股份制企业 |
| --- | --- |
| 贵公司所在行业 | □ 其他(请具体说明) |
| (请只选择一项打"√") | _____ |
| □ 制造 | |
| □ 银行/金融/投资 | 贵公司提供的产品或服务 |
| □ 保险 | (请只选择一项打"√") |
| □ 电信服务 | □ 电信/互联网系统及设备 |
| □ 信息系统/互联网服务/电子商贸 | □ 电信/互联网服务 |
| □ 政府机构 | □ 消费类电子 |
| □ 交通运输/物流 | □ 电脑/电脑系统/电子组件 |
| □ 进出口贸易 | □ 交通设备/物流 |
| □ 批发/零售/分销/代理 | □ 其他工商用机器设备 |
| □ 公用事业(水、电、煤气等) | □ 企业/专业服务 |
| □ 饭店/旅游 | □ 个人/消费者服务 |
| □ 建筑 | □ 食品及饮料 |
| □ 房地产开发 | □ 纺织/服饰/皮革/个人用品 |
| □ 专业服务(法律、会计、认证管理等) | □ 石油/化工/药品 |
| □ 商业咨询 | □ 建筑材料/供应 |

□ 多元化企业
□ 学术及研发机构
□ 卫生/医疗保健
□ 其他（请具体说明）

公司的企业性质
（请只选择一项打"√"）
□ 国有企业
□ 外资企业（含合资）
□ 私营或集体所有制企业
□ 中央、省、市政府机构

□ 1000~1599 人
□ 1600~1999 人
□ 2000 人或以上

关于您本人
您的职位
（请只选择一项打"√"）
□ 董事长、总裁 、首席执行官、董事、企业所有人/合伙人
□ 执行董事
□ 副总裁
□ 总经理、副总经理、部门主管/经理
□ 首席财务官、司库、财务总监、总会计师
□ 首席信息官、信息管理系统总监
□ 总工程师/高级工程师
□ 专业人员（律师、经济师、测量师、建筑师、教授等）
□ 政府官员
□ 秘书长、副秘书长
□ 司长、副司长、局长、副局长
□ 部长、副部长、部长助理
□ 省长、副省长、市长、副市长
□ 处长、副处长、研究所所长、副所长
□ 其他（请具体说明）
_____

您在公司负责
（请只选择一项打"√"）
□ 总公司管理
□ 财务/会计/法律
□ 销售/市场/品牌
□ 业务运作/生产/分销
□ 信息系统/技术管理
□ 研究及开发

□ 礼品/家居用品
□ 其他（请具体说明）
_____

贵公司的员工总数
（请只选择一项打"√"）
□ 1~99 人
□ 100~199 人
□ 200~399 人
□ 400~699 人
□ 700~999 人

您在饭店消费的主要原因是
（请选择打"√"）
□ 旅行
□ 商务活动
□ 宴请
□ 会议
□ 其他（请具体说明）
_____

您选择目标饭店的主要因素是
（请选择打"√"）
□ 地理位置
□ 价格
□ 品牌
□ 档次
□ 服务质量
□ 时尚
□ 其他（请具体说明）
_____

您通常入住饭店的客房类型
（请选择打"√"）
□ 单人间
□ 标准间
□ 套间
□ 行政客房
□ 高级套间
□ 多人间
□ 其他（请具体说明）
_____

您一年中在饭店消费的花费是
（请只选择一项打"√"）

☐ 业务发展
☐ 人事/人力资源/培训管理
☐ 行政管理
☐ 其他（请具体说明）
_____

您选择入住的饭店客房价格为（每间·夜）
（请只选择一项打"√"）
☐ 200 元
☐ 300 元
☐ 400 元
☐ 500 元
☐ 500 元以上

您入住的饭店客房所提供的免费服务包括
（请选择打"√"）
☐ 鲜花
☐ 果盘
☐ 咖啡及茶
☐ 矿泉水
☐ 夜床礼品
☐ 红酒
☐ 报纸
☐ 擦鞋服务
☐ 其他礼品
☐ 早餐
☐ 其他（请具体说明）
_____

您通常在饭店消费中选择的餐饮设施
（请选择打"√"）
☐ 大堂吧
☐ 咖啡厅
☐ 西餐厅
☐ 中餐厅
☐ 日餐厅
☐ 酒吧

您通常在饭店消费中选择的娱乐设施
（请选择打"√"）
☐ 歌舞厅

☐ 1000 元
☐ 2000 元
☐ 3000 元
☐ 5000 元
☐ 5000 元以上

☐ 卡拉 OK
☐ 游泳池
☐ 壁球
☐ 网球
☐ 台球厅
☐ 乒乓球室
☐ 桑拿按摩

您通常选择的中餐菜系菜式
（请选择打"√"）
☐ 粤菜
☐ 鲁菜
☐ 川菜
☐ 淮扬菜
☐ 官府菜
☐ 自助餐厅
☐ 火锅
☐ 海鲜

您的消费餐饮平均消费为
（请只选择一项打"√"）
☐ 50 元
☐ 80 元
☐ 100 元
☐ 120 元
☐ 150 元
☐ 200 元

您的单次娱乐项目平均消费为
（请只选择一项打"√"）
☐ 50 元
☐ 100 元
☐ 200 元
☐ 200 元以上

## （三）对区域市场内的单体饭店进行调研

开展这项调研的目的是使经营筹备者了解所在区域市场中有多少饭店企业、各单体饭店的客房体量是多少、各单体饭店的整体运营情况如何、这些饭店企业的客源结构如何、各单体饭店的价格体系和运作方式怎样、其经营特色是什么等诸多问题。

通过对这些饭店企业的了解，可以找出本饭店与其他饭店之间存在的优势和差距，使经营筹备管理者据此来改进产品设计、进行业务流程梳理和再造、调整经营策略，使本饭店能够快速进入区域市场，打造独具鲜明特点的饭店品牌。

调研人员应首先确定被调研饭店的名录，然后用逐一实地考察走访的方式取得关键数据，对比本饭店的相关数据，找出竞争对手，再根据数据形成一份报告，作为市场调研的参考资料（相关内容见表7-1）。

表7-1 区域市场单体饭店情况汇总表

| 调查内容 | ××饭店 | 服务说明 | 备注 |
| --- | --- | --- | --- |
| 公共信息 | | | |
| 1. 饭店地址 | | | |
| 2. 饭店位置 | | | |
| 3. 饭店档次 | | | |
| 4. 建筑风格 | | | |
| 5. 开业时间 | | | |
| 6. 客房数量（间/套） | | | |
| 公共区域情况 | | | |
| 7. 中央空调 | | | |
| 8. 独立总机 | | | |
| 9. 商务中心面积 | | | |
| 10. 商务中心功能 | | | |
| 11. 商品部面积 | | | |
| 12. 大堂面积 | | | |
| 13. 免费座区面积 | | | |
| 14. 客用电梯数量 | | | |

续表

| 调查内容 | ××饭店 | 服务说明 | 备注 |
|---|---|---|---|
| 客房设施情况 | | | |
| 15. 客房类型及门市价（含早） | | | |
| 16. 柜台成交价 | | | |
| 17. 网络成交价（携程） | | | |
| 18. 标准间面积<br>　　单人间面积<br>　　套间面积<br>　　行政客房面积<br>　　豪华客房面积 | | | |
| 19. 各房型卫生间面积 | | | |
| 20. 标准间床型尺寸<br>　　单人间床型尺寸<br>　　套间床型尺寸 | | | |
| 21. 楼层过道宽度 | | | |
| 22. 免费宽带 | | | |
| 23. 迷你吧设置 | | | |
| 24. 电子门锁 | | | |
| 餐饮设施情况 | | | |
| 25. 大堂酒吧 | | | |
| 26. 经营风味 | | | |
| 27. 各餐厅餐位数量 | | | |
| 28. 各餐厅人均消费 | | | |
| 29. 早餐价格 | | | |
| 会议设施情况 | | | |
| 30. 多功能厅 | | | |
| 31. 会议室 | | | |

续表

| 调查内容 | ××饭店 | 服务说明 | 备注 |
|---|---|---|---|
| 康乐设施情况 | | | |
| 32. 桑拿 | | | |
| 33. KTV | | | |
| 34. 美容美发 | | | |
| 35. 健身房 | | | |
| 36. 其他 | | | |
| 客源结构 | | | |
| 37. 会议团体 | | | |
| 38. 商务散客 | | | |
| 饭店印象 | | | |
| 39. 管理方式 | | | |
| 40. 特色服务 | | | |

## 二、如何根据市场定位进行客源分类

"很多公司认为，所有的人都是他的潜在客户，但事实上，对于有些公司来说，有些人永远也不可能成为他的客户。因此，公司要做的就是必须找到哪些人能成为他们的客户，然后把重点放在他们身上，把精力集中在这个有选择的群体之上"。这是美国学者唐·E. 舒尔茨教授对公司在选择目标客户的问题上所做的精辟的论断，它同样适用于饭店行业。

应当注意，同等级的饭店企业不都是假想中的竞争对象。饭店经营筹备者一定要根据自身的市场定位选择适合定位的客户，作为饭店客源结构中的重点进行营销。

经营筹备者需要做的是细分饭店客源类别。表 7-2 是喜来登饭店集团的客源类别细分示意表。

表 7-2 喜来登饭店集团的客源类别细分表

| 团队客人 | | 散客 | 其他 |
|---|---|---|---|
| 旅游团队 | 商务团队 | 豪华层散客价 | 航空机组 |
| 系列团队： | 商务团： | 柜台散客价 | 长住客 |
| 美国旅游团 | 国际会议团 | 套间散客价 | 免费客 |

续表

| 团队客人 | | 散客 | 其他 |
|---|---|---|---|
| 日本旅游团 | 奖励旅游团 | 公司合同价 | |
| 欧洲旅游团 | 公司会议团 | 俱乐部会员价 | |
| | 政府代表团 | 政府/使馆价 | |
| 一次性团队： | | 往返常客价 | |
| 美国旅游团 | | 同行优惠价 | |
| 日本旅游团 | | …… | |
| 欧洲旅游团 | | | |
| 其他旅游团 | | | |

## 三、影响营销价格的主要因素及如何进行收入预测

对饭店来说，没有高价格，只有卖不出去的价格。高价格并不代表着暴利。

饭店计划降价经营时，一定要仔细考虑下列问题：

（1）降价策略对饭店的影响是积极的还是消极的？

（2）降价是否能带来额外的客源？

（3）降价是否能带来收入或利润的增加？

（4）当饭店的边际成本高，利润低时是否还能拼价格？

（5）价格降幅过大，会对饭店的客源结构产生什么变化？

（6）价格降幅越大越不易在第一时间恢复？

如果仔细考虑过上述问题后就会发现，降价并不能解决经营中的营销问题，只能使饭店背离当初的发展目标。

在对客房收入进行预测时，常用到一个数据——REV PER，全称 Revenue Per。它的值越高，说明饭店的经营情况就越好，收益率也就越高。它的计算方法有：

REV PER ＝（平均房价×实际出租房数）÷可出租房数

REV PER ＝客房收入÷可出租房数

REV PER ＝平均房价×平均出租率

## 四、制约营销的主要因素及营销途径主要有哪些

饭店的经营筹备者在制定营销策略时，首先应分析影响饭店经营的主要因素的优劣势表现指数。

从指数的排序分析，这些因素共有 10 种：

- ◆ 饭店企业的知名度
- ◆ 市场占有率
- ◆ 产品质量
- ◆ 服务质量
- ◆ 价格吸引力
- ◆ 分销力度
- ◆ 推广力度
- ◆ 销售员业绩
- ◆ 创新力度
- ◆ 销售覆盖面（地理角度）

饭店的营销途径除了饭店自有的预订中心或连锁预订中心外，还可以应用全球分销系统（GDS）、互联网、旅游中心、电子邮件、电话和传真推销等多种方式。

## 五、公关广告宣传的主要形式有哪些

饭店可以策划多种多样的对客促销活动，主要形式有：

（1）主题活动：食品节、音乐舞会、专场演出、游艺比赛、艺术鉴赏会、品酒会等。

（2）慈善活动：赞助音乐会、文化教育事业、体育赛事、慈善拍卖、外出植树等。

（3）交际活动：客户招待会、联欢会、定期拜访、征询意见等。

（4）宣传企划：VI 设计、平面广告、媒体广告、组织参与社会活动、新闻发布等。

# 第三节 饭店经营方案案例分析

以下是一家四星级饭店未来五年的经营计划报告。

# 序 言

G 宾馆作为某市国资委下属的一家四星级宾馆，其服务宗旨是为客人提供等值甚至超值服务。作为旅游服务型企业，宾馆的管理重点是提高员工整体服务理念和综合素质，保持四星级服务标准，体现人情化服务，让客人真正感受到宾馆的人文服务特色，真正体现以客人需求为中心。

现围绕以下目的，制定宾馆 2014—2018 年发展规划：

（1）紧密结合市国资委对宾馆的发展要求，严格遵循发展规划纲要。

（2）所有经营行为始终与"和谐发展"的战略规划目标保持一致。

（3）为这五年日常经营活动提供工作指导计划与具体的行动安排。

（4）本发展规划的制定是以市场为依据，以宾馆自身发展为契机，并根据市场的变化及时地进行微调。

（5）本发展规划旨在让宾馆的决策者客观地审视和全面考察宾馆日常经营管理过。

（6）通过对本发展规划的研究和制定，有助于宾馆五年内每一个年度经营预算的编制，使宾馆的经营行为与市场活动始终在规划的控制范围内进行。

（7）使宾馆的营销目标与资源使用相一致。

## 使 命

#### 1. 发展愿景
以宾馆为载体的品牌体系要形成成熟的服务产品品牌，使宾馆成为当地具有一定知名度的品牌。

#### 2. 核心价值观
创新、包容、和谐、拼搏。

#### 3. 企业精神
团结协作、勇于创新、追求卓越、服务真诚。

#### 4. 饭店使命
作为当地第一家四星级饭店，要传承"和谐发展"的文化理念，提供高标准、高质量及高效率的服务，展示当地经济实力和文明形象，为地区政治、经济、社会和文化诸方面的发展做出最大的贡献。

## 经营理念

G宾馆以客人为宾馆经营管理的中心，"和谐发展"经营理念为产品组合的战略基础，保持和开发特色产品以及具有固定模式的"G宾馆服务礼仪"，不断增强市场竞争力。

通过培养一批爱岗敬业的基层管理骨干，形成一支具有专业执行力的管理队伍。不断挖掘员工的潜力，重视和提高员工的专业水平，打造人文服务的品牌，努力使企业和员工"双赢"。

在宾馆经营管理中实现国有资产的保值增值，打造旅游饭店市场的独特品牌，走上输出品牌、输出管理的可持续发展之路。

宾馆将把"和谐发展"理念视为长期经营的指导方针，时刻鞭策，强化落实，使宾馆的经营管理业务走上一个递进式推进、循环式上升的发展轨道。

## 发展总目标

按照市场现状和宾馆发展规划要求，G宾馆将发展总目标设定为：

（1）在某地区使宾馆具有较强竞争力及一定知名度。

（2）具有成熟的服务标准及品牌管理体系。

（3）拥有优势互补、配置合理的差异化服务产品。

（4）拥有具备较强专业运营管理能力的干部员工队伍。

（5）实现发展规划确定的经营目标，综合效益达到或超过地区同规模、同档次饭店企业的平均水平。

（6）与国内运营成功的酒店管理顾问公司合作，成立酒店管理公司，在本地区范围内开展"委托管理"业务，拓展"G宾馆"品牌市场。

（7）主导宾馆委托管理的其他成员酒店，实现联合经营，共同实施重大市场行动，促进市场竞争能力的提升和市场空间的扩张。

（8）加大力度进行硬件改造及通过专业化培训使"软实力"得到提升。

（9）按照统一部署，通过集中采购、减低能耗、控制期间费用等精细化管理，保证一定的利润空间。

（10）完成三个方面的预算：第一，宾馆成本费用预算，包括人员费用、招待费用、低值易耗品支出费用、外包服务费用、能源费用、设备维护费用等。第二，宾馆投入产出核算：包括各类资产评估、资金占用成本的核算。第三，宾馆节能降耗核算，对水、电、气等能源费用进行合理核算。

为实现以上发展总目标，宾馆初步拟定了两步走的阶段性目标：

（1）2014—2016年，即第一至三年，通过快速适应新形势下的发展机制，使宾馆初步成为一个按标准四星级旅游饭店规则运行的，以企业文化为核心的地区一流商务会议型饭店。

（2）2017—2018年，即第四至五年，创建一个品牌成熟、按国内高端四星级旅游饭店规则运行的，中国一流的并具有"G宾馆文化"的商务会议型饭店。

## 未来五年经营目标

作为某市国资委下属的企业，G宾馆制定出2014—2018年的经营目标为：

（1）年营业收入每年保证增长10%，争取达到12%。

（2）年净利润每年保证增长10%，争取达到12%。

（3）员工劳动分配年增长率保证增长8%、争取达到10%。

（4）宾馆企业万元营业收入的电耗、煤耗、油耗、气耗等能源数量指标，平均每年降低2%。

（5）G宾馆委托管理的"H酒店"五年的经营目标保持稳定，逐年降低成本和费用，达到减亏为盈的目标。

表 7-3　G 宾馆 2010—2013 年已完成的经营情况表

单位：万元

| 年份 | 年营业收入 | | | | 营业收入增长率 | 年净利润 | 净利润增长率 |
|---|---|---|---|---|---|---|---|
| | 合计 | 客房收入 | 餐饮收入 | 其他收入 | | | |
| 2010 | 961.17 | 283.60 | 570.87 | 106.70 | / | -380.04 | / |
| 2011 | 1833.87 | 528.86 | 1158.65 | 146.36 | 90.8% | -167.37 | 56% |
| 2012 | 2446.48 | 677.75 | 1495.55 | 273.18 | 33.4% | 114.42 | 168% |
| 2013 | 3826.77 | 1013.74 | 2115.51 | 697.52 | 56.4% | 715.36 | 525% |
| 四年合计 | 9068.29 | 2503.95 | 5340.58 | 1223.76 | / | 282.37 | / |

备注：2010 年收入含保龄球馆收入、桑拿部收入。

2011 年收入含保龄球馆收入、桑拿部收入。

2013 年收入含"H 酒店收入"，不含已调整的"保龄球馆收入""桑拿部收入"。

2013 年收入中的 11 月和 12 月收入测算以全年平均经营水平推算得出，非实际经营取得。2013 年收入含"H 酒店收入""M 园林收入"，不含已调整的"保龄球馆收入""桑拿部收入"。

按照这个经营目标，拟定出 G 宾馆 2014—2018 年发展规划总体经营目标。

表 7-4　G 宾馆五年总体经营目标表

单位：万元

| 年份 | 年营业收入 | 年净利润 |
|---|---|---|
| 2014 | 4209.45 | 787.15 |
| 2015 | 4630.39 | 866.12 |
| 2016 | 5093.43 | 952.99 |
| 2017 | 5602.77 | 1048.54 |
| 2018 | 6163.04 | 1153.67 |
| 五年合计 | 25699.08 | 4808.47 |

依据总体经营目标测算，结合宾馆财务制表格式，制定了 G 宾馆五年经营目标明细。

表 7-5　G 宾馆五年经营目标明细表

单位：万元

| 类别 | 2014 | 2015 | 2016 | 2017 | 2018 |
|---|---|---|---|---|---|
| 营业收入 | 4209.45 | 4630.39 | 5093.43 | 5602.77 | 6163.04 |
| 客房 | 1115.11 | 1226.62 | 1349.28 | 1484.21 | 1632.63 |

续表

| 类别 | 2014 | 2015 | 2016 | 2017 | 2018 |
|---|---|---|---|---|---|
| 餐饮 | 2327.06 | 2559.77 | 2815.75 | 3097.33 | 3407.06 |
| 游泳馆 | 56.30 | 61.93 | 68.12 | 74.93 | 82.42 |
| H 酒店 | 36.45 | 40.10 | 44.11 | 48.52 | 53.37 |
| M 园林 | 529.93 | 582.92 | 641.21 | 705.33 | 775.86 |
| KTV | 47.54 | 52.29 | 57.52 | 63.27 | 69.60 |
| 培训中心 | 42.35 | 46.58 | 51.24 | 56.36 | 62.00 |
| 二线 | 54.71 | 60.18 | 66.20 | 72.82 | 80.10 |
| 营业税金及附加 | **234.61** | **258.07** | **283.88** | **312.27** | **343.50** |
| 客房 | 62.58 | 68.84 | 75.72 | 83.29 | 91.62 |
| 餐饮 | 130.00 | 143.00 | 157.30 | 173.03 | 190.33 |
| 游泳馆 | 1.87 | 2.06 | 2.27 | 2.50 | 2.75 |
| H 酒店 | 2.05 | 2.25 | 2.48 | 2.73 | 3.00 |
| M 园林 | 29.66 | 32.63 | 35.89 | 39.48 | 43.43 |
| KTV | 5.20 | 5.72 | 6.29 | 6.92 | 7.61 |
| 培训中心 | 0.19 | 0.21 | 0.23 | 0.25 | 0.28 |
| 二线 | 3.06 | 3.36 | 3.70 | 4.07 | 4.48 |
| 营业成本 | **1149.09** | **1262.83** | **1387.95** | **1525.57** | **1676.92** |
| 客房 | 53.05 | 58.36 | 64.20 | 70.62 | 77.68 |
| 餐饮 | 977.37 | 1075.11 | 1182.62 | 1300.88 | 1430.97 |
| 游泳馆 | 4.73 | 5.20 | 5.72 | 6.29 | 6.92 |
| H 酒店 | 11.70 | 11.70 | 11.70 | 11.70 | 11.70 |
| M 园林 | 75.81 | 83.39 | 91.73 | 100.90 | 110.99 |
| KTV | 18.32 | 20.15 | 22.17 | 24.39 | 26.83 |
| 培训中心 | 1.01 | 1.11 | 1.22 | 1.34 | 1.47 |
| 二线 | 7.10 | 7.81 | 8.59 | 9.45 | 10.36 |
| 营业费用 | **1238.28** | **1358.33** | **1490.38** | **1635.64** | **1795.43** |
| 客房 | 375.30 | 412.83 | 454.11 | 499.52 | 549.47 |
| 餐饮 | 597.31 | 657.04 | 722.74 | 795.01 | 874.51 |

续表

| 类别 | 2014 | 2015 | 2016 | 2017 | 2018 |
|---|---|---|---|---|---|
| 游泳馆 | 45.63 | 50.19 | 55.21 | 60.73 | 66.80 |
| H 酒店 | 37.74 | 37.74 | 37.74 | 37.74 | 37.74 |
| M 园林 | 134.15 | 147.57 | 162.33 | 178.56 | 196.42 |
| KTV | 15.84 | 17.42 | 19.16 | 21.08 | 23.19 |
| 培训中心 | 32.31 | 35.54 | 39.09 | 43.00 | 47.3 |
| 二线 | / | / | / | / | / |
| **部门利润** | **1587.47** | **1751.16** | **1931.22** | **2129.29** | **2347.19** |
| 客房 | 624.18 | 686.59 | 755.25 | 830.78 | 913.86 |
| 餐饮 | 622.38 | 684.62 | 753.09 | 828.41 | 911.25 |
| 游泳馆 | 4.13 | 4.48 | 4.92 | 5.41 | 5.95 |
| H 酒店 | -15.04 | -11.59 | -7.81 | -3.65 | 0.93 |
| M 园林 | 290.31 | 319.33 | 351.26 | 386.39 | 425.02 |
| KTV | 8.17 | 9.00 | 9.90 | 10.88 | 11.97 |
| 培训中心 | 8.84 | 9.72 | 10.70 | 11.77 | 12.95 |
| 二线 | 44.50 | 49.01 | 53.91 | 59.30 | 65.26 |
| **其他业务利润** | **16.24** | **16.24** | **16.24** | **16.24** | **16.24** |
| **营业外收支（+）** | **30.70** | **30.70** | **30.70** | **30.70** | **30.70** |
| 营业外收入 | 30.72 | 30.72 | 30.72 | 30.72 | 30.72 |
| 营业外支出 | 0.02 | 0.02 | 0.02 | 0.02 | 0.02 |
| **未分配经营支出** | **847.26** | **931.98** | **1025.17** | **1127.69** | **1240.46** |
| 管理费用 | 781.58 | 859.74 | 945.71 | 1040.28 | 1144.31 |
| 财务费用 | 36.84 | 40.52 | 44.57 | 49.03 | 53.93 |
| 以前年度损益调整 | 28.84 | 31.72 | 34.89 | 38.38 | 42.22 |
| **利润总额** | **787.15** | **866.12** | **952.99** | **1048.54** | **1153.67** |
| 所得税 | / | / | / | / | / |
| 净利润 | 787.15 | 866.12 | 952.99 | 1048.54 | 1153.67 |
| 净利润率 | **18.70%** | **18.71%** | **18.71%** | **18.72%** | **18.72%** |

制表说明：

（1）五年中饭店的年营业收入增长总体上以 2014 年完成的指标为基数。

（2）各项指标以全年平均数推算得出。

（3）宾馆主营业务已包括"H 酒店"和"M 园林"。

（4）G 宾馆餐饮营业成本的指标，即餐饮收入中食品和饮品的综合成本率为 42%。

（5）考虑到"H 酒店"未来五年经营期的主要任务是减亏为盈，其营业成本和营业费用指标均为 2013 年的水平。

（6）"其他业务利润"一栏中五年的收益水平参照 2014 年的指标，由于其不确定性，故未增长。

（7）"营业外收支"一栏中五年的收益水平也参照了 2014 年的指标，未予增长。

（8）此方案仅限于宾馆现有的对客设施设备，暂未考虑宾馆实施更新改造对经营造成的影响。

（9）此方案仅为宾馆常规经营期内的预测，未考虑经济和市场发生大的变化下对宾馆经营造成的影响。

## 市场定位与客源结构目标

### （一）市场定位的确立

G 宾馆位于城市中心商业区东部，装饰风格典雅，商务及会议氛围浓厚。其地理位置、潜在客源决定了宾馆的市场定位是一家"商务会议型饭店"。

### （二）客源目标市场确立

宾馆将主要客源目标市场定位于政务客人、商务散客及会议团体客源。

宾馆将次要客源目标市场定位于国内商务旅游散客、中高端旅游团队、网络订房中心等其他分销渠道。

宾馆主次要客源目标市场的确立通过以下方法来实现：

1. 市场调研

外部环境调研，包括宾馆所在区域内的政治经济环境、文化环境、人口环境、自然环境、科技环境、机关单位、公司厂矿等信息。

竞争市场调研，了解市场需求和变化趋势，包括竞争对手的特点、市场占有率、出租率、平均房价、客源结构、营销策略及企业文化等。

2. 市场预测

运用"三了解"（自我了解、外部环境了解、竞争对手了解）方法对市场预测这个重要环节，按周期、分时间段和特殊市场展开分析。从已知推测未知，多方面细致运用科学数据分析未来一段时间内的市场发展趋势。

### 3. 科学分析

运用科学方法，系统客观地辨别、收集、分析和传递有关市场营销活动的各方面信息，为制定出有效的市场营销决策提供重要依据。

### （三）市场销售直/分销渠道的选择

根据 G 宾馆的市场定位和客源目标市场具有的独特性，规划出宾馆五年发展期市场销售直/分销渠道。其排名见下表：

表 7-6  G 宾馆市场销售选择直/分销渠道排名表

| 可选择的直/分销渠道 | 预计占客源结构比例 | 排名 |
|---|---|---|
| 协议散客（政务、商务） | 50% | 1 |
| 会议团队（政务、商务） | 40% | 2 |
| 上门散客 | 5% | 3 |
| 网络订房中心 | 2.5% | 4 |
| 旅游团队 | 1.5% | 5 |
| 长包房 | 1% | 6 |

### （四）客源结构目标

宾馆将客源类型锁定为三类：

第一类是散客，包括上门散客、协议散客（含政务、商务客人）、订房中心散客、旅行社散客和长包房散客。

第二类是会议客源，包括国内会议和国际会议两部分。

第三类是团队客源，包括公司团队和旅游团队。

宾馆将执行以公司散客（含政务、商务）为主、会议团队为辅的营销策略。

表 7-7  G 宾馆 2012—2016 年客源构成表

单位:%

| 年份 | 散客 | | | | | | 团队 | | | 会议 | | |
|---|---|---|---|---|---|---|---|---|---|---|---|---|
| | 门市价散客 | 协议散客 | 订房中心 | 旅行社 | 长包房 | 合计 | 公司团队 | 旅游团队 | 合计 | 国内会议 | 国际会议 | 合计 |
| 2012—2013年 | 5 | 50 | 2.5 | / | 1 | 58.5 | 6.5 | 1.5 | 8 | 32 | | 32 |

续表

| 年份 | 散客 | | | | | | 团队 | | | 会议 | | |
|---|---|---|---|---|---|---|---|---|---|---|---|---|
| | 门市价散客 | 协议散客 | 订房中心 | 旅行社 | 长包房 | 合计 | 公司团队 | 旅游团队 | 合计 | 国内会议 | 国际会议 | 合计 |
| 2014—2015年 | 7 | 48 | 3.0 | / | 2 | 60.0 | 6.0 | 1.0 | 7 | 33 | | 33 |
| 2016年 | 8 | 46 | 4.0 | / | 25 | 62.0 | 5.0 | 1.0 | 6 | 32 | | 32 |

### （五）市场营销目标

宾馆制定出 2014—2018 年市场营销目标，详见下表。

表 7-8  G 宾馆 2014—2018 年市场营销目标

| 年份 | 客房数/间套 | 可出租房/间·夜 | 平均房价/元 | 平均出租率/% | 住宿费收入/万元 | 住宿费收入占客房收入百分比/% |
|---|---|---|---|---|---|---|
| 2014 年 | 112 | 40880 | 310 | 80 | 1013.82 | 91 |
| 2015 年 | 112 | 40880 | 329 | 82 | 1102.86 | 90 |
| 2016 年 | 112 | 40880 | 349 | 84 | 1198.43 | 89 |
| 2017 年 | 112 | 40880 | 370 | 86 | 1300.80 | 88 |
| 2018 年 | 112 | 40880 | 393 | 88 | 1413.79 | 87 |
| 年增长 | / | / | 6% | 2 个百分点 | 8.8% | / |

### （六）经营年度淡旺季

规划中核定了每个自然年度按照接待客流峰谷期，分别划分了淡、旺季，并依据不同的季节执行不同的经营对策。每年的 5~10 月为营销旺季，每年的 11 月—次年 4 月为营销淡季。

平均房价控制规划方面，由宾馆成立"价格政策委员会"，总经理直接挂帅，当市场的价格有所变化时，营销部及时提交新的价格方案，上会研究后由"价格政策委员会"批准并下发执行。通过关注市场，有针对性地进行产品价格调整，并依据不同的接待季节执行不同的价格策略。

### （七）客源市场开发及维护的主要任务

宾馆向签约客户承诺，在店会议期间销售人员执行全天跟会服务，并进行每年不少于两次的客户答谢会。

G 宾馆对客源市场的维护应主要体现在以下几个方面：

1. 分类制定协议价格

根据上一年协议客户消费情况，按照客户消费额度进行比选，将协议类型分为特殊协议客户、一类客户、二类客户、三类客户，分别进行有针对性地开发。

2. 关注客户反馈，积极引导消费提升

客户专员及时了解客户近期的接待情况，对宾馆的服务及产品质量进行记录反馈，并在服务中引导客户提升消费。

3. 政务接待专项服务

对政务接待中各项细节的对接和落实和服务关键点进行有效控制，现场协助补位和全程专项服务。

4. 开展一体化营销

响应宾馆发展战略目标，积极开展委托管理成员酒店间的营销合作，共同发展，共同进步。

5. 合理调整产品结构，适应客源市场需求

宾馆按时段对客房装修、商务氛围营造、餐厅数量、经营菜系等进行分析，对比多家同规模同档次饭店企业的经营特点，按月制定调整产品结构的报告。

宾馆销售人员需适时了解客人对客房、餐饮设施舒适程度、菜品质量的意见和建议，不断改进产品结构，推出相应的促销活动，适应客源市场的需求。

6. 常客系统的维护

为更好地维护签约客户队伍，宾馆规定，销售人员签约的客户一年之内没有产生间夜量的或第二年到期没有续签的，每年年初春节后将对签约客户资料进行整理，以部门为单位进行再次开发。使饭店的新客户开发和老客户维护等销售工作能够良性循环。

7. 异地市场的开发

为了摆脱在狭小区域内各饭店企业相互纠缠、自相残杀的局面，发挥 G 宾馆在装修风格、经营菜系上的优势，宾馆需定期安排销售人员对目标市场进行开发。基于以上因素的考虑，在五年中饭店将销售人员分别派往目标客源市场，进行驻场穿插销售，争取在短时间内取得良好的效果。

市场开发和维护将采取普遍走访的形式，进行拉网式宣传拜访，有针对性地上门拜访和沟通。同时，开展市内大型企业、集团的重点销售，主要集中在年中和年底的各类型会议推介。加强联系各街道办、学院等旺季旅游度假活动宣传推介。通过各个行业协会了解专项教育培训会议的数量并争取这部分客源。借助国际旅游节与各大旅行社签订旅游团体协议。到店消费的客户将保证每月一次的常规拜访，重点客户不少于每周一次的拜访。

## 经营策略规划

纵观 G 宾馆开业以来的发展历程,宾馆的各项经营业务水平得到了较大的提升,尤其是近两年来的经济效益超过预期目标。但是,也出现了管理水平跟不上经济发展的新问题,需要对未来的发展策略进行全面调整。宾馆提出了"经济效益与管理效益共发展,提高知名度,创造品牌酒店"的新的发展策略和战略方针。

### (一)宾馆整体服务质量管理的目标

**1. 落实服务质量管理方针,梳理再造服务流程和标准**

就宾馆销售、客房、前厅、餐饮四大经营部门的业务流程和服务标准进行梳理和再造。

**2. 服务质量的水平是直接留住客人的关键**

在饭店业,依靠销售留住客人只占30%,依靠服务留住回头客占到70%,服务质量的重要性不言而喻。

**3. 优良的服务质量可以回避价格竞争**

管理学资料显示"质量处在前1/3的企业,其价格要比质量处于后1/3的企业高出5%~6%",高质量可以避免价格竞争,并帮助企业获得更大的潜在收益。

**4. 高质量服务是留住优秀员工的基本条件之一**

社会调研公司的资料显示:所有的服务型企业员工都喜欢在一种运行良好、并且能生产高质量产品的服务环境中工作。

**5. 高质量服务可以降低成本**

宾馆中与质量相关的成本包括内部成本和外部成本。内部成本是指有瑕疵的产品还未到消费者手中,被饭店及时发现而加以改正时发生的成本。比如客房某一处的空调保养有问题,房间不得不停止销售等。

外部成本是指顾客已经消费了有瑕疵的产品,饭店为此付出的成本。比如由于客人住进一间未打扫的房间,饭店赠送顾客一个果篮而发生的成本。

由于一个小小的服务事故而使客人决定不再光顾,这样的成本是非常昂贵的。

### (二)前厅部经营策略目标

**1. 开展"首问负责制"**

即任何一个前厅部员工受理客人的任何问题,都要作为是第一负责人,负责联系相关部门解决问题,直至客人满意为止。

**2. 从"面对面"到"心连心"**

即只要客人提出要求,就尽最大可能去满足他们。个性化服务要求员工具备积极主动为客人服务的意识,做到心诚、眼尖、口灵、手快、脚勤。

**3. 培养预见问题的能力**

客人在店期间有许多方面需要得到宾馆的帮助,有些问题需要宾馆协助解决,服务人员应能预见这些问题，提前做好相关工作。

#### 4. 授权服务

宾馆授权前厅部服务人员每人有300元特殊服务的支出权限，而事先无须请示汇报，目的是使一线员工能在第一时间处理问题，将损失降到最低。

### （三）客房部经营策略目标

宾馆计划在未来2~3年中，增设部分客房人性化服务项目，完善客房产品，提高客人满意度。

#### 1. 增加客房商务氛围

作为一家商务会议型饭店，通过了解商务客人的办公和居住需求，考虑在客房间内增设有商务需要的小件物品，如曲别针、铅笔、橡皮、胶带、皮筋等办公用品。

#### 2. 免查房制度

与前厅部协调建立好客户档案，对常来的老客户适时推行免查房制度，既节约人力成本又可以省去宾客离店时的等待时间，使客人体验园林宾馆"绿色通道"的人性化服务。

#### 3. 增设无线局域网功能

宾客除在房间写字桌前固定处上网外，还可无线上网服务，使宾客真正体会方便时尚的服务。

#### 4. 增加开夜床礼品

经过开夜床对客房进行二次小整理后，送上有"G宾馆"品牌特色或饭店店徽的小礼品，如钥匙链、眼镜布、小毛绒玩偶等。

#### 5. 开展环保宣传，让利于客，造福社会

宾馆于2014年实行了"绿色环保服务"活动，除在客房内提示客人布巾"一客一换"外，还在客人离店时为客人送上"碳消耗宣传卡"，对支持宾馆"绿色环保服务"活动且碳消耗值低于平均数值的客人，宾馆会根据差值送上不同价值的小礼物，把入住客人节约下的费用转换为对客奖励，鼓励客人积极参与节能活动，保证宾馆能源消耗每年降低2%的计划指标。

### （四）餐饮经营策略规划目标

宾馆餐饮经营目标详见下表。

表7-9　G宾馆2014—2018年餐饮经营目标

单位：万元

| 年份 | 餐饮收入 |
|---|---|
| 2014年 | 2327.06 |
| 2015年 | 2559.77 |

续表

| 年份 | 餐饮收入 |
| --- | --- |
| 2016 年 | 2815.75 |
| 2017 年 | 3097.33 |
| 2018 年 | 3407.06 |
| 年增长率 | 10% |

未来，宾馆餐饮经营策略规划的重点是夯实基础，创立品牌。

未来，宾馆将餐饮收入中的食品毛利率控制在 56%~58%，这是基于市场需求而做出的决定。毛利率过高可能会影响现有客源的消费水平，从而不利于客源结构的稳定。

未来，宾馆餐饮管理和创新的目标主要包括以下五点：

**1. 市场定位**

G 宾馆未来餐饮客源定位是吸引社会餐饮客源，为入住客人提供优质餐饮服务配套，打造出宾馆餐饮的精品品牌。

**2. 食品成本控制**

菜单上的每道菜，应经过严格的成本核算，原料重量应精确到克，成本数字应精确到分，食品成本应控制在 42%~44%，设置上下线，确保餐饮价格的统一性和稳定性。

**3. 菜品质量控制**

餐饮经营要严把菜品质量关，突出特色，力求做好传统菜肴，用创新菜品保持生命力，以做好看家菜力求可持续发展。

**4. 保持餐饮同步发展**

餐饮部积极开展"美食节"活动，把餐饮经营的新动态直接引进到宾馆，提升餐饮经营的特色元素，结合自身实际情况，适度加以运用，以增强经营活力。

**5. 有效的员工激励机制**

餐饮部应根据不同服务项目制定出不同的激励机制，有效促进员工的积极性，从推销菜品、餐间服务，到迎来送往，充分发挥员工的自觉性，使员工依靠良好的工作态度，把对宾馆发展的认同转化成优质的服务。

## 人力资源管理目标

### （一）组织机构的现状

宾馆的组织机构采取"十部两店"的模式，分别是人力资源部、财务部、营销部、客房部、餐饮部、工程部、康乐部、综合行政部、党工部和培训中心，并设两个委托管理成员酒店，分别是 H 酒店和 M 园林。

## （二）管理层级现状

饭店设置四个管理层级，依次是：决策层、管理层、执行层、操作层，分别对应店级领导、部门经理、主管及领班、员工。

## （三）人员定编现状

截止到 2013 年 10 月，饭店的员工总数是 232 人。

## （四）人力资源主导性管理制度规划

饭店人力资源应设计的主导性管理制度有：
- 招聘录用制度
- 劳动合同管理制度
- 试用期员工管理制度
- 培训制度
- 员工考勤制度
- 请假、休假制度
- 加班制度
- 员工薪酬制度
- 福利及奖励制度
- 绩效考核制度
- 奖惩制度
- 员工离职管理制度
- 员工更衣柜管理制度
- 员工宿舍管理制度
- 员工工服管理制度
- 员工餐厅管理制度
- 员工厨房管理制度

## （五）宾馆运营规范的规划

宾馆人力资源部应设计的运营规范有：

（1）在职人员岗位工作说明书：对在职人员的工作岗位、班次、指令与反馈渠道、工作目标、工作职责和任职条件、任职要求等项内容进行说明。

（2）在职人员工作关系表：对不同部门和不同层级进行与管理有关的计划、组织、审批、指令、反馈、控制等活动，并对相应的上下级关系、协调关系进行说明。

（3）管理人员工作项目核验表：包括管理人员每天、每周、每季、每年需要进行的工作列表。

（4）工作程序与标准作业说明书：针对服务和专业技术人员岗位工作说明书的要求，对每一个服务项目完成的目标，为完成该目标所需要经过的程序，以及为各个程序的质量标准进行书面说明。

（5）工作技术标准说明书：对国家、地方主管部门和强制性标准所要求的特定岗位的技术工作，如锅炉、强弱电、消防、食品加工与制作等，规范相应的工作技术标准的书面说明。

### （六）绩效工作的任务和目标

G宾馆绩效工作的目标是讲实效、促发展。因此，细化工作程序和标准，加强日常督导力度，不断提升宾馆整体服务水平是未来五年发展的主要工作方向。

宾馆在未来五年发展规划中加大绩效工作力度的目的是向全店员工发出一个信号，"只要你有知识和技能，企业就会给你一个施展才华的空间"。

### （七）解决企业发展瓶颈，顺利度过风险期

G宾馆自1998年开业，经过十余年的品牌沉淀，近几年已进入加速发展期，这与宾馆全体管理人员和每一个员工的努力奋斗是分不开的。

但是，随着快速发展，企业出现了"只顾低头拉车，不抬头看路"的现象，企业员工缺少忧患意识。随着企业人力资源成本开支的日益提高、人员流失率加大，造成员工和中基层管理人员整体素质跟不上企业的发展速度。

如何将企业发展从"又快又好"向"又好又快"转变，是未来五年发展规划需要解决的最重要的问题。

针对这个问题，宾馆提出一系列解决方案和规划。

#### 1. 发现人才，储备人才

建立人才库，启动后备力量培养计划。对于表现突出的员工，不论其职位高低，企业都给予最大关注，提供个人职业前景设计，并为其建立内部人才档案，提供多种升迁试用机会。

#### 2. 培养忠诚员工

发掘具有积极向上精神，不怕苦、不怕累，专业技能强的员工的潜力，开展企业文化及忠诚度培训，对有突出表现的忠诚员工在福利待遇方面进行政策上的倾斜，培养骨干中坚力量。

#### 3. 实施轮岗制，培养多面手

对基层管理人员通过跨部门实习、多岗位实践，培养经营管理复合型人才。

#### 4. 能者上，庸者下

加大中基层管理人员的业务考核力度，增加管理岗位公开竞聘制度，保持企业合理的人员流动和人力资源的健康发展。

#### 5. 加大培训力度

宾馆计划将培训费用基数有所上调，且每年至少以20%的比例增长。

#### 6. 开展专业人才社会招聘

对宾馆核心部门进行专业人才社会招聘，补充新鲜血液，提高经营管理人员的整体素质。

#### 7. 更新管理人员的经营思路

宾馆采取"体验培训"的方式送一部分管理人员外培学习工作，目的地是国内知名高星级饭店企业和饭店管理专业院校。

G宾馆能否从"又快又好"向"又好又快"转变的关键是解决好企业的核心竞争力。作为服务型饭店企业，核心竞争力不是市场的竞争，不是文化的竞争，不是技术的竞争，也不是创新的竞争，而是人才的竞争。谁抓住了人才谁就会在未来的市场竞争中立于不败之地。

## 收益管理目标

收益管理理论和技术源于20世纪70年代，作为一项全新的管理模式和理念，它一经提出就得到了极为广泛的应用。

收益管理的主要目标是通过对不同种类顾客客房入住率的有效管理，实现最大的客房收益。由于在实际的经营管理中，普遍存在着预订的宾客应到未到（no-shows）、推迟抵达（late arrivals）、取消（cancel）预订、未预订宾客随机入住（walk in）等情况，为了更好地平衡供求之间的矛盾，缓解客容能力过剩和投资回收带来的压力，收益管理日益受到饭店经营者的重视。

以往宾馆的各种经营数据繁多，产生的最大问题是同比、环比数据多，且这些数据都是以宾馆本身的经营数据为比较基数，缺乏与同期饭店外部市场的比较，造成管理者对外部市场的信息接收量不够，不能根据市场变化及时调整销售策略。

G宾馆在发展规划中拟在原"价格政策委员会"的基础上成立"收益管理委员会"，对宾馆的收益管理进行专题研讨，制定相应的销售政策，以便及时发现收益管理中存在的问题。

为了更好地与市场对接，客观衡量宾馆的经营业绩，在未来五年的发展规划中增加一部分收益管理的内容，特别引入RevPar（即每间可出租客房产生的平均收入）的概念和市场渗透率分析方法。

## RevPar 分析

为了使客房收益中的平均房价和平均出租率的计划指标、实际完成情况等能与实际市场数据之间有一个直接的比较，而无论是单独用出租率还是用平均房价来衡量饭店的经营情况，都有一定的局限性，而RevPar（即每间可出租客房产生的平均收入）的指标可以解决这个问题。

RevPar的取得可以用平均出租率与平均房价的乘积来计算。

下表是 G 宾馆 2013 年的 RevPar 市场比较数据。

表 7-10　G 宾馆 2013 年 RevPar 市场比较表

| 类别 | 平均房价 | 平均出租率 | RevPar | 比值 |
|---|---|---|---|---|
| 国内四星级饭店平均 | 404 元 | 63.7% | 257 元 | 0.83 |
| G 宾馆 | 263 元 | 81.0% | 213 元 | |

结合 G 宾馆发展规划的要求和自身的发展需求，我们制订了 2014—2018 年宾馆的 RevPar 计划指标表。

表 7-11　G 宾馆 2014—2018 年收益管理 RevPar 计划指标表

| 年份 | 平均房价/元 | 平均出租率/% | RevPar/元 |
|---|---|---|---|
| 2014 年 | 310 | 80 | 248 |
| 2015 年 | 329 | 82 | 270 |
| 2016 年 | 349 | 84 | 293 |
| 2017 年 | 370 | 86 | 318 |
| 2018 年 | 393 | 88 | 346 |
| 年增长率 | 6% | / | 8.5% |

宾馆未来收益管理发展方向应更多转向用价格杠杆来调控。合理的出租率和客源结构将有利于宾馆经营中的成品保护，有利于宾馆长期发展。

RevPar 的概念和市场渗透率分析将作为宾馆决策者控制经营过程的重要手段，饭店"收益管理委员会"将依据旅游局时时发布的星级饭店市场信息，进行业绩对比，适时调整销售政策，适应市场的发展。同时，该等指标也将作为宾馆领导审视经营成果的重要依据。

# 更新改造任务和目标

按照常规高星级饭店企业的经营规律，经营期满 5 年就要进行一次更新改造。

G 宾馆发展规划中涉及的更新改造计划，是为落实宾馆增加营收、节能降耗、降低运行成本的要求，并结合宾馆自身实际情况，经过充分内部环境调研和外部环境分析后得出的。具体的计划及实施方案如下：

## （一）更新改造计划项目的说明

- 东楼客房区域整体改造

现　　状：宾馆东楼客房区域装修标准与物品配置不符合四星级标准。

主要问题：房间内地面、墙面材料陈旧，家具、窗帘等固定设备陈旧，卫生间洁具组件破旧，档次较低，客房面积较小等。

改造目的：符合四星级饭店标准，有利于提升宾馆客房价格。

改造方案：略

工程造价：略

工期安排：略

- 一层贵宾室改造

现　　状：面积较小。

主要问题：装饰风格不突出，豪华档次不够。

改造目的：适应高端政务接待要求。

改造方案：略

工程造价：略

工期安排：略

- 宾馆大堂区域局部装修

现　　状：地面、墙面石材老旧。

主要问题：装饰风格不突出，豪华档次不够。

改造目的：符合四星级标准要求。

改造方案：略

工程造价：略

工期安排：略

- 餐饮包房局部装修

现　　状：部分装饰老旧。

主要问题：装饰风格不突出，豪华档次不够。

改造目的：符合经营要求。

改造方案：略

工程造价：略

工期安排：略

## （二）更新改造计划的受控条件

（1）采取谨慎、务实的态度做好宾馆的更新改造计划方案。

（2）更新改造计划必须包括以下内容：改造前现状、主要问题、改造目的、具体方案、工程造价、效益评价、工期安排、售后保障、档案管理等。

（3）严格审定计划方案，成立"更新改造小组"主抓落实。

（4）依照"更新改造控制程序"进行逐级申报工作。

（5）对计划方案先行聘请专业顾问做可行性研究。

## 企业文化及精神文明建设保障措施

良好的人文环境是宾馆经营管理目标顺利实现的重要依托,它起到导向、凝聚、激励、融合人心的作用。

下表是宾馆企业文化建设活动计划方案。

表 7-12　G 宾馆未来企业文化建设活动计划

| 时间 | 活动安排 |
| --- | --- |
| 1 月份 | 新年联欢会 |
| | 年度表彰大会 |
| | 除夕员工活动 |
| | 春节团拜 |
| | 元宵活动 |
| 2 月份 | 优秀员工奖励活动 |
| 3 月份 | 工作满一年女职工体检 |
| 4 月份 | 春季室外运动会 |
| 5 月份 | 歌咏比赛 |
| | 青年月恳谈会 |
| | 职业心理辅导讲座 |
| 6 月份 | 室内球类运动会 |
| | 端午节活动 |
| 9 月份 | 店庆、十一联欢会 |
| 10 月份 | 中秋活动 |
| | 秋季运动会 |

G 宾馆的企业文化伴随着企业的生存和发展逐步形成,在发展规划中,企业文化所需的费用每年将以 5% 的水平递增。

G 宾馆秉承"和谐发展"的企业文化发展理念,先后成立了党、工、团组织,始终坚持树立"以人为本"的管理理念,积极为员工服务,把关心爱护员工、心系员工冷暖作为一项制度常抓不懈。

宾馆决策层领导班子结合上级领导的要求和企业自身的发展需求,就企业文化及精神文明建设提出一系列计划方案。

具体的计划和方案有:

**1. 关心企业职工现状，努力解决职工的后顾之忧**

凡有职工生病住院，或家有红白之事，宾馆领导要亲自上门祝贺或慰问。职工生活有困难，宾馆会伸出援助之手。

工会每年集中工会委员和宾馆领导讨论上报的困难职工情况，对上报人员逐个分析，了解致困原因、困难程度，确定并建立困难职工档案。

每年春节前夕，按照市总工会下发的困难职工补助标准，工会主席将带领工会干部深入职工家里走访慰问，送去生活必需品和慰问金，让宾馆职工时刻感受到企业的关心和组织的温暖。

**2. 积极举办各项文体活动，强健员工体魄**

举办各种文体活动，强健员工体魄，从另一个方面可以降低职工的因病误工率，使例行体检中各项指标合格率逐年上升，让职工的业余文化生活更加丰富，以更加饱满的热情和更加充沛的精力投入到工作中去。

**3. 积极开展青年活动，增加青年职工的企业认同感和归属感**

青年职工是宾馆的生力军，是宾馆的未来，青年职工在宾馆工作中的精神面貌就是宾馆展现给客人的精神面貌。青年职工的工作热情在一定程度上影响着宾馆的经营活动。

宾馆计划将每年的5月定为"园林青年月"，集中开展各项青年活动。如邀请知名大学的心理学讲师来店为青年职工开设"心理辅导讲座"，帮助青年职工树立正确的人生观和价值观，缓解工作压力。

宾馆将定期召开"青年职工恳谈会"，由店级领导与青年职工座谈，通过面对面的沟通和交流，拉近青年职工与宾馆决策层领导的距离，在让职工理解企业文化和发展规划的同时，也让管理层听到青年职工的心声。对于其中具有可操作性的合理化建议，管理层将提上店务会议日程，尽可能满足职工的需求。

每年的5月，宾馆将开展精彩纷呈的"歌咏比赛"，使职工们在宾馆的舞台上尽情展示他们的风采，释放他们的热情。

宾馆每季度评选一次优秀员工，一年四次，获选者将获得奖励。每个经营年度末，将获得季度奖的优秀员工再次进行评选，推选出年度优秀员工，宾馆每年3月组织年度优秀员工参加奖励活动。

青年活动和各项激励政策的执行将增强青年员工爱岗敬业的责任心，促进宾馆党群、干群关系，为企业的发展营造和谐的氛围。

**4. 持续改进，完善后勤服务工作**

宾馆的党、工、团组织将把完善职工服务设施作为后勤保障的主要工作。如在职工宿舍区安装报刊栏，由宿舍管理员每日更新新闻报刊，满足职工及时了解时事的需求。在职工宿舍区安装并开通多个宽带接口，满足职工的上网需求等。

**5. 着力做好企业内部宣传工作**

（1）每月张贴两份以上工作总结，刊出企业经营情况及企业内部宣传的各项活动。

(2) 每月更换宣传栏，宣传企业文化，展示员工活动风采。

(3) 每两个月向员工征稿，通过"××风采"期刊宣传企业风采。

(4) 适时召开职工代表大会，推行宾馆民主管理，扎实推进店务公开工作。

(5) 在店庆期间组织征文、摄影比赛。

G 宾馆自 1998 年开业以来，获得了多项荣誉称号，宾馆深知企业的发展规划与企业文化及精神文明建设息息相关，在以后的宾馆经营中时刻坚持经营与管理并重、发展与文化建设并举，企业与职工双赢，着力打造一支过硬的宾馆经营队伍，开创宾馆和谐发展的新局面。

## 小结

有一种态度叫"做精"，有一种信念叫"做强"，有一种志向叫"做大"，有一种责任叫"做久"，这既是一种精神也是 G 宾馆的发展愿景。未来五年，G 宾馆将团结奋进，不懈努力，争取把 G 宾馆建设成为一个更有朝气、更具竞争力的现代化饭店，实现 G 宾馆向企业知名品牌的跨越。

# 第八章

# 饭店开业前经营用品采购计划

## 第一节 几点必须了解的知识

### 一、饭店的经营用品有哪些类别

就饭店经营物品的类别来说，大致可分为以下35大类，即家具类、储物柜架类、电器类、玻（璃）瓷（器）银（器）用具类、棉织品类、印刷品类、办公用品类、标志名牌类、机械设备类、清洁用品类、客用品类、低值易耗品类、店内服务用车辆类、消防器材类、员工服装类、装饰用品类、劳保用品类、开荒用具类、培训用品类、厨杂用品类、工程备件类、干货调料类、酒水烟草类、食品原材料类、商品货物类、运输车辆类、医疗卫生用品类、绿植鲜花类、通信器材类、安保设备类、康乐设备类、音响设备类、应用软件类、员工餐宿类、其他杂品类。

### 二、采购经营用品的原则是什么

饭店应根据经营规模、饭店档次和建造标准确定采购原则。

（1）采购物品应物美价廉、物尽其用。

（2）采购物品的数量应适中，如果量大将造成积压，不仅占用资金，对后期经营也将产生不利影响。

（3）对消耗类物品可以核定一个使用周期，一般采购半年的用量就可以了。

### 三、采购经营用品的流程是什么

（1）在确定了采购原则下发各部门后，饭店应要求各部门根据饭店的客房体量、餐饮康乐接待能力、部门设置、后勤管理要求等需要，分项制订出经营用品采购计划。

（2）各部门在提交经营用品采购计划时，应按照饭店规定的统一类别分门别类地制订计划。单项采购物品必须标明品名、型号、材质、规格、数量、产地等具体特征，有条件的还可以标明参考价格。

（3）各部门提交了经营用品采购计划后，饭店可安排采购部门按计划进行市场寻价，寻找供应商。采购部应根据采购计划的具体内容分别寻价，并确定物品的样品与采购需求是否相同。

（4）根据寻价，调整采购计划，得出采购所需资金总额，形成一份完整的采购计划，报上级主管部门审批。

（5）采购计划获得批准后，应决定采用何种采购方式实施采购。由于采购物品涉及的类别繁多，具体单项可能达到上万种之多，其数量也较大，而且这些物品使用的专业性强，所以在实施采购时，可根据不同类别的项目采取不同的采购方法，具体为：

◆对诸如办公用品、工程备件、低值易耗品、装饰用品、医疗卫生用品、酒水烟草、劳保用品、运输用车辆等比较简单、适用性广的项目，建议采用自采的方式，由采购部经过市场价格比对后，选择物美价廉的直营店解决。

◆对于家具电器、机械设备、消防器材、康乐设备、音响设备、应用软件等比较重要的大型设备，最好直接联系厂家，实行招投标的方式，选择适合饭店的产品。

◆对于玻（璃）瓷（器）银（器）用具、棉织品、印刷品、标志名牌、客用品、厨杂用品、通信器材等物品，可以采用寻找几家信誉好、业务能力强的代理商参与采购行为，通过比质比价选择其产品。

（6）选定供应商后，应签订采购合同。饭店方应对计划中不容易辨别质量标准的物品进行封样保管，保证供应商提供的货品与订货时的物品样式、质量完全相符。签订合同时，还应特别关注某些采购物品的保修期，并注明采购物品的到货时间及运输方式。一般情况下，所有的采购物品均可在40天内到货。

（7）饭店根据开业倒计时计划，安排各项采购物品的到货时间，并制定入库时间表和相应的到货、验收制度，确保整个经营用品采购计划，顺利完成。

# 第二节 饭店经营用品采购计划案例分析

由于各个饭店的类型、客房体量、服务设施、功能布局、装饰风格都存在一定的差异，所以可以肯定的是，没有一家饭店的经营用品采购计划是完全相同的。但是，就采购物品的分类、用途和使用部位来讲，还是有许多共同之处，区别仅在于物品的规格、质地、档次有所不同。

以下采用的经营用品采购计划仅以标准的三星级以上饭店为例（餐饮设施包括西餐厅、咖啡厅、中餐厅和多功能厅，不包括其他风味餐厅）。

## 一、家具类用品采购清单

| 物品名称 | 规格或质地 | 使用部门或部位 | 备注 |
| --- | --- | --- | --- |
| 高级办公家具 | 成套 | 总经理、副总经理、驻店经理、大堂经理、商务中心、礼宾处等 | 移动家具 |
| 一级办公家具 | 成套 | 各部门总监、经理、副经理 | 移动家具 |
| 二级办公家具 | 成套 | 各部门主管 | 移动家具 |
| 三级办公家具 | 成套 | 各部门领班、文员、秘书等 | 移动家具 |
| 公共区域客用沙发 | 成套 | 行政楼层、大堂贵宾休息区、各经营区域等候区等 | 移动家具 |
| 单人床连软垫 | 1.2米（宽）×2米（长） | 客房标准间，每房2个 | 移动家具 |
| 双人床连软垫 | 1.8米（宽）×2米（长） | 客房单人间或套间 | 移动家具 |
| 大号双人床连软垫 | 2米（宽）×2米（长） | 行政套间、豪华套间 | 移动家具 |
| 豪华双人床连软垫 | 2.2米（宽）×2米（长） | 总统套间 | 移动家具 |
| 脚踏 | 只 | 客房套间 | 移动家具 |
| 沙发 | 套 | 客房套间 | 移动家具 |
| 休闲椅 | 只 | 客房各房型 | 移动家具 |
| 贵妃椅 | 把 | 豪华套间 | 移动家具 |
| 茶几 | 个 | 客房各房型 | 移动家具 |
| 写字台连椅 | 套 | 客房各房型 | 移动家具 |
| 电视柜 | 个 | 客房各房型 | 移动家具 |
| 床头柜 | 个 | 客房各房型 | 移动家具 |
| 行李架 | 个 | 客房各房型 | 移动家具 |
| 豪华家具组合 | 成套 | 豪华套间、总统套间 | 移动家具 |
| 折叠床 | 个 | 客房服务中心 | 客房备品 |
| 婴儿床 | 个 | 客房服务中心 | 客房备品 |
| 西餐双人方桌 | 0.8米（长）×0.8米（宽） | 西餐厅、咖啡厅 | 移动家具 |
| 西餐四人方桌 | 1.4米（长）×0.8米（宽） | 西餐厅、咖啡厅 | 移动家具 |

续表

| 物品名称 | 规格或质地 | 使用部门或部位 | 备注 |
|---|---|---|---|
| 西餐椅 | 带扶手 | 西餐厅、咖啡厅 | 移动家具 |
| 单人沙发 | 多种材质 | 大堂酒吧 | 移动家具 |
| 中餐四人方桌 | 1.4米（长）×0.8米（宽） | 中餐厅 | 移动家具 |
| 中餐四人圆桌 | 1.2米（直径） | 中餐厅 | 移动家具 |
| 中餐十人桌 | 1.6米（直径） | 中餐厅、宴会厅 | 移动家具 |
| 中餐十二人桌 | 1.8米（直径） | 中餐厅 | 移动家具 |
| 餐桌台面 | 2米（直径） | 中餐厅 | 连架 |
| 餐桌台面 | 2.4米（直径） | 中餐厅 | 连架 |
| 餐桌台面 | 2.8米（直径） | 中餐厅 | 连架 |
| 中餐椅 | 把 | 中餐厅 | 移动家具 |
| 包房家具 | 套 | 中餐厅 | 移动家具 |
| 服务用边柜 | 台 | 中餐厅、咖啡厅、西餐厅 | 移动家具 |
| 自助餐台 | 套 | 咖啡厅 | 移动家具 |
| 儿童椅 | 把 | 各餐厅 | 移动家具 |
| 客用衣架 | 个 | 各餐厅 | 移动家具 |
| 领位台 | 个 | 各餐厅 | 移动家具 |
| 宴会圆桌 | 1.6米（直径） | 多功能厅 | 英文名称 Round Table |
| 半圆桌 | 1.6米（直边） | 多功能厅 | 英文名称 Half Moon Table |
| 1/4圆桌 | 0.8米（直边） | 多功能厅 | 英文名称 Quarter Moon Table |
| 长条桌 | 1.8米（长）×0.4米（宽） | 多功能厅 | 英文名称 IBM Table |
| 长方形桌 | 1.2米（长）×0.8米（宽） | 多功能厅 | 英文名称 Oblone Table |
| 正方形桌 | 0.8米（长）×0.8米（宽） | 多功能厅 | 英文名称 Square Table |

续表

| 物品名称 | 规格或质地 | 使用部门或部位 | 备注 |
|---|---|---|---|
| 长方形桌 | 1.8米（长）×0.8米（宽） | 多功能厅 | 移动家具 |
| 异形桌 | 扇形 | 多功能厅 | 移动家具 |
| 宴会椅 | 可以叠放 | 多功能厅 | 移动家具 |
| 移动舞台 | 拼接式台板 | 多功能厅 | 移动家具 |
| 移动地台 | 套 | 多功能厅 | 移动家具 |
| 演讲台 | 个 | 多功能厅 | 移动家具 |
| 会议椅 | 把 | 多功能厅 | 主席台专用 |
| 固定式会议桌 | 套 | 小会议室 | 移动家具 |
| 会议椅 | 把 | 小会议室 | 移动家具 |
| 服务柜 | 台 | 小会议室 | 移动家具 |
| 沙发连茶几 | 成套 | 贵宾室 | 移动家具 |
| 休闲沙发 | 成套 | 康乐部桑拿中心 | 移动家具 |
| 按摩床 | 个 | 康乐部桑拿中心 | 移动家具 |
| 配套家具 | 套 | 康乐部桑拿中心 | 移动家具 |
| 沙发连茶几 | 套 | 康乐部歌舞厅 | 移动家具 |
| 配套家具 | 套 | 康乐部歌舞厅 | 移动家具 |
| 专用家具 | 套 | 康乐部美容美发中心 | 移动家具 |
| 休闲沙发 | 只 | 康乐部台球室等活动中心 | 移动家具 |
| 垃圾桶 | 立式 | 客房部公共区域 | 石材 |
| 环保垃圾桶 | 只 | 饭店外围 | 分类 |
| 快餐桌椅 | 套 | 员工餐厅 | 员工自用 |
| 员工用床铺 | 个 | 员工宿舍 | 移动家具 |
| 教室家具 | 套 | 员工培训室 | 移动家具 |
| 商品柜台 | 台 | 商品部 | 移动家具 |

## 二、储物柜架类用品采购清单

| 物品名称 | 规格或质地 | 使用部门或部位 | 备注 |
|---|---|---|---|
| 钥匙柜 | 个 | 各部门 | |
| 客用保险柜 | 个 | 客房房间 | |

续表

| 物品名称 | 规格或质地 | 使用部门或部位 | 备注 |
|---|---|---|---|
| 办公保险柜 | 个 | 财务部、前厅部 | |
| 投款箱 | 个 | 财务部 | |
| 贵重物品保管箱 | 3种规格 | 前厅部 | |
| 不锈钢货架 | 1.8米×0.6米 | 各部门 | 库房专用 |
| | 1.6米×0.6米 | 各部门 | 库房专用 |
| | 1.2米×0.6米 | 各部门 | 库房专用 |
| | 1.8米×0.4米 | 各部门 | 库房专用 |
| | 1.6米×0.4米 | 各部门 | 库房专用 |
| | 1.2米×0.4米 | 各部门 | 库房专用 |
| 普通货架 | 1.6米×0.4米 | 财务部库房 | 库房专用 |
| 储藏柜 | 台 | 各部门 | 办公家具 |
| 三屉柜 | 台 | 各部门 | 办公家具 |
| 档案柜 | 台 | 各部门 | 办公家具 |
| 文件柜 | 台 | 各部门 | 办公家具 |
| 书柜 | 台 | 各部门 | 办公家具 |
| 客衣分类格柜 | 个 | 客房部 | 木制 |
| 布巾存放架 | 个 | 客房部 | 木制 |
| 挂衣架 | 个 | 客房部 | 不锈钢 |
| 宣传架 | 个 | 前厅部 | 镀钛金 |

## 三、电器类用品采购清单

| 物品名称 | 规格或质地 | 使用部门或部位 | 备注 |
|---|---|---|---|
| 电视 | 台 | 客房房间内 | 纯平或液晶 |
| DVD机 | 台 | 客房房间内 | |
| 组合音响 | 台 | 客房房间内 | |
| 小冰箱 | 台 | 客房房间内 | 静音 |
| 收音机 | 个 | 客房房间内 | 带闹钟 |
| 电吹风 | 只 | 客房卫生间内 | |

续表

| 物品名称 | 规格或质地 | 使用部门或部位 | 备注 |
|---|---|---|---|
| 电熨裤机 | 台 | 客房房间内 | |
| 电热水壶 | 支 | 客房房间内 | |
| 写字台灯 | 盏 | 客房房间内 | |
| 台灯 | 盏 | 客房房间内 | |
| 落地灯 | 盏 | 客房房间内 | |
| 床头灯 | 盏 | 客房房间内 | |
| 夜灯 | 盏 | 客房房间内 | |
| 充电式手电 | 只 | 客房房间内 | 消防逃生自救 |
| 消毒柜 | 个 | 客房楼层服务间 | |
| 小型制冰机 | 台 | 客房楼层服务间 | |
| 转换插头 | 个 | 客房服务中心 | |
| 电源插座 | 个 | 客房服务中心 | |
| 万能手机充电器 | 只 | 客房服务中心 | 备用品 |
| 加湿器 | 台 | 客房服务中心 | |
| 香熏器 | 台 | 客房服务中心 | |
| 电暖器 | 台 | 客房服务中心 | 备用品 |
| 空气净化器 | 台 | 客房服务中心 | |
| 臭氧消毒机 | 台 | 客房服务中心 | |
| 小型变压器 | 台 | 客房服务中心 | |
| 蒸汽熨斗 | 个 | 客房服务中心 | |
| 熨衣板 | 个 | 客房服务中心 | |
| 客用电脑 | 台 | 各部门 | |
| 办公电脑 | 台 | 各部门 | |
| 笔记本电脑 | 台 | 前厅部 | 对客出租 |
| 专用电脑 | 苹果电脑 | 前厅部商务中心 | 制图 |
| 传真机 | 台 | 前厅部 | |
| 复印机 | 台 | 前厅部 | |
| 扫描仪 | 台 | 前厅部 | |
| 打印机 | 激光 | 前厅部、财务部 | |

续表

| 物品名称 | 规格或质地 | 使用部门或部位 | 备注 |
|---|---|---|---|
| 打印机 | 针式 | 前厅部、财务部 | |
| 多功能办公一体机 | 台 | 各部门 | |
| 碎纸机 | 台 | 各部门 | |
| 摄像机 | 数码 | 销售部、总经办 | |
| 录音笔 | 数码 | 销售部、总经办 | |
| 外币兑换显示牌 | 电子 | 前厅部 | |
| 点钞验钞机 | 个 | 财务部 | |
| 冷热饮水机 | 台 | 各部门 | |
| 刻字机 | 台 | 市场销售 | |
| UPS电源 | 台 | 前厅部、财务部 | |
| 电子秤 | 台 | 财务部库房、餐饮部厨房 | |
| 支票打印机 | 台 | 财务部 | |
| 税控机 | 台 | 财务部 | |
| 网络服务器 | 台 | 财务部电脑房 | |
| 管理软件备份服务器 | 台 | 财务部电脑房 | |
| 制卡服务器 | 台 | 前厅部 | |
| 路由器 | 台 | 财务部电脑房 | |
| 毛巾消毒柜 | 个 | 客房部，餐饮部 | 单层单门<br>双层双门 |
| 大型制冰机 | 台 | 餐饮部、康乐部 | |
| 旋转蛋糕展示柜 | 台 | 餐饮部 | |
| 照相机 | 数码 | 销售部、总经办 | |

## 四、玻（璃）、瓷（器）、银（器）用具类用品采购清单

| 物品名称 | 规格或质地 | 使用部门或部位 | 备注 |
|---|---|---|---|
| 烟缸 | 只 | 客房房间 | 瓷器或玻璃制品 |
| 花瓶 | 支 | 客房房间及卫生间 | 玻璃制品 |
| 中式盖杯 | 个 | 客房房间 | 瓷器 |

续表

| 物品名称 | 规格或质地 | 使用部门或部位 | 备注 |
|---|---|---|---|
| 花盆 | 个 | 公共区域 | 瓷器 |
| 凉水瓶 | 个 | 客房房间 | 玻璃制品 |
| 冰桶 | 只 | 客房房间 | 不锈钢 |
| 冰夹 | 个 | 客房房间 | 不锈钢 |
| 咖啡杯 | 只 | 客房房间 | 瓷器 |
| 咖啡勺 | 只 | 客房房间 | 不锈钢 |
| 红酒杯 | 只 | 客房房间 | 玻璃制品 |
| 糖缸 | 只 | 客房房间 | 瓷器 |
| 漱口杯 | 个 | 客房卫生间 | 玻璃制品 |
| 皂碟 | 个 | 客房卫生间 | 瓷器 |
| 自助餐炉 | 个 | 餐饮部自助餐厅 | 不锈钢制品 |
| 自助餐炉芯 | 个 | 餐饮部自助餐厅 | 深、浅、1/2 |
| 自助餐汤炉 | 个 | 餐饮部自助餐厅 | 不锈钢制品 |
| 饮料机 | 台 | 餐饮部自助餐厅 | 三合一 |
| 宾治盆 | 个 | 餐饮部自助餐厅 | 镀银制品 |
| 宾治杯 | 只 | 餐饮部自助餐厅 | 玻璃制品 |
| 宾治勺 | 个 | 餐饮部自助餐厅 | 镀银制品 |
| 餐具盒 | 个 | 餐饮部自助餐厅 | 带格 |
| 不锈钢镜盘 | 个 | 餐饮部自助餐厅 | 圆形、椭圆形、长方形 |
| 带把镜盘 | 个 | 餐饮部自助餐厅 | 圆形、椭圆形、长方形 |
| 玻璃镜盘 | 个 | 餐饮部自助餐厅 | 圆形、椭圆、长方形 |
| 保温镜盘 | 八角形、长方形 | 餐饮部自助餐厅 | 电加热 |
| 食托 | 单层、多层 | 餐饮部自助餐厅 | 玻璃、石材 |
| 海鲜盘 | 个 | 餐饮部自助餐厅 | |
| 冰雕座 | 个 | 餐饮部自助餐厅 | |
| 食品夹 | 个 | 餐饮部 | |
| 甜品夹 | 个 | 餐饮部 | |
| 粉面夹 | 个 | 餐饮部 | |
| 胶柄夹 | 个 | 餐饮部 | |

续表

| 物品名称 | 规格或质地 | 使用部门或部位 | 备注 |
|---|---|---|---|
| 梅花夹 | 个 | 餐饮部 | |
| 食品勺 | 个 | 餐饮部 | 不锈钢制品 |
| 食品叉 | 个 | 餐饮部 | 不锈钢制品 |
| 大汤勺 | 个 | 餐饮部 | 不锈钢制品 |
| 果酱盅 | 个 | 餐饮部自助餐厅 | |
| 黄油盅 | 个 | 餐饮部自助餐厅 | |
| 保温加工台 | 个 | 餐饮部自助餐厅 | |
| 保温灯 | 台 | 餐饮部 | |
| 面包保温台 | 台 | 餐饮部自助餐厅 | |
| 海鲜冰槽 | 台 | 餐饮部自助餐厅 | |
| 寿司台 | 台 | 餐饮部自助餐厅 | |
| 巧克力台 | 台 | 餐饮部自助餐 | |
| 主刀 | 把 | 餐饮部西餐厅 | Dinner Knife |
| 黄油刀 | 把 | 餐饮部西餐厅 | Butter Knife |
| 甜品刀 | 把 | 餐饮部西餐厅 | Dessert Knife |
| 扒刀 | 把 | 餐饮部西餐厅 | Steak Knife |
| 鱼刀 | 把 | 餐饮部西餐厅 | Fish Knife |
| 主叉 | 把 | 餐饮部西餐厅 | Dinner Fork |
| 甜品叉 | 把 | 餐饮部西餐厅 | Dessert Fork |
| 鱼叉 | 把 | 餐饮部西餐厅 | Fish Fork |
| 鸡尾叉 | 把 | 餐饮部西餐厅 | Cocktail Fork |
| 汤勺 | 把 | 餐饮部西餐厅 | Soup Spoon |
| 甜品勺 | 把 | 餐饮部西餐厅 | Dessert Spoon |
| 咖啡勺 | 把 | 餐饮部西餐厅 | Coffee Spoon |
| 蚝叉 | 把 | 餐饮部西餐厅 | Oyster Fork |
| 咖啡杯 | 个 | 餐饮部西餐厅 | Coffee Cup |
| 咖啡碟 | 个 | 餐饮部西餐厅 | Coffee Saucer |
| 咖啡壶 | 个 | 餐饮部西餐厅 | Coffee Pot |
| 意式咖啡杯 | 个 | 餐饮部西餐厅 | Espresso Coffee Cup |

续表

| 物品名称 | 规格或质地 | 使用部门或部位 | 备注 |
|---|---|---|---|
| 意式咖啡碟 | 个 | 餐饮部西餐厅 | Espresso Coffee Saucer |
| 展示盘 | 个 | 餐饮部西餐厅 | Show Plate |
| 主盘 | 个 | 餐饮部西餐厅 | Dinner Plate |
| 甜食盘 | 个 | 餐饮部西餐厅 | Dessert Plate |
| 黄油碟 | 个 | 餐饮部西餐厅 | Butter Plate |
| 边碟 | 个 | 餐饮部西餐厅 | Side Plate |
| 沙拉碗 | 个 | 餐饮部西餐厅 | Salad Bowl |
| 汤碗 | 个 \ 双耳 | 餐饮部西餐厅 | Soup Bowl |
| 甜食碗 | 个 | 餐饮部西餐厅 | Dessert Bowl |
| 胡椒磨 | 个 | 餐饮部西餐厅 | |
| 椒盐瓶 | 个 | 餐饮部西餐厅 | |
| 蜗牛盘 | 个 | 餐饮部西餐厅 | |
| 汤盘 | 8寸 | 餐饮部西餐厅 | |
| 托盘架 | 个 | 餐饮部 | |
| 雪茄烟缸 | 只 | 餐饮部酒吧 | |
| 雪茄点火器 | 个 | 餐饮部酒吧 | |
| 雪茄架 | 个 | 餐饮部酒吧 | |
| 雪茄保湿盒 | 个 | 餐饮部酒吧 | |
| 雪茄剪 | 把 | 餐饮部酒吧 | |
| 雪茄扫 | 个 | 餐饮部酒吧 | |
| 雪茄碟 | 个 | 餐饮部酒吧 | |
| 小吃搁架 | 4合一 | 餐饮部酒吧 | 镀银 |
| 纸圈存放瓶 | 个 | 餐饮部酒吧 | 玻璃 |
| 餐纸架 | 个 | 餐饮部酒吧 | 镀银 |
| 汁盅 | 个 | 餐饮部西餐厅 | 瓷器或不锈钢 |
| 烛台 | 个 | 餐饮部西餐厅 | 镀银 |
| 糖缸 | 个 | 餐饮部西餐厅 | 瓷器 |
| 奶盅 | 个 | 餐饮部西餐厅 | 瓷器 |
| 花瓶 | 个 | 餐饮部 | 瓷器或玻璃制品 |

续表

| 物品名称 | 规格或质地 | 使用部门或部位 | 备注 |
|---|---|---|---|
| 牙签盅 | 只 | 餐饮部 | 瓷器 |
| 冰桶 | 个 | 餐饮部 | 不锈钢 |
| 冰铲 | 个 | 餐饮部 | 不锈钢 |
| 冰夹 | 个 | 餐饮部 | 不锈钢 |
| 香槟桶 | 个 | 餐饮部 | 不锈钢 |
| 香槟桶架 | 支 | 餐饮部 | 不锈钢 |
| 香槟塞 | 个 | 餐饮部酒吧 | |
| 香槟钳 | 把 | 餐饮部酒吧 | |
| 漏斗 | 个 | 餐饮部酒吧 | |
| 开瓶器 | 把 | 餐饮部酒吧 | |
| 葡萄酒开瓶器 | 把 | 餐饮部酒吧 | |
| 开罐器 | 个 | 餐饮部酒吧 | |
| 酒嘴 | 个 | 餐饮部酒吧 | |
| 挂酒器 | 个 | 餐饮部酒吧 | |
| 量酒器 | 个 | 餐饮部酒吧 | 推杆式、顶开式 |
| 量酒器 | 个 | 餐饮部酒吧 | 不锈钢器皿 |
| 醒酒瓶 | 个 | 餐饮部酒吧 | 玻璃器皿 |
| 滗酒瓶 | 个 | 餐饮部酒吧 | 玻璃器皿 |
| 量杯 | 个 | 餐饮部酒吧 | 玻璃器皿 |
| 葡萄酒塞 | 个 | 餐饮部酒吧 | |
| 蘸盐器 | 个 | 餐饮部酒吧 | |
| 调味盒 | 个 | 餐饮部酒吧 | |
| 榨汁器 | 台 | 餐饮部酒吧 | |
| 榨汁机 | 台 | 餐饮部酒吧 | |
| 长柄吧勺 | 把 | 餐饮部酒吧 | 两用 |
| 肉豆蔻磨粉器 | 个 | 餐饮部酒吧 | |
| 柠檬挤汁器 | 个 | 餐饮部酒吧 | |
| 调酒壶 | 个 | 餐饮部酒吧 | 不锈钢 |
| 摇酒器 | 个 | 餐饮部酒吧 | 花式调酒用 |

续表

| 物品名称 | 规格或质地 | 使用部门或部位 | 备注 |
|---|---|---|---|
| 过滤器 | 个 | 餐饮部酒吧 | 不锈钢 |
| 冰酒器 | 个 | 餐饮部酒吧 | |
| 碎冰器 | 个 | 餐饮部酒吧 | |
| 刨冰机 | 个 | 餐饮部酒吧 | |
| 搅拌器 | 个 | 餐饮部酒吧 | |
| 调酒棒 | 支 | 餐饮部酒吧 | |
| 吸管 | 支 | 餐饮部酒吧 | |
| 葡萄酒篮 | 个 | 餐饮部酒吧 | |
| 吧刀 | 把 | 餐饮部酒吧 | |
| 案板 | 个 | 餐饮部酒吧 | |
| 鸡尾酒签 | 个 | 餐饮部酒吧 | |
| 自动咖啡机 | 台 | 餐饮部酒吧 | |
| 咖啡手摇磨 | 台 | 餐饮部酒吧 | |
| 花签 | 个 | 餐饮部酒吧 | |
| 奶油枪 | 把 | 餐饮部酒吧 | |
| 打泡机 | 台 | 餐饮部酒吧 | |
| 苏打瓶 | 个 | 餐饮部酒吧 | |
| 虹吸壶 | 个 | 餐饮部酒吧 | |
| 水扎 | 个 | 餐饮部酒吧、西餐厅 | |
| 啤酒扎 | 个 | 餐饮部酒吧、西餐厅 | |
| 玻璃咖啡壶 | 个 | 餐饮部酒吧、西餐厅 | |
| 咖啡保温炉 | 个 | 餐饮部酒吧、西餐厅 | |
| 多功能组合机 | 台 | 餐饮部酒吧 | |
| 蛋糕铲 | 个 | 餐饮部 | 不锈钢器皿 |
| 比萨刀 | 把 | 餐饮部 | 不锈钢器皿 |
| 托盘 | 防滑 | 餐饮部 | 大号长方形、中号圆形 |
| 食品保温盖 | 个 | 餐饮部 | 大、中、小号 |
| 毛巾夹 | 把 | 餐饮部 | 不锈钢器皿 |
| 毛巾篮 | 只 | 餐饮部 | 不锈钢器皿 |

续表

| 物品名称 | 规格或质地 | 使用部门或部位 | 备注 |
| --- | --- | --- | --- |
| 杯筐 | 只 | 餐饮部 | 16、24、36格 |
| 水杯 | 个 | 餐饮部 | 玻璃器皿 |
| 啤酒杯 | 个 | 餐饮部 | 玻璃器皿 |
| 红葡萄酒杯 | 个 | 餐饮部 | 玻璃器皿 |
| 白葡萄酒杯 | 个 | 餐饮部 | 玻璃器皿 |
| 笛形香槟杯 | 个 | 餐饮部 | 玻璃器皿 |
| 碟形香槟杯 | 个 | 餐饮部 | 玻璃器皿 |
| 甜酒杯 | 个 | 餐饮部 | 玻璃器皿 |
| 鸡尾酒杯 | 个 | 餐饮部 | 玻璃器皿 |
| 白兰地杯 | 个 | 餐饮部 | 玻璃器皿 |
| 古典杯 | 个 | 餐饮部 | 玻璃器皿 |
| 品酒杯 | 个 | 餐饮部 | 玻璃器皿 |
| 飓风杯 | 个 | 餐饮部 | 玻璃器皿 |
| 海波杯 | 个 | 餐饮部 | 玻璃器皿 |
| 雪利酒杯 | 个 | 餐饮部 | 玻璃器皿 |
| 爱尔兰咖啡杯 | 个 | 餐饮部 | 玻璃器皿 |
| 茅台杯 | 个 | 餐饮部 | 玻璃器皿 |
| 冰激凌杯 | 个 | 餐饮部 | 玻璃器皿 |
| 奶昔杯 | 个 | 餐饮部 | 玻璃器皿 |
| 香蕉船 | 个 | 餐饮部 | 玻璃器皿 |
| 彩虹杯 | 个 | 餐饮部 | 玻璃器皿 |
| 舒特酒杯 | 个 | 餐饮部 | 玻璃器皿 |
| 伏特加高脚杯 | 个 | 餐饮部 | 玻璃器皿 |
| 水果盘 | 个 | 餐饮部 | 玻璃器皿 |
| 洗手盅 | 个 | 餐饮部 | 玻璃器皿 |
| 烟缸 | 4.5寸 | 餐饮部 | 瓷器 |
| 骨碟 | 6寸 | 餐饮部中餐厅 | 瓷器 |
| 翅碗 | 3.5寸/反口 | 餐饮部中餐厅 | 瓷器 |
| 瓷勺 | 把/吊烧 | 餐饮部中餐厅 | 瓷器 |

续表

| 物品名称 | 规格或质地 | 使用部门或部位 | 备注 |
| --- | --- | --- | --- |
| 大汤勺 | 把 | 餐饮部中餐厅 | 瓷器 |
| 茶壶 | 把 | 餐饮部中餐厅 | 瓷器 |
| 毛巾碟 | 个 | 餐饮部中餐厅 | 瓷器 |
| 花雕酒杯 | 个 | 餐饮部中餐厅 | 瓷器 |
| 筷架 | 个 | 餐饮部中餐厅 | 瓷器 |
| 豉油碟 | 个 | 餐饮部中餐厅 | 瓷器 |
| 茶碟 | 个 | 餐饮部中餐厅 | 瓷器 |
| 茶杯 | 个 | 餐饮部中餐厅 | 瓷器 |
| 筷子 | 双 | 餐饮部中餐厅 | 其他材质 |
| 小吃碟 | 4.5寸 | 餐饮部中餐厅 | 瓷器 |
| 平盘 | 8寸、10寸、12寸、14寸、16寸、18寸 | 餐饮部中餐厅 | 瓷器 |
| 鱼盘 | 9寸、10寸、12寸、14寸、16寸、18寸 | 餐饮部中餐厅 | 瓷器 |
| 窝盘 | 9寸、10寸、12寸、14寸、16寸 | 餐饮部中餐厅 | 瓷器 |
| 饭碗 | 4.5寸 | 餐饮部中餐厅 | 瓷器 |
| 面碗 | 6寸 | 餐饮部中餐厅 | 瓷器 |
| 汤碗 | 4.5寸 | 餐饮部中餐厅 | 瓷器 |
| 酱醋壶 | 个 | 餐饮部中餐厅 | 瓷器 |
| 方盘 | 9寸、10寸、12寸 | 餐饮部中餐厅 | 瓷器 |
| 双味格碟 | 个 | 餐饮部中餐厅 | 瓷器 |
| 扇形盘 | 8寸 | 餐饮部中餐厅 | 瓷器 |
| 壳形盘 | 8寸 | 餐饮部中餐厅 | 瓷器 |
| 六角盘 | 8寸、10寸 | 餐饮部中餐厅 | 瓷器 |
| 有盖汤窝 | 9寸、12寸 | 餐饮部中餐厅 | 瓷器 |
| 直身炖盅 | 个/有盖 | 餐饮部中餐厅 | 瓷器 |
| 煲仔 | 大、中、小号 | 餐饮部中餐厅 | 瓷器 |
| 玻璃窝 | 大、中、小号 | 餐饮部中餐厅 | 瓷器 |

续表

| 物品名称 | 规格或质地 | 使用部门或部位 | 备注 |
|---|---|---|---|
| 鱼翅碗 | 个/有盖 | 餐饮部中餐厅 | 瓷器 |
| 鲍翅盘 | 7寸 | 餐饮部中餐厅 | 瓷器 |
| 佛跳墙盅 | 个/有盖 | 餐饮部中餐厅 | 瓷器 |
| 异形餐具 | 套 | 餐饮部中餐厅 | 瓷器 |
| 席面碟 | 个 | 餐饮部中餐厅 | 金银器 |
| 筷架 | 个 | 餐饮部中餐厅 | 金银器 |
| 席面羹 | 个 | 餐饮部中餐厅 | 金银器 |
| 筷子 | 双 | 餐饮部中餐厅 | 金银器 |
| 双耳翅碗 | 个 | 餐饮部中餐厅 | 金银器 |
| 毛巾碟 | 个 | 餐饮部中餐厅 | 金银器 |
| 毛巾篮 | 个 | 餐饮部中餐厅 | 金银器 |
| 毛巾夹 | 个 | 餐饮部中餐厅 | 金银器 |
| 味碟底座 | 个 | 餐饮部中餐厅 | 金银器 |
| 平盘托 | 个 | 餐饮部中餐厅 | 金银器 |
| 鱼盘托 | 个 | 餐饮部中餐厅 | 金银器 |
| 口布圈 | 个 | 餐饮部中餐厅 | 金银器 |
| 地球仪翅盅 | 个 | 餐饮部中餐厅 | 金银器 |
| 大汤勺 | 把 | 餐饮部中餐厅 | 金银器 |
| 公壳座 | 个 | 餐饮部中餐厅 | 金银器 |
| 香槟桶 | 个/连架 | 餐饮部中餐厅 | 金银器 |
| 冰桶 | 个/连夹 | 餐饮部中餐厅 | 金银器 |
| 花雕酒壶 | 把 | 餐饮部中餐厅 | 金银器 |
| 酒壶座 | 个 | 餐饮部中餐厅 | 金银器 |
| 冬瓜盅 | 个 | 餐饮部中餐厅 | 金银器 |
| 刀叉 | 副 | 餐饮部中餐厅 | 金银器 |
| 龙凤盖 | 个 | 餐饮部中餐厅 | 金银器 |

## 五、棉织品类用品采购清单

| 物品名称 | 规格或质地 | 使用部门或部位 | 备注 |
| --- | --- | --- | --- |
| 枕头 | 个 | 客房房间 | |
| 枕袋 | 个 | 客房房间 | |
| 被子 | 条 | 客房房间 | |
| 被罩 | 条 | 客房房间 | |
| 床裙 | 件 | 客房房间 | |
| 床单 | 条 | 客房房间 | |
| 枕芯 | 条 | 客房房间 | |
| 白拍 | 条 | 客房房间 | |
| 小方巾 | 条 | 客房房间 | |
| 中巾 | 条 | 客房房间 | |
| 地巾 | 条 | 客房房间 | |
| 大浴巾 | 件 | 客房房间 | |
| 浴袍 | 件 | 客房房间 | |
| 床齐 | 件 | 客房房间 | |
| 台布 | 条 | 餐饮部 | |
| 台裙 | 条 | 餐饮部 | |
| 台呢 | 条 | 餐饮部 | |
| 小毛巾 | 条 | 餐饮部 | |
| 口布 | 块 | 餐饮部 | |
| 桌垫 | 块 | 餐饮部 | |
| 椅套 | 件 | 餐饮部 | |
| 擦杯布 | 块 | 餐饮部 | |
| 手布 | 块 | 餐饮部厨房 | |
| 抹布 | 块 | 各部门 | |

注：客房房间内的棉织品采购用量一般按3倍量计，其中，一套在用，一套洗涤，一套备用；餐饮餐桌用棉织品的采购用量按4倍量计，其中，两套在用（两餐或三餐），一套洗涤，一套备用。

## 六、印刷品类用品采购清单

| 物品名称 | 规格或质地 | 使用部门或部位 | 备注 |
|---|---|---|---|
| 客用便签 | 本 | 客房部 | |
| 悬挂式送餐卡 | 张 | 客房部 | |
| 送餐菜单 | 份 | 客房部 | |
| 工程维修单 | 本 | 各部门 | 无碳复写 |
| 本地黄页 | 本 | 客房部 | |
| 环保卡 | 张 | 客房部 | |
| 服务指南 | 本 | 客房部 | |
| 意见卡 | 张 | 经营部 | |
| 欢迎赠品牌 | 张 | 客房部 | |
| 请勿打扰牌 | 张 | 客房部 | |
| 请即打扫牌 | 张 | 客房部 | |
| 洗衣单 | 张 | 客房部 | 无碳复写 |
| 保险柜使用说明 | 张 | 客房部 | |
| 电视节目单 | 张 | 客房部 | |
| 迷你吧价目表 | 张 | 客房部 | |
| 普通及航空信封 | 张 | 客房部 | |
| 明信片 | 张 | 客房部 | |
| 开夜床卡 | 张 | 客房部 | |
| 客用信纸 | 打 | 客房部 | |
| 客用便签 | 本 | 客房部 | |
| 租借物品记录 | 本 | 客房部 | |
| 失物记录单 | 本 | 客房部 | |
| 客房工作日报表 | 本 | 客房部 | |
| 服务通知单 | 本 | 客房部 | |
| 客房清洁表 | 本 | 客房部 | |
| 查房表 | 本 | 客房部 | |
| 班机时刻表 | 张 | 客房部 | |

续表

| 物品名称 | 规格或质地 | 使用部门或部位 | 备注 |
|---|---|---|---|
| 列车时刻表 | 张 | 客房部 | |
| 旅游通鉴 | 本 | 客房部 | |
| 旅游地图 | 张 | 客房部 | |
| 饭店标志 | 个 | 前厅部 | 不干胶 |
| 房卡套 | 张 | 前厅部 | |
| 宾客意见表 | 本 | 前厅部 | |
| 饭店宣传册 | 本 | 前厅部 | |
| 房价单 | 页 | 前厅部 | |
| 餐饮娱乐促销册 | 份 | 前厅部 | |
| 投诉处理报告单 | 本 | 前厅部 | |
| 大堂副理周报 | 本 | 前厅部 | |
| 宾客入住登记单 | 本 | 前厅部 | |
| 宾客预订单 | 本 | 前厅部 | |
| 房间分配单 | 本 | 前厅部 | |
| 换房记录单 | 本 | 前厅部 | |
| 续住登记单 | 本 | 前厅部 | |
| 押金单 | 本 | 前厅部 | |
| 行李寄存单 | 本 | 前厅部 | |
| 电话业务登记单 | 本 | 前厅部 | |
| 贵重物品寄存单 | 本 | 前厅部 | |
| 出租车指引卡 | 盒 | 前厅部 | |
| 留言登记单 | 本 | 前厅部 | |
| 委托代办记录表 | 本 | 前厅部 | |
| 赔偿单 | 本 | 前厅部 | |
| 物品信件发出表 | 本 | 前厅部 | |
| 房态表 | 本 | 前厅部 | |
| 传真记录单 | 本 | 前厅部 | |
| 名片 | 盒 | 各部门 | |
| 文件处理单 | 本 | 总办 | |

续表

| 物品名称 | 规格或质地 | 使用部门或部位 | 备注 |
|---|---|---|---|
| 印章使用申请单 | 本 | 总办 | |
| 档案借阅申请单 | 本 | 总办 | |
| 用车申请单 | 本 | 总办 | |
| 派车单 | 本 | 总办 | |
| 会客登记表 | 本 | 总办 | |
| 店值记录表 | 本 | 总办 | |
| 销售访问表 | 本 | 销售部 | |
| 团队预订单 | 本 | 销售部 | |
| 团队订房确认单 | 本 | 销售部 | |
| 变更预订单 | 本 | 销售部 | |
| 取消预订单 | 本 | 销售部 | |
| 团队订房统计表 | 本 | 销售部 | |
| 会议接待单 | 本 | 销售部 | |
| VIP 接待通知单 | 本 | 销售部 | |
| VIP 减免单 | 本 | 销售部 | |
| VIP 申请单 | 本 | 销售部 | |
| 订房确认单 | 本 | 销售部 | |
| 合作协议单 | 本 | 销售部 | |
| 旅行社团队协议 | 本 | 销售部 | |
| 长住客户协议 | 本 | 销售部 | |
| 客户往来记录单 | 本 | 销售部 | |
| 离店通知单 | 本 | 销售部 | |
| 营业日报表 | 本 | 财务部 | |
| 营业周报表 | 本 | 财务部 | |
| 营业月报表 | 本 | 财务部 | |
| 采购申请单 | 本 | 财务部 | |
| 领货单 | 本 | 财务部 | |
| 收货单 | 本 | 财务部 | |
| 入库单 | 本 | 财务部 | |

续表

| 物品名称 | 规格或质地 | 使用部门或部位 | 备注 |
|---|---|---|---|
| 营业日报表 | 本 | 财务部 | |
| 盘存报告单 | 本 | 财务部 | |
| 银行存款余额日报表 | 本 | 财务部 | |
| 缴款袋 | 个 | 财务部 | |
| 零钱袋 | 个 | 财务部 | |
| 餐饮营业成本报表 | 本 | 财务部 | |
| 夜间稽核日报 | 本 | 财务部 | |
| 借贷表 | 本 | 财务部 | |
| 账单 | 本 | 财务部 | |
| 收据 | 本 | 财务部 | |
| 客用账单 | 本 | 财务部 | |
| 收银账目明细表 | 本 | 财务部 | |
| 调整账目表 | 本 | 财务部 | |
| 票证使用单 | 本 | 财务部 | |
| 票据统计表 | 本 | 财务部 | |
| 凭证单 | 本 | 财务部 | |
| 现金收入日报表 | 本 | 财务部 | |
| 支票申请单 | 本 | 财务部 | |
| 投箱登记表 | 本 | 财务部 | |
| 合同审批表 | 本 | 财务部 | |
| 报损单 | 本 | 财务部 | |
| 物品转移记录单 | 本 | 财务部 | |
| 调拨单 | 本 | 财务部 | |
| 固定资产登记表 | 本 | 财务部 | |
| 交际应酬申请单 | 本 | 财务部 | |
| 内部接待消费登记表 | 本 | 财务部 | |
| 差额登记表 | 本 | 财务部 | |
| 缴款凭证汇总表 | 本 | 财务部 | |
| 损益表 | 本 | 财务部 | |

续表

| 物品名称 | 规格或质地 | 使用部门或部位 | 备注 |
|---|---|---|---|
| 申请用款单 | 本 | 财务部 | |
| 支款单 | 本 | 财务部 | |
| 挂账消费审批表 | 本 | 财务部 | |
| 员工守则 | 本 | 人力资源部 | |
| 员工评估记录单 | 本 | 人力资源部 | |
| 职守班次表 | 本 | 人力资源部 | |
| 请假单 | 本 | 人力资源部 | |
| 加班申请表 | 本 | 人力资源部 | |
| 员工餐卡 | 本 | 人力资源部 | |
| 考勤表 | 本 | 人力资源部 | |
| 培训记录单 | 本 | 人力资源部 | |
| 工资发放单 | 本 | 人力资源部 | |
| 签到\签离单 | 本 | 人力资源部 | |
| 管理人员考评表 | 本 | 人力资源部 | |
| 过失单 | 本 | 人力资源部 | |
| 入职登记单 | 本 | 人力资源部 | |
| 离店通知单 | 本 | 人力资源部 | |
| 奖金发放单 | 本 | 人力资源部 | |
| 应聘人员登记表 | 本 | 人力资源部 | |
| 职位变动表 | 本 | 人力资源部 | |
| 员工内部调动单 | 本 | 人力资源部 | |
| 员工鉴定单 | 本 | 人力资源部 | |
| 特殊津贴发放表 | 本 | 人力资源部 | |
| 辞职申请表 | 本 | 人力资源部 | |
| 上岗考核单 | 本 | 人力资源部 | |
| 员工转正单 | 本 | 人力资源部 | |
| 住宿申请单 | 本 | 人力资源部 | |
| 介绍信 | 本 | 人力资源部 | |
| 培训合同书 | 本 | 人力资源部 | |

续表

| 物品名称 | 规格或质地 | 使用部门或部位 | 备注 |
|---|---|---|---|
| 劳动合同书 | 本 | 人力资源部 | |
| 突发事件报告单 | 本 | 安保部 | |
| 消防安全协议单 | 本 | 安保部 | |
| 宴会预订单 | 本 | 餐饮部 | |
| 宴会通知单 | 本 | 餐饮部 | |
| 点菜单 | 本 | 餐饮部 | |
| 点酒单 | 本 | 餐饮部 | |
| 菜牌 | 本 | 餐饮部 | |
| 酒水单 | 本 | 餐饮部 | |
| 桌垫 | 个 | 餐饮部 | |
| 台号卡 | 本 | 餐饮部 | |
| 厨师长推荐单 | 本 | 餐饮部 | |
| 宴会菜单封皮 | 本 | 餐饮部 | |
| 成本卡 | 本 | 餐饮部 | |
| 团队用餐通知单 | 本 | 餐饮部 | |
| 酒水盘点表 | 本 | 餐饮部 | |
| 酒水销售日报 | 本 | 餐饮部 | |
| 食品原料调拨单 | 本 | 餐饮部 | |
| 意见反馈单 | 本 | 餐饮部 | |
| 项目价格单 | 本 | 康乐部 | |
| 计时单 | 本 | 康乐部 | |
| 收费确认单 | 本 | 康乐部 | |
| 设备检查单 | 本 | 康乐部 | |
| 场地使用记录单 | 本 | 康乐部 | |
| 客人须知 | 本 | 康乐部 | |
| 设备档案卡 | 本 | 工程部 | |
| 设备台账表 | 本 | 工程部 | |
| 能耗日报表 | 本 | 工程部 | |
| 工程仓库领用单 | 本 | 工程部 | |

续表

| 物品名称 | 规格或质地 | 使用部门或部位 | 备注 |
|---|---|---|---|
| 热交换运行记录单 | 本 | 工程部 | |
| 泵房运行记录单 | 本 | 工程部 | |
| 给排水交接班记录表 | 本 | 工程部 | |
| 营业场所室温记录表 | 本 | 工程部 | |
| 空调运行记录表 | 本 | 工程部 | |
| 高空作业审批单 | 本 | 工程部 | |
| 动焊动火作业审批单 | 本 | 工程部 | |
| 设备购置审批单 | 本 | 工程部 | |
| 设备开箱验收单 | 本 | 工程部 | |
| 设备安装竣工报告单 | 本 | 工程部 | |
| 设备封存单 | 本 | 工程部 | |
| 设备启封单 | 本 | 工程部 | |
| 设备移装单 | 本 | 工程部 | |
| 设备大修改造审批单 | 本 | 工程部 | |

## 七、办公类用品采购清单

| 物品名称 | 规格或质地 | 使用部门或部位 | 备注 |
|---|---|---|---|
| 白板 | 个 | 各部门 | |
| 板吸 | 个 | 各部门 | |
| 板擦 | 个 | 各部门 | |
| 卷尺 | 把 | 各部门 | |
| 客用笔 | 支 | 客房房间 | |
| 计算器 | 个 | 各部门 | |
| 插电计算器 | 个 | 各部门 | 带打印功能 |
| 挂劳夹 | 个 | 各部门 | |
| 裁纸器 | 个 | 各部门 | |
| 打孔器 | 个 | 各部门 | |
| 装订机 | 个 | 各部门 | |

续表

| 物品名称 | 规格或质地 | 使用部门或部位 | 备注 |
|---|---|---|---|
| 封塑机 | 台 | 各部门 | |
| 塑料文件夹 | 个 | 各部门 | |
| 打字架 | 个 | 各部门 | |
| 书刊架 | 个 | 各部门 | |
| 报纸架 | 个 | 各部门 | |
| 复印纸 | A3、A4、B5、B4 | 各部门 | |
| 报表打印纸 | 本 | 各部门 | |
| 文件夹 | 个 | 各部门 | |
| 原子印章 | 个 | 各部门 | |
| 纸篓 | 个 | 各部门 | |
| 铅笔 | 支 | 各部门 | |
| 水笔 | 红色、黑色 | 各部门 | |
| 胶棒 | 支 | 各部门 | |
| 胶水 | 瓶 | 各部门 | |
| 记号笔 | 支 | 各部门 | |
| 荧光笔 | 支 | 各部门 | |
| 橡皮 | 块 | 各部门 | |
| 尺子 | 直尺/把 | 各部门 | |
| 笔筒 | 个 | 各部门 | |
| 订书器 | 个 | 各部门 | |
| 订书钉 | 个 | 各部门 | |
| 起钉器 | 个 | 各部门 | |
| 名片盒 | 个 | 各部门 | |
| 转笔刀 | 个 | 各部门 | |
| 日历 | 本 | 各部门 | |
| 裁纸刀 | 把 | 各部门 | |
| 剪子 | 把 | 各部门 | |
| 及时贴 | 本 | 各部门 | |
| 大头针 | 盒 | 各部门 | |

续表

| 物品名称 | 规格或质地 | 使用部门或部位 | 备注 |
|---|---|---|---|
| 回形针 | 盒 | 各部门 | |
| 工字针 | 盒 | 各部门 | |
| 曲别针 | 盒 | 各部门 | |
| 夹子 | 个 | 各部门 | |
| 文件盒 | 个 | 各部门 | |
| 档案袋 | 个 | 各部门 | |
| 信纸 | 本 | 各部门 | |
| 信封 | 个 | 各部门 | |
| 硒鼓 | 个 | 各部门 | 打印机耗材 |
| 墨盒 | 个 | 各部门 | 打印机耗材 |
| 色带 | 个 | 各部门 | 打印机耗材 |
| 台灯 | 个 | 各部门 | |
| 弹簧夹 | 个 | 各部门 | |
| 收纳盒 | 个 | 各部门 | |
| 拉边袋 | 个 | 各部门 | |
| 拉杆夹 | 个 | 各部门 | |
| 单页夹 | 个 | 各部门 | |
| 口取纸 | 张 | 各部门 | |
| 分页纸 | 张 | 各部门 | |
| 文件筐 | 个 | 各部门 | |
| 小刀 | 把 | 各部门 | |
| 裁纸刀 | 把 | 各部门 | |
| 圆珠笔 | 支 | 各部门 | |
| 修改液 | 瓶 | 各部门 | |
| 彩色水笔 | 支 | 各部门 | |
| 钢笔 | 支 | 各部门 | |
| 墨水 | 瓶 | 各部门 | |
| 毛笔 | 支 | 销售部 | |
| 墨汁 | 瓶 | 销售部 | |

续表

| 物品名称 | 规格或质地 | 使用部门或部位 | 备注 |
| --- | --- | --- | --- |
| 彩纸 | 张 | 销售部 | |
| 装订机 | 台 | 销售部 | |
| 胶带 | 个 | 各部门 | |
| 胶带座 | 个 | 各部门 | |
| 移动硬盘 | 个 | 各部门 | |
| 闪存盘 | 个 | 各部门 | |
| 各种电源插座 | 个 | 各部门 | |

## 八、标志名牌类用品采购清单

| 物品名称 | 规格或质地 | 使用部门或部位 | 备注 |
| --- | --- | --- | --- |
| "小心地滑"牌 | 个 | 客房公共区域 | |
| "工作进行中"牌 | 个 | 客房公共区域 | |
| "暂停服务"牌 | 个 | 客房公共区域 | |
| 紧急逃生示意图 | 块 | 客房房间门后 | |
| 立式水牌 | 个 | 经营部门 | |

## 九、机械设备类用品采购清单

| 物品名称 | 规格或质地 | 使用部门或部位 | 备注 |
| --- | --- | --- | --- |
| 高速抛光机 | 台 | 客房公共区域 | |
| 擦地机 | 台 | 客房公共区域 | |
| 水箱 | 个 | 客房公共区域 | |
| 针盘 | 个 | 客房公共区域 | |
| 湿洗地毯刷 | 把 | 客房公共区域 | |
| 洗地刷 | 把 | 客房公共区域 | |
| 多功能擦地机 | 台 | 客房公共区域 | |
| 干洗地毯刷 | 把 | 客房公共区域 | |

续表

| 物品名称 | 规格或质地 | 使用部门或部位 | 备注 |
|---|---|---|---|
| 电子打泡箱 | 个 | 客房公共区域 | |
| 吸水机 | 台 | 客房公共区域 | |
| 吸尘机 | 台 | 客房公共区域 | |
| 沙发清理机 | 台 | 客房公共区域 | |
| 立式吸尘器 | 台 | 客房公共区域 | |
| 地毯吹干机 | 台 | 客房公共区域 | |
| 抽洗机 | 台 | 客房公共区域 | 三合一 |
| 石材结晶机 | 台 | 客房公共区域 | |
| 高压水枪 | 台 | 客房公共区域 | |
| 手磨机 | 台 | 客房公共区域 | |
| 水洗机 | 台 | 洗衣房 | |
| 干洗机 | 台 | 洗衣房 | |
| 烘干机 | 台 | 洗衣房 | |
| 拍板机 | 台 | 洗衣房 | |
| 人像机 | 台 | 洗衣房 | |
| 熨烫机 | 台 | 洗衣房 | |
| 熨斗 | 个 | 洗衣房 | |
| 蒸汽发生器 | 台 | 洗衣房 | |
| 熨台 | 个 | 洗衣房 | |
| 操作台 | 个 | 洗衣房 | |
| 液压升降梯 | 台 | 工程部 | |
| 电刨机 | 台 | 工程部 | |
| 电锯 | 台 | 工程部 | |
| 空气压缩机 | 台 | 工程部 | |
| 喷浆机 | 台 | 工程部 | |
| 手枪钻 | 把 | 工程部 | |
| 钥匙加工机 | 台 | 工程部 | |
| 电焊机 | 三相交流 | 工程部 | |
| 电焊机 | 手提式 | 工程部 | |

续表

| 物品名称 | 规格或质地 | 使用部门或部位 | 备注 |
|---|---|---|---|
| 氩弧焊机 | 台 | 工程部 | |
| 套丝机 | 台 | 工程部 | |
| 砂轮切割机 | 台 | 工程部 | |
| 手砂轮机 | 把 | 工程部 | |
| 管道疏通机 | 台 | 工程部 | |
| 水钻 | 个 | 工程部 | |
| 潜水泵 | 小型 | 工程部 | |
| 液压开孔器 | 个 | 工程部 | |
| 缝纫机 | 台 | 客房部工服室 | |

## 十、清洁类用品采购清单

| 物品名称 | 规格或质地 | 使用部门或部位 | 备注 |
|---|---|---|---|
| 立式烟筒 | 个 | 客房公共区域 | |
| 黑色起蜡垫 | 17号 | 客房公共区域 | 备件 |
| 红色起蜡垫 | 17号 | 客房公共区域 | 备件 |
| 白色抛光垫 | 20号 | 客房公共区域 | 备件 |
| 卫生块 | 个 | 客房部 | |
| 百洁布 | 个 | 客房部 | |
| 芳香块 | 个 | 客房部 | |
| 除味剂 | 块 | 客房部 | |
| 消毒液 | 瓶 | 客房部 | |
| 清洁桶 | 浅格 | 客房部 | |
| 喷壶 | 个 | 客房部 | |
| 不锈钢抛光液 | 瓶 | 客房部 | |
| 抛光铜水 | 瓶 | 客房部 | |
| 手套 | 副 | 客房部 | |
| 擦杯布 | 块 | 客房部 | |
| 清洁布 | 块 | 客房部 | |

续表

| 物品名称 | 规格或质地 | 使用部门或部位 | 备注 |
|---|---|---|---|
| 纸篓 | 个 | 客房部 | |
| 空气清新剂 | 瓶 | 客房部 | |
| 电动喷香器 | 个 | 客房部 | |
| 脚垫 | 块 | 客房部 | |
| 玻璃清洁器 | 套装 | 客房部 | |
| 玻璃刮胶条 | 个 | 客房部 | 备品 |
| 拖布 | 把 | 客房部 | |
| 立式垃圾筒 | 大号、中号 | 客房部 | |
| 清洁桶 | 双格 | 客房部 | |
| 云石铲 | 把 | 客房部 | |
| 玻璃刀 | 把 | 客房部 | |
| 刀片 | 把 | 客房部 | |
| 伸缩杆 | 个 | 客房部 | |
| 掘子 | 个 | 客房部 | |
| 雨鞋 | 双 | 客房部 | |
| 竹夹 | 个 | 客房部 | |
| 簸箕 | 个 | 客房部 | |
| 地板刷 | 把 | 客房部 | |
| 手刷 | 把 | 客房部 | |
| 海绵 | 块 | 客房部 | |
| 恭桶刷 | 把 | 客房部 | |
| 尘推 | 把 | 客房部 | |
| 尘推架、头 | 个 | 客房部 | 备品 |
| 塑料水桶 | 个 | 客房部 | |
| 刮水器 | 个 | 客房部 | |
| 隔离墩 | 个 | 客房部 | |
| 挤水车 | 辆 | 客房部 | |
| 梯子 | 个 | 客房部 | |
| 扫帚 | 把 | 客房部 | |

续表

| 物品名称 | 规格或质地 | 使用部门或部位 | 备注 |
|---|---|---|---|
| 多功能清洁液 | 1加仑 | 客房部 | |
| 玻璃清洁液 | 1加仑 | 客房部 | |
| 高效洁厕剂 | 1加仑 | 客房部 | |
| 家具保养蜡 | 1加仑 | 客房部 | |
| 起蜡水 | 1加仑 | 客房部 | |
| 静电迁尘液 | 1加仑 | 客房部 | |
| 洗手液 | 1加仑 | 客房部 | |
| 口香糖祛除剂 | 12盎司/瓶 | 客房部 | |
| 高泡地毯清洁剂 | 1加仑 | 客房部 | |
| 低泡地毯清洁剂 | 1加仑 | 客房部 | |
| 消泡剂 | 1加仑 | 客房部 | |
| 地毯去渍剂 | 32盎司/瓶 | 客房部 | |
| 瓷砖清洁剂 | 1加仑 | 客房部 | |
| 超强封地剂 | 1加仑 | 客房部 | |
| 强力去污剂 | 桶 | 客房部 | |
| 免擦面蜡 | 1加仑 | 客房部 | |
| 地板喷洁蜡 | 1加仑 | 客房部 | |
| 液体鞋油 | 瓶 | 客房部 | |
| 硝基稀料 | 桶 | 客房部 | |
| 酒精 | 瓶 | 客房部 | |
| 白蜡 | 瓶 | 客房部 | |
| 杀虫剂 | 瓶 | 客房部 | |
| 石材结晶粉 | 1磅 | 客房部 | |
| 晶面加硬养护剂 | 桶 | 客房部 | |
| 晶面加光养护剂 | 桶 | 客房部 | |
| 钢丝球 | 包 | 客房部 | |
| 抛光碟片 | 钻石牌 | 客房部 | |
| 干燥剂 | 桶 | 餐饮部 | |
| 上光剂 | 桶 | 餐饮部 | |

续表

| 物品名称 | 规格或质地 | 使用部门或部位 | 备注 |
|---|---|---|---|
| 餐具清洁剂 | 桶 | 餐饮部 | |
| 金属抛光剂 | 桶 | 餐饮部 | |
| 金银器清洁液 | 瓶 | 餐饮部 | |
| 金银器抛光剂 | 瓶 | 餐饮部 | |

## 十一、客用品类用品采购清单

| 物品名称 | 规格或质地 | 使用部门或部位 | 备注 |
|---|---|---|---|
| 化妆镜 | 面 | 客房卫生间 | |
| 晾衣绳 | 条 | 客房卫生间 | |
| 浴帘 | 个 | 客房卫生间 | 防水 |
| 防滑垫 | 块 | 客房卫生间 | |
| 化妆套装 | 套 | 客房部 | |
| 指甲修剪器 | 把 | 客房部 | |
| 鞋篮 | 个 | 客房部 | |
| 擦鞋工具 | 套 | 客房部 | |
| 多功能开瓶器 | 个 | 客房房间 | |
| 迷你吧酒水单夹 | 个 | 客房房间 | |
| 洗衣袋 | 条 | 客房部 | |
| 西服衣撑 | 个 | 客房部 | |
| 裤架 | 个 | 客房部 | |
| 裙架 | 个 | 客房部 | |
| 洗衣筐 | 个 | 客房部 | |
| 客用拖鞋 | 双 | 客房部 | |
| 擦鞋布或盒 | 个 | 客房部 | |
| 购物袋 | 个 | 客房部 | |
| 便签夹 | 个 | 客房部 | |
| 脏布巾筐 | 个 | 客房部 | |
| 盒式面巾纸 | 个 | 客房部 | |

续表

| 物品名称 | 规格或质地 | 使用部门或部位 | 备注 |
|---|---|---|---|
| 垃圾筒 | 个 | 客房房间及卫生间 | |
| 体重秤 | 电子 | 客房卫生间 | |
| 环保提示卡 | 张 | 客房卫生间 | |
| 大香皂 | 块 | 客房部 | |
| 小香皂 | 块 | 客房部 | |
| 牙具 | 套 | 客房部 | |
| 梳子 | 把 | 客房部 | |
| 剃须刀及须泡 | 把 | 客房部 | |
| 女宾袋 | 个 | 客房部 | |
| 指甲锉 | 把 | 客房部 | |
| 棉棒 | 盒 | 客房部 | |
| 洗发液 | 支 | 客房部 | |
| 沐浴液 | 支 | 客房部 | |
| 润肤露 | 支 | 客房部 | |
| 网线盒 | 个 | 客房部 | |
| 火柴 | 盒 | 客房房间 | |
| 搅酒棒 | 个 | 客房房间迷你吧 | |
| 针线包 | 个 | 客房房间 | |
| 迷你吧用品垫盘 | 个 | 客房部 | |
| 卫生间客用品垫盘 | 个 | 客房部 | |
| 开夜床礼品 | 份 | 客房房间 | |
| 贵宾欢迎夹 | 皮制 | 前厅部 | |
| 书写板 | 60厘米×80厘米×5厘米 | 前厅部 | |
| 户籍登记传输系统 | 特殊行政部门指定 | 前厅部 | |
| 行李罩网 | 张 | 前厅部 | |
| 行李护栏 | 个 | 前厅部 | |
| 雨伞架 | 个 | 前厅部 | |
| 报纸袋 | 个 | 前厅部 | |
| 客用雨伞 | 把 | 前厅部 | |

续表

| 物品名称 | 规格或质地 | 使用部门或部位 | 备注 |
|---|---|---|---|
| 房间磁卡钥匙 | 把 | 前厅部 | |
| 收银夹 | 个 | 各部门 | |

## 十二、低值易耗品类用品采购清单

| 物品名称 | 规格或质地 | 使用部门或部位 | 备注 |
|---|---|---|---|
| 卫生纸 | 卷 | 客房部 | |
| 擦手纸 | 盒 | 客房部 | |
| 杯垫 | 个 | 客房部、餐饮部 | |
| 餐巾纸 | 包 | 餐饮部 | |
| 牙签 | 包 | 餐饮部 | |
| 环保餐盒 | 包 | 餐饮部 | |
| 环保食品袋 | 个 | 餐饮部 | |

## 十三、店内服务用车辆用品采购清单

| 物品名称 | 规格或质地 | 使用部门或部位 | 备注 |
|---|---|---|---|
| 布草车 | 辆 | 客房服务 | |
| 工具车 | 辆 | 客房服务 | |
| 清洁车 | 辆 | 客房公共区域 | |
| 客衣运送车 | 辆 | 洗衣房 | |
| 工服车 | 辆 | 客房部工服室 | |
| 平板单层车 | 辆 | 各部门 | |
| 平板拉车 | 辆 | 财务部库房、工程部 | |
| 行李推车 | 辆 | 前厅 | |
| 板式折叠行李车 | 辆 | 前厅部 | |
| 轮椅 | 辆 | 前厅部 | |
| 三层不锈钢推车 | 辆 | 各部门 | |

续表

| 物品名称 | 规格或质地 | 使用部门或部位 | 备注 |
|---|---|---|---|
| 热碟车 | 辆 | 餐饮部 | |
| 双头保温车 | 辆 | 餐饮部 | |
| 酒车 | 辆 | 餐饮部 | |
| 客房送餐车 | 辆 | 餐饮部 | |
| 储冰车 | 辆 | 餐饮部 | |
| 食品加工车 | 辆 | 餐饮部 | |
| 杯筐运送车 | 辆 | 餐饮部 | |
| 宴会椅运送车 | 辆 | 餐饮部 | |
| 残食清理车 | 辆 | 餐饮部 | |

## 十四、消防器材类用品采购清单

| 物品名称 | 规格或质地 | 使用部门或部位 | 备注 |
|---|---|---|---|
| 消防斧 | 把 | 安保部 | |
| 消防钩 | 把 | 安保部 | |
| 消防锹 | 把 | 安保部 | |
| 消防桶 | 个 | 安保部 | |
| 灭火毯 | 条 | 安保部 | |
| 救生绳 | 条 | 安保部 | |
| 隔热服 | 件 | 安保部 | |
| 头盔 | 个 | 安保部 | |
| 过滤式呼吸器 | 个 | 安保部 | |
| 消防应急包 | 个 | 安保部 | |
| 烟感测试器 | 个 | 安保部 | |
| 排风机 | 台 | 安保部 | |
| 阻热毯 | 条 | 安保部 | |
| 隔热手套 | 双 | 安保部 | |
| 灭火器 | 只 | 安保部 | |
| 手投灭火弹 | 个 | 安保部 | |

续表

| 物品名称 | 规格或质地 | 使用部门或部位 | 备注 |
|---|---|---|---|
| 消防靴 | 双 | 安保部 | |
| 折叠担架 | 付 | 安保部 | |
| 急救箱 | 个 | 安保部 | |
| 手持测温仪 | 个 | 安保部 | |

## 十五、员工服装类用品采购清单

| 物品名称 | 规格或质地 | 使用部门或部位 | 备注 |
|---|---|---|---|
| 西服 | 套 | 各部门 | |
| 西服裙 | 套 | 各部门 | |
| 衬衫 | 件 | 各部门 | |
| 领带 | 条 | 各部门 | |
| 领结 | 个 | 经营部门 | |
| 帽子 | 顶 | 经营部门 | |
| 其他工作服装 | 套 | 各部门 | |
| 呢子大衣 | 件 | 前厅部、安保部 | |
| 披肩 | | 前厅部、餐饮部 | |
| 工服配饰 | | 各部门 | |
| 手套 | | 各部门 | |
| 旗袍 | | 餐饮部 | |
| 围裙 | | 餐饮部 | |
| 角巾 | | 餐饮部 | |
| 袜子 | | 各部门 | |
| 工鞋 | | 各部门 | |
| 各种针线 | | 客房部工服室 | |
| 备用扣子 | | 客房部工服室 | |
| 备用布料 | | 客房部工服室 | |
| 其他配饰备件 | | 客房部工服室 | |

## 十六、装饰类用品采购清单

| 物品名称 | 规格或质地 | 使用部门或部位 | 备注 |
| --- | --- | --- | --- |
| 工艺品摆件 | 个 | 前厅部、客房部 | |
| 壁画 | 幅 | 经营部门 | |
| 装饰花瓶 | 个 | 经营部门 | |
| 装饰画 | 幅 | 客房部 | |
| 干花 | 束 | 经营部门 | |
| 鲜花 | 束 | 经营部门 | |
| 保鲜树 | 棵 | 前厅大堂 | |
| 装饰布艺 | 条 | 经营部门 | |
| 节日装饰品小件 | 套 | 经营部门 | |

## 十七、劳保类用品采购清单

| 物品名称 | 规格或质地 | 使用部门或部位 | 备注 |
| --- | --- | --- | --- |
| 防寒服 | | 安保部 | |
| 礼仪手套 | | 安保部 | |
| 绝缘鞋 | | 工程部 | |
| 防滑鞋 | | 餐饮部厨房 | |
| 防护手套 | | 工程部 | |
| 护目镜 | | 工程部 | |
| 遮阳伞 | | 安保部 | |
| 雨靴 | | 工程部 | |
| 橡胶围裙 | | 餐饮部厨房 | |
| 安全带 | | 工程部 | |
| 口罩 | | 各部门 | |

## 十八、开荒用具类用品采购清单

| 物品名称 | 规格或质地 | 使用部门或部位 | 备注 |
|---|---|---|---|
| 铁锹 | 把 | 各部门 | |
| 雪铲 | 把 | 各部门 | |
| 云石铲 | 把 | 各部门 | |
| 玻璃刮 | 套 | 各部门 | |
| 洗涤灵 | 瓶 | 各部门 | |
| 消毒液 | 瓶 | 各部门 | |
| 橡胶手套 | 双 | 各部门 | |
| 去污粉 | 盒 | 各部门 | |
| 钢丝刷 | 把 | 各部门 | |
| 其他清洁用品 | 若干 | 各部门 | 同第十大类所列 |
| 其他清洁机械 | 若干 | 各部门 | 同第九大类所列 |

## 十九、培训类用品采购清单

| 物品名称 | 规格或质地 | 使用部门或部位 | 备注 |
|---|---|---|---|
| 影音教材 | 套 | 人力资源部 | |
| 考试题库 | 套 | 人力资源部 | |
| 行业规范 | 本 | 各部门 | |
| 饭店服务标准与流程 | 套 | 各部门 | |
| 其他培训书籍 | 本 | 各部门 | |

## 二十、厨杂类用品采购清单

| 物品名称 | 规格或质地 | 使用部门或部位 | 备注 |
|---|---|---|---|
| 汤桶 | 只 | 西餐厨房 | 不锈钢 |
| 平底锅 | 只 | 西餐厨房 | |
| 带柄汁桶 | 只 | 西餐厨房 | |

续表

| 物品名称 | 规格或质地 | 使用部门或部位 | 备注 |
|---|---|---|---|
| 炖锅 | 个 | 西餐厨房 | |
| 煎炸锅 | 把 | 西餐厨房 | |
| 炒锅 | 个 | 中西餐厨房 | |
| 高身单柄锅 | 个 | 西餐厨房 | |
| 烤炉盘 | 个 | 中西餐厨房 | |
| 长方盘 | 个 | 中西餐厨房 | |
| 打蛋器 | 个 | 中西餐厨房 | |
| 搅拌机 | 台 | 中西餐厨房 | |
| 滤网 | 圆形、锥形 | 中西餐厨房 | 有柄 |
| 粉筝 | 个 | 中西餐厨房 | |
| 长柄勺 | 把 | 中西餐厨房 | |
| 双齿肉叉 | 把 | 西餐厨房 | |
| 长铲 | 把 | 西餐厨房 | |
| 尖形勺 | 把 | 西餐厨房 | |
| 疏孔铲 | 把 | 西餐厨房 | |
| 长柄有孔勺 | 把 | 西餐厨房 | |
| 鱼铲 | 把 | 西餐厨房 | |
| 网式清汤筛 | 把 | 中西餐厨房 | |
| 量杯 | 个 | 中西餐厨房 | |
| 量匙 | 个 | 中西餐厨房 | |
| 单面刨 | 个 | 西餐厨房 | |
| 切蛋器 | 个 | 中西餐厨房 | |
| 蛋圈 | 个 | 西餐厨房 | |
| 食品夹 | 个 | 西餐厨房 | |
| 碎肉刀 | 把 | 西餐厨房 | |
| 芝士刀 | 把 | 西餐厨房 | |
| 剔骨刀 | 把 | 中西餐厨房 | |
| 片刀 | 把 | 中西餐厨房 | |

续表

| 物品名称 | 规格或质地 | 使用部门或部位 | 备注 |
|---|---|---|---|
| 薄饼盆 | 个 | 中西餐厨房 | 6寸、8寸、10寸、12寸、14寸、16寸 |
| 木柄薄饼炉 | 个 | 西餐厨房 | |
| 肉锤 | 把 | 西餐厨房 | |
| 剪刀 | 把 | 中西餐厨房 | |
| 弓形锯 | 把 | 西餐厨房 | |
| 去皮器 | 把 | 中西餐厨房 | |
| 雕花刀 | 套装 | 中西餐厨房 | |
| 双人刻刀 | 套装 | 中西餐厨房 | |
| 分刀 | 把 | 西餐厨房 | |
| 砍刀 | 把 | 中西餐厨房 | |
| 抹刀 | 把 | 西餐厨房 | |
| 磨刀棒 | 个 | 中西餐厨房 | |
| 面包切片机 | 台 | 西餐厨房 | |
| 面包弧形刀 | 把 | 西餐厨房 | |
| 牛扒刀 | 把 | 西餐厨房 | |
| 案板 | 个 | 中西餐厨房 | |
| 丝网围裙 | 个 | 中西餐厨房 | |
| 窝夫饼炉 | 台 | 西餐厨房 | |
| 双头挖球器 | 个 | 中西餐厨房 | |
| 研磨机 | 台 | 中西餐厨房 | |
| 榨汁机 | 台 | 中西餐厨房 | |
| 奶昔机 | 台 | 西餐厨房 | |
| 碎冰机 | 台 | 中西餐厨房 | |
| 食品加工机 | 小型 | 中西餐厨房 | |
| 搅肉机 | 台 | 中西餐厨房 | |
| 开罐器 | 台式 | 中西餐厨房 | |
| 调料盒 | 个 | 中西餐厨房 | |
| 电子秤 | 台 | 中西餐厨房 | |

续表

| 物品名称 | 规格或质地 | 使用部门或部位 | 备注 |
|---|---|---|---|
| 台秤 | 台 | 中西餐厨房 | |
| 石田磅 | 台 | 中西餐厨房 | |
| 测温计 | 个 | 西餐厨房 | |
| 糖度计 | 个 | 西餐厨房 | |
| 挤花袋 | 个 | 西餐厨房 | |
| 挤花架 | 个 | 西餐厨房 | |
| 蛋糕台 | 个 | 西餐厨房 | |
| 吐司机 | 台 | 西餐厨房 | |
| 切割器 | 个 | 西餐厨房 | |
| 面棍 | 个 | 中西餐厨房 | |
| 胶柄油扫 | 个 | 中西餐厨房 | |
| 糖粉罐 | 个 | 中西餐厨房 | |
| 胡椒罐 | 个 | 中西餐厨房 | |
| 麦芽糖箱 | 个 | 中西餐厨房 | |
| 蛋糕模子 | 个 | 西餐厨房 | |
| 保温灯 | 个 | 西餐厨房 | |
| 饼夹 | 个 | 西餐厨房 | |
| 剪刀形夹 | 个 | 西餐厨房 | |
| 意粉夹 | 把 | 西餐厨房 | |
| 蜗牛叉 | 把 | 西餐厨房 | |
| 面包篮 | 个 | 西餐厨房 | |
| 骨刀 | 把 | 中餐厨房 | |
| 片刀 | 把 | 中餐厨房 | |
| 桑刀 | 把 | 中餐厨房 | |
| 九江刀 | 把 | 中餐厨房 | |
| 去皮刀 | 把 | 中餐厨房 | |
| 陈枝记刀具 | 把 | 中餐厨房 | |
| 拍皮刀 | 把 | 中餐厨房 | |
| 雕刻刀 | 套 | 中餐厨房 | |

续表

| 物品名称 | 规格或质地 | 使用部门或部位 | 备注 |
|---|---|---|---|
| 油石 | 块 | 中餐厨房 | |
| 锅盖 | 个 | 中餐厨房 | |
| 水壳 | 个 | 中餐厨房 | |
| 炒锅 | 16寸、22寸 | 中餐厨房 | |
| 手勺 | 把 | 中餐厨房 | |
| 手铲 | 把 | 中餐厨房 | |
| 炊扫 | 把 | 中餐厨房 | |
| 锅架 | 个 | 中餐厨房 | |
| 油格 | 个 | 中餐厨房 | |
| 料壶 | 个 | 中餐厨房 | |
| 料盒 | 个 | 中餐厨房 | |
| 刀箱 | 个 | 中餐厨房 | |
| 码兜 | 个 | 中餐厨房 | |
| 腰兜 | 个 | 中餐厨房 | |
| 雀巢码兜 | 个 | 中餐厨房 | |
| 物兜 | 个 | 中餐厨房 | |
| 不锈钢方盘 | 个 | 中餐厨房 | |
| 油毂 | 个 | 中餐厨房 | |
| 不锈钢圆盆 | 个 | 中餐厨房 | |
| 保鲜膜 | 个 | 中西餐厨房 | |
| 保温锡纸 | 个 | 中西餐厨房 | |
| 花嘴 | 个 | 中西餐厨房 | |
| 不粘锅 | 个 | 中西餐厨房 | |
| 压力锅 | 个 | 中餐厨房 | |
| 电饭煲 | 个 | 中西餐厨房 | |
| 保鲜盒 | 个 | 中西餐厨房 | |
| 饭铲 | 个 | 中西餐厨房 | |
| 木铲 | 个 | 中西餐厨房 | |
| 食品夹 | 个 | 中西餐厨房 | |

续表

| 物品名称 | 规格或质地 | 使用部门或部位 | 备注 |
|---|---|---|---|
| 点火器 | 个 | 中西餐厨房 | |
| 单柄汁锅 | 个 | 中西餐厨房 | |
| 计时器 | 个 | 中西餐厨房 | |
| 食品勺 | 个 | 中西餐厨房 | |
| 砧板 | 松木 | 中餐厨房 | |
| 砧板围 | 不锈钢 | 中餐厨房 | |
| 杂物盒 | 砧板配套 | 中餐厨房 | |
| 加长筷子 | 双 | 中餐厨房 | |
| 椒盐罐 | 不锈钢 | 中餐厨房 | |
| 隔热手套 | 双 | 中餐厨房 | |
| 胶手套 | 双 | 中餐厨房 | |
| 钢刷 | 把 | 中餐厨房 | |
| 油刷 | 把 | 中餐厨房 | |
| 百洁布 | 块 | 中餐厨房 | |
| 手布 | 块 | 中餐厨房 | |
| 喷壶 | 个 | 中餐厨房 | |
| 去鳞器 | 个 | 中餐厨房 | |
| 灰铲 | 把 | 中餐厨房 | |
| 不锈钢桶 | 各种规格 | 中餐厨房 | 带耳 |
| 竹签 | 支 | 中餐厨房 | |
| 刺身船 | 竹或木制 | 中餐厨房 | |
| 铁板连座 | 个 | 中餐厨房 | |
| 煲仔 | 个 | 中餐厨房 | |
| 竹篮 | 个 | 中餐厨房 | |
| 笼仔 | 个 | 中餐厨房 | |
| 漆盘 | 个 | 中餐厨房 | |
| 底片 | 不锈钢 | 中餐厨房 | |
| 笼屉 | 不锈钢 | 中餐厨房 | |
| 屉布 | 块 | 中餐厨房 | |

续表

| 物品名称 | 规格或质地 | 使用部门或部位 | 备注 |
|---|---|---|---|
| 锅仔连架 | 个 | 中餐厨房 | |
| 切片机 | 台 | 中西餐厨房 | |
| 绞肉机 | 台 | 中西餐厨房 | |
| 水管 | 条 | 中西餐厨房 | |
| 塑料桶 | 个 | 中西餐厨房 | |
| 厨帽 | 无纺布 | 中西餐厨房 | |
| 花底纸 | 包 | 中西餐厨房 | |
| 微波炉 | 台 | 中西餐厨房 | |
| 肉签 | 不锈钢 | 中西餐厨房 | |
| 丁字钩 | 个 | 中餐厨房 | |
| S形钩 | 个 | 中餐厨房 | |
| 长手钩 | 个 | 中餐厨房 | |
| 叉烧环 | 个 | 中餐厨房 | |
| 叉烧针 | 个 | 中餐厨房 | |
| 鹅尾针 | 个 | 中餐厨房 | |
| 面棍 | 长、短 | 中餐厨房 | 枣木 |
| 排笔刷 | 把 | 中餐厨房 | |
| 毛刷 | 把 | 中餐厨房 | |
| 板刷 | 把 | 中餐厨房 | |
| 馅挑 | 支 | 中餐厨房 | |
| 油盆 | 个 | 中餐厨房 | |
| 馅盆 | 个 | 中餐厨房 | |
| 铝盆 | 个 | 中餐厨房 | |
| 水舀 | 个 | 中餐厨房 | |
| 油箅子 | 个 | 中餐厨房 | |
| 笊篱 | 个 | 中餐厨房 | |
| 塑料筐 | 个 | 中餐厨房 | |
| 菊花盏 | 个 | 中餐厨房 | |
| 笋筐 | 个 | 中餐厨房 | |

续表

| 物品名称 | 规格或质地 | 使用部门或部位 | 备注 |
|---|---|---|---|
| 走槌 | 个 | 中餐厨房 | |
| 香山秤 | 台 | 中餐厨房 | |
| 港秤 | 台 | 中餐厨房 | |

## 二十一、工程备件类用品采购清单

| 物品名称 | 规格或质地 | 使用部门或部位 | 备注 |
|---|---|---|---|
| 氧气罐 | 个 | 工程部 | |
| 乙炔罐 | 个 | 工程部 | |
| 压力钳 | 把 | 工程部 | |
| 电气焊器具 | 套 | 工程部 | |
| 手提气焊工具 | 套 | 工程部 | |
| 手提维修箱 | 套 | 工程部 | |
| 工具背包 | 个 | 工程部 | |
| 各种维修工具 | 套 | 工程部 | 具体单项省略 |
| 电气仪表 | 套 | 工程部 | |
| 测温仪 | 红外线式 | 工程部 | |
| 电工专用工具 | 套 | 工程部 | |
| 制冷机备件 | 套 | 工程部 | |
| 阀门管件 | 套 | 工程部 | |
| 各种维修材料 | 若干 | 工程部 | 具体单项省略 |
| 灯管灯泡 | 若干 | 工程部 | |
| 电源插座 | 个 | 工程部 | |
| 开关面板 | 个 | 工程部 | |
| 电线电缆 | 若干 | 工程部 | |

## 二十二、干货调料类用品采购清单

| 物品名称 | 规格或质地 | 使用部门或部位 | 备注 |
|---|---|---|---|
| 中餐调料 | 若干 | 餐饮部中餐厨房 | 根据菜系选定 |
| 中餐干货 | 若干 | 餐饮部中餐厨房 | 根据菜系选定 |
| 西餐调料 | 若干 | 餐饮部西餐厨房 | 根据菜式选定 |
| 西餐干货 | 若干 | 餐饮部西餐厨房 | 根据菜式选定 |

## 二十三、酒水烟草类用品采购清单

| 物品名称 | 规格或质地 | 使用部门或部位 | 备注 |
|---|---|---|---|
| 进口啤酒 | 喜力、嘉士伯等 | 客房迷你吧 | |
| 本地啤酒 | 青岛、燕京等 | 客房迷你吧 | |
| 进口矿泉水 | 依云、巴黎水等 | 客房迷你吧 | |
| 本地矿泉水 | 崂山、农夫山泉等 | 客房迷你吧 | |
| 软饮料 | 可乐、雪碧等各种果汁饮品 | 客房迷你吧、餐饮部 | |
| 烈性酒类 | 白兰地、威士忌、金酒、伏特加、朗姆酒 | 客房迷你吧 | |
| 各种雪茄 | 盒 | 餐饮酒吧 | 知名品牌 |
| 各种卷烟 | 条 | 餐饮部 | 知名品牌 |
| 开胃酒类 | 瓶 | 餐饮酒吧 | |
| 烈性酒类 | 瓶 | 餐饮酒吧 | 五大烈性酒 |
| 餐后甜酒 | 瓶 | 餐饮酒吧 | |
| 葡萄酒 | 瓶 | 餐饮部 | |
| 中国白酒 | 箱 | 餐饮部中餐 | 知名品牌 |
| 加饭酒 | 箱 | 餐饮部中餐 | |
| 其他酒类 | 瓶 | 餐饮部 | |
| 其他软饮料 | 箱 | 餐饮部 | |

## 二十四、食品原材料类用品采购清单

| 物品名称 | 规格或质地 | 使用部门或部位 | 备注 |
|---|---|---|---|
| 方便面 | 盒 | 客房迷你吧 | |
| 火腿肠 | 盒 | 客房迷你吧 | |
| 巧克力 | 块 | 客房迷你吧 | |
| 各种干果 | 袋 | 客房迷你吧 | |
| 咖啡 | 袋 | 客房迷你吧 | |
| 英国茶 | 袋 | 客房迷你吧 | |
| 中国茶 | 袋 | 客房迷你吧 | |
| 粮油米面 | 若干 | 餐饮部厨房 | |
| 肉类蔬菜 | 若干 | 餐饮部厨房 | |
| 鲜活水产 | 若干 | 餐饮部厨房 | |
| 副食原料 | 若干 | 餐饮部厨房 | |
| 禽蛋类 | 若干 | 餐饮部厨房 | |
| 土产杂粮 | 若干 | 餐饮部厨房 | |

## 二十五、商品货物类用品采购清单

| 物品名称 | 规格或质地 | 使用部门或部位 | 备注 |
|---|---|---|---|
| 服装服饰 | 件 | 商品部 | |
| 土特产 | 若干 | 商品部 | |
| 工艺品 | 件 | 商品部 | |
| 生活用品 | 若干 | 商品部 | |
| 食品饮料 | 若干 | 商品部 | |
| 小件娱乐用品 | 件 | 商品部 | |

## 二十六、运输车辆类用品采购清单

| 物品名称 | 规格或质地 | 使用部门或部位 | 备注 |
|---|---|---|---|
| 客用中巴 | 辆 | 总办 | |
| 客用轿车 | 辆 | 总办 | |
| 自用办公车辆 | 辆 | 总办 | |
| 自用采购车辆 | 辆 | 总办 | |
| 车辆标志喷涂 | | 总办 | |
| 车辆内饰 | 若干 | 总办 | |
| 其他配饰用品 | 若干 | 总办 | |

## 二十七、医疗卫生类用品采购清单

| 物品名称 | 规格或质地 | 使用部门或部位 | 备注 |
|---|---|---|---|
| 医用保温箱 | 个 | 医务室 | |
| 理疗仪 | 台 | 医务室 | |
| 诊疗桌 | 个 | 医务室 | |
| 诊疗椅 | 把 | 医务室 | |
| 诊疗床 | 张 | 医务室 | |
| 急救箱 | 个 | 医务室 | |
| 持物镊 | 个 | 医务室 | |
| 磨口瓶 | 个 | 医务室 | |
| 污物桶 | 个 | 医务室 | |
| 被单 | 条 | 医务室 | |
| 枕头 | 个 | 医务室 | |
| 枕套 | 条 | 医务室 | |
| 输液架 | 个 | 医务室 | |
| 血压计 | 个 | 医务室 | |
| 体温计 | 个 | 医务室 | |
| 听诊器 | 个 | 医务室 | |

续表

| 物品名称 | 规格或质地 | 使用部门或部位 | 备注 |
|---|---|---|---|
| 药品柜 | 个 | 医务室 | |
| 医用剪 | 把 | 医务室 | |
| 高压消毒器 | 台 | 医务室 | |
| 纱布罐 | 个 | 医务室 | |
| 医用手套 | 双 | 医务室 | |
| 消毒棉球 | 盒 | 医务室 | |
| 碘酒 | 瓶 | 医务室 | |
| 医用酒精 | 瓶 | 医务室 | |
| 止血绷带 | 包 | 医务室 | |
| 烫伤膏 | 盒 | 医务室 | |
| 云南白药 | 瓶 | 医务室 | |
| 诊疗服 | 件 | 医务室 | |
| 诊疗帽 | 个 | 医务室 | |
| 常用药品 | 若干 | 医务室 | |
| 管桶 | 1号、2号 | 食品检验室 | |
| 燃烧灯 | 个 | 食品检验室 | |
| 铜筐 | 个 | 食品检验室 | |
| 细菌培养器具 | 个 | 食品检验室 | |
| 蒸馏水桶 | 个 | 食品检验室 | |
| 吸管盛放器 | 个 | 食品检验室 | |
| 吸管 | 个 | 食品检验室 | |
| 样品瓶 | 个 | 食品检验室 | |
| 注射器 | 支 | 食品检验室 | |
| 量杯 | 个 | 食品检验室 | |
| 压力消毒器 | 个 | 食品检验室 | |
| 液体配给杯 | 个 | 食品检验室 | |
| 电子秤 | 台 | 食品检验室 | |
| 试管 | 个 | 食品检验室 | |
| 试管盖 | 个 | 食品检验室 | |

续表

| 物品名称 | 规格或质地 | 使用部门或部位 | 备注 |
|---|---|---|---|
| 试管架 | 个 | 食品检验室 | |
| 三角烧瓶 | 500毫升、2000毫升 | 食品检验室 | |
| 医用钳 | 把 | 食品检验室 | |
| 紫外线消毒灯 | 个 | 食品检验室 | |
| 细菌培养剂 | 个 | 食品检验室 | |
| 卫生化验设备 | 套 | 食品检验室 | |

## 二十八、绿植鲜花类用品采购清单

| 物品名称 | 规格或质地 | 使用部门或部位 | 备注 |
|---|---|---|---|
| 绿植 | 盆 | 公共区域、客房房间 | |
| 鲜花 | 盆 | 经营部门 | |
| 花盆 | 个 | 客房部 | |
| 喷壶 | 个 | 客房部 | |
| 营养液 | 瓶 | 客房部 | |
| 防虫液 | 瓶 | 客房部 | |
| 巴厘石 | 包 | 客房部 | |
| 花瓶 | 个 | 经营部门 | |

## 二十九、通信器材类用品采购清单

| 物品名称 | 规格或质地 | 使用部门或部位 | 备注 |
|---|---|---|---|
| 多功能电话 | 部 | 客用各部门 | |
| 普通电话 | 部 | 内部办公 | |
| 对讲机 | 部 | 客房部 | |
| 专业对讲机 | 部 | 安保部 | |
| 电话挂机 | 部 | 客房卫生间 | |
| 无绳电话 | 部 | 前厅部 | |
| 耳机 | 个 | 客房部 | |

## 三十、安保设备类用品采购清单

| 物品名称 | 规格或质地 | 使用部门或部位 | 备注 |
| --- | --- | --- | --- |
| 强光手电筒 | 个 | 安保部 | 便携式 |
| 警示标志灯 | 个 | 安保部 | |
| 指挥棒 | 个 | 安保部 | |
| 反光背心 | 件 | 安保部 | |
| 强光灯 | 个 | 安保部 | |
| 防暴警棍 | 个 | 安保部 | 带电 |
| 便携警棍 | 个 | 安保部 | |
| 手持喇叭 | 个 | 安保部 | 电子 |
| 隔离墩 | 个 | 安保部 | 反光 |
| 防护栏 | 组 | 安保部 | |
| 安全箱 | 个 | 安保部 | 提款专用 |
| 防暴绳 | 条 | 安保部 | |
| 警示标志牌 | 个 | 安保部 | |
| 警戒拉线 | 条 | 安保部 | |
| 汽车地锁 | 个 | 安保部 | |
| 停车场标志牌 | 个 | 安保部 | |
| 安全挂图 | 幅 | 安保部 | |

## 三十一、康乐设备类用品采购清单

| 物品名称 | 规格或质地 | 使用部门或部位 | 备注 |
| --- | --- | --- | --- |
| 卡拉OK机 | 台 | 康乐部歌舞厅 | |
| 麦克风 | 个 | 康乐部歌舞厅 | 有线及无线 |
| 硬盘曲库 | 台 | 康乐部歌舞厅 | |
| 大屏幕电视 | 台 | 康乐部歌舞厅 | |
| 电子游艺设备 | 台 | 康乐部 | |
| 台球设备 | 台 | 康乐部 | |

续表

| 物品名称 | 规格或质地 | 使用部门或部位 | 备注 |
|---|---|---|---|
| 台球配件 | 个 | 康乐部 | |
| 乒乓球设备 | 台 | 康乐部 | |
| 乒乓球配件 | 个 | 康乐部 | |
| 桑拿设备 | 若干 | 康乐部 | |
| 其他设备 | 若干 | 康乐部 | |
| 服务用品 | 若干 | 康乐部 | |

## 三十二、音响设备类用品采购清单

| 物品名称 | 规格或质地 | 使用部门或部位 | 备注 |
|---|---|---|---|
| 投影机 | 高清/台 | 多功能厅或会议厅 | 多媒体显示系统 |
| 电动软幕 | 高清/块 | 多功能厅或会议厅 | 多媒体显示系统 |
| 升降吊架 | 电动/台 | 多功能厅或会议厅 | 多媒体显示系统 |
| 多功能演示矩阵 | 台 | 多功能厅或会议厅 | 信号处理系统 |
| 计算机接口 | 台 | 多功能厅或会议厅 | 信号处理系统 |
| 电视调谐器 | 台 | 多功能厅或会议厅 | 信号处理系统 |
| RGB 线缆 | 卷 | 多功能厅或会议厅 | 信号处理系统 |
| 信息面板 | 墙装/块 | 多功能厅或会议厅 | 信号处理系统 |
| 多功能控制主机 | 台 | 多功能厅或会议厅 | 集中控制系统 |
| 无线触摸屏 | 块 | 多功能厅或会议厅 | 集中控制系统 |
| 触摸屏接收器 | 个 | 多功能厅或会议厅 | 集中控制系统 |
| 红外线发射棒 | 个 | 多功能厅或会议厅 | 集中控制系统 |
| 电源控制模块 | 块 | 多功能厅或会议厅 | 集中控制系统 |
| 集中控制软件 | 套 | 多功能厅或会议厅 | 集中控制系统 |
| 控制电脑 | 台 | 多功能厅或会议厅 | 信号源及控制平台 |
| 彩色摄像机 | 个 | 多功能厅或会议厅 | 摄像系统 |
| 控制键盘 | 个 | 多功能厅或会议厅 | 摄像系统 |
| 主音箱 | 只 | 多功能厅或会议厅 | 音响扩音系统 |
| 低音音箱 | 台 | 多功能厅或会议厅 | 音响扩音系统 |
| 环绕音箱 | 只 | 多功能厅或会议厅 | 音响扩音系统 |

续表

| 物品名称 | 规格或质地 | 使用部门或部位 | 备注 |
|---|---|---|---|
| 主音箱功放 | 台 | 多功能厅或会议厅 | 音响扩音系统 |
| 低音音箱功放 | 台 | 多功能厅或会议厅 | 音响扩音系统 |
| 环绕音箱功放 | 台 | 多功能厅或会议厅 | 音响扩音系统 |
| 音频处理设备 | 台 | 多功能厅或会议厅 | 音响扩音系统 |
| 调音台 | 台 | 多功能厅或会议厅 | 音响扩音系统 |
| 均衡器 | 台 | 多功能厅或会议厅 | 音响扩音系统 |
| 效果器 | 台 | 多功能厅或会议厅 | 音响扩音系统 |
| 鹅颈话筒 | 支 | 多功能厅或会议厅 | 音响扩音系统 |
| 话筒底座 | 个 | 多功能厅或会议厅 | 音响扩音系统 |
| 无线手持话筒 | 支 | 多功能厅或会议厅 | 音响扩音系统 |
| 领夹话筒 | 支 | 多功能厅或会议厅 | 音响扩音系统 |
| 反馈抑制器 | 台 | 多功能厅或会议厅 | 音响扩音系统 |
| MD机 | 台 | 多功能厅或会议厅 | 音响扩音系统 |
| DVD机 | 台 | 多功能厅或会议厅 | 音响扩音系统 |
| 时序电源 | 个 | 多功能厅或会议厅 | 音响扩音系统 |
| 演出灯 | 套 | 多功能厅或会议厅 | 灯光系统 |
| 换色器 | 个 | 多功能厅或会议厅 | |
| 换色器控制台 | 台 | 多功能厅或会议厅 | |
| 电脑摇头灯 | 个 | 多功能厅或会议厅 | |
| 电脑灯控制台 | 个 | 多功能厅或会议厅 | |
| 烟机 | 台 | 多功能厅或会议厅 | |
| 烟油 | 瓶 | 多功能厅或会议厅 | |
| 硅箱 | 个 | 多功能厅或会议厅 | |
| 调光台 | 个 | 多功能厅或会议厅 | |
| 灯光升降机 | 套 | 多功能厅或会议厅 | |
| 条幅 | 个 | 多功能厅或会议厅 | |
| 条幅升降机 | 台 | 多功能厅或会议厅 | |
| 线缆及辅件 | 若干 | 多功能厅或会议厅 | 灯光系统 |
| 视频监视器 | 台 | 多功能厅或会议厅 | 附件 |
| DVD硬盘录像机 | 台 | 多功能厅或会议厅 | |

续表

| 物品名称 | 规格或质地 | 使用部门或部位 | 备注 |
|---|---|---|---|
| 机柜 | 个 | 多功能厅或会议厅 | |
| 操作台 | 个 | 多功能厅或会议厅 | |
| 线缆及辅件 | 若干 | 多功能厅或会议厅 | |
| RGB监视器 | 台 | 多功能厅或会议厅 | |
| 流明投影机 | 台 | 小会议室 | 多媒体显示 |
| 电动软幕 | 台 | 小会议室 | |
| 电动升降吊架 | 个 | 小会议室 | |
| 多功能演示矩阵 | 个 | 小会议室 | 信号处理 |
| 地面信息接口 | 个 | 小会议室 | |
| 吸顶音箱 | 个 | 小会议室 | 音响扩声及辅件 |
| 功放 | 台 | 小会议室 | |
| 调音台 | 个 | 小会议室 | |
| 鹅颈话筒 | 个 | 小会议室 | |
| 话筒底座 | 个 | 小会议室 | |
| 无线手持话筒 | 个 | 小会议室 | |
| DVD机 | 台 | 小会议室 | |
| 机柜 | 个 | 小会议室 | |
| 线缆和附件 | 若干 | 小会议室 | |

## 三十三、应用软件类用品采购清单

| 物品名称 | 规格或质地 | 使用部门或部位 | 备注 |
|---|---|---|---|
| 电脑管理软件 | 套 | 各部门 | |
| 财务管理软件 | 套 | 财务部 | |
| 人事管理软件 | 套 | 人力资源部 | |
| 一卡通管理软件 | 套 | 人力资源部 | |
| 杀毒软件 | 套 | 财务部 | |
| 防火墙 | 套 | 财务部 | |
| 其他应用软件 | 套 | 各部门 | |

## 三十四、员工餐宿用品采购清单

| 物品名称 | 规格或质地 | 使用部门或部位 | 备注 |
|---|---|---|---|
| 员工更衣柜 | 个 | 员工更衣室 | |
| 衣撑 | 个 | 员工更衣室 | |
| 穿衣镜 | 面 | 员工更衣室 | |
| 条凳 | 个 | 员工更衣室 | |
| 床 | 张 | 员工倒班宿舍 | |
| 被褥 | 套 | 员工倒班宿舍 | |
| 床单 | 条 | 员工倒班宿舍 | |
| 被罩 | 条 | 员工倒班宿舍 | |
| 枕芯 | 个 | 员工倒班宿舍 | |
| 枕套 | 条 | 员工倒班宿舍 | |
| 暖瓶 | 个 | 员工倒班宿舍 | |
| 书刊 | 若干 | 员工活动室 | |
| 棋牌 | 若干 | 员工活动室 | |
| 书柜 | 个 | 员工活动室 | |
| 阅览桌 | 个 | 员工活动室 | |
| 座椅 | 个 | 员工活动室 | |
| 报刊架 | 个 | 员工活动室 | |
| 电视机 | 台 | 员工活动室 | |
| DVD机 | 台 | 员工活动室 | |
| 快餐桌椅 | 套 | 员工餐厅 | |
| 员工餐厨设备 | 套 | 员工餐厅厨房 | |
| 砍刀 | 把 | 员工餐厅厨房 | |
| 菜刀 | 把 | 员工餐厅厨房 | |
| 骨刀 | 2号 | 员工餐厅厨房 | |
| 木菜墩 | 个 | 员工餐厅厨房 | |
| 碗 | 密胺 | 员工餐厅厨房 | |
| 醋壶 | 个 | 员工餐厅厨房 | |

续表

| 物品名称 | 规格或质地 | 使用部门或部位 | 备注 |
|---|---|---|---|
| 酱油壶 | 个 | 员工餐厅厨房 | |
| 调料盒 | 不锈钢 | 员工餐厅厨房 | |
| 不锈钢笼屉 | 个 | 员工餐厅厨房 | |
| 残食清理台 | 不锈钢 | 员工餐厅厨房 | |
| 大盆 | 不锈钢/60寸 | 员工餐厅厨房 | |
| 四槽加热饭台 | 个 | 员工餐厅厨房 | |
| 油刷 | 把 | 员工餐厅厨房 | |
| 排刷 | 把 | 员工餐厅厨房 | |
| 饭勺 | 不锈钢 | 员工餐厅厨房 | |
| 饭铲 | 不锈钢 | 员工餐厅厨房 | |
| 方盘 | 40厘米×35厘米×2厘米/0.5厘米厚 | 员工餐厅厨房 | |
| 垃圾桶 | 带轮加盖 | 员工餐厅厨房 | |
| 手铲 | 把 | 员工餐厅厨房 | |
| 手勺 | 1号、3号 | 员工餐厅厨房 | |
| 快餐盘 | 五格 | 员工餐厅厨房 | |
| 餐勺 | 不锈钢 | 员工餐厅厨房 | |
| 保鲜盒 | 个 | 员工餐厅厨房 | |
| 食品储藏箱 | 个 | 员工餐厅厨房 | |
| 油箅子 | 个 | 员工餐厅厨房 | |
| 锅架 | 个 | 员工餐厅厨房 | |
| 笊篱 | 个 | 员工餐厅厨房 | |
| 码兜 | 个 | 员工餐厅厨房 | |
| 筷子 | 个 | 员工餐厅厨房 | |
| 炊帚 | 个 | 员工餐厅厨房 | |
| 汤桶 | 不锈钢 | 员工餐厅厨房 | |
| 灭蝇灯 | 个 | 员工餐厅厨房 | |
| 豆包布 | 卷 | 员工餐厅厨房 | |
| 食品夹 | 个 | 员工餐厅厨房 | |
| 电子秤 | 台 | 员工餐厅厨房 | |

## 三十五、其他杂品采购清单

| 物品名称 | 规格或质地 | 使用部门或部位 | 备注 |
|---|---|---|---|
| 花架 | 个 | 客房公共区域 | |
| 工具盒 | 简便 | 客房公共区域 | |
| 钥匙牌 | 个 | 客房服务中心 | |
| 裁衣剪 | 把 | 客房部工服室 | |
| 固体酒精罐 | 个 | 餐饮部 | |
| 燃料罐 | 个 | 餐饮部 | |
| 桌号牌 | 个 | 餐饮部 | |
| 传菜木夹 | 个 | 餐饮部 | |
| 各种CD | 张 | 前厅部背景音乐 | |

# 第九章

# 饭店开业 VI 设计

## 第一节 几点必须了解的知识

### 一、什么是 VI 设计

VI 即 Visual Identity 的缩写，通译为视觉识别系统，是 CIS 系统中最具传播力和感染力的部分。它是将 CI 的非可视内容转化为静态的视觉识别符号，以无比丰富多样的应用形式，在最为广泛的层面上，进行信息的最直接的传播。

### 二、饭店 VI 设计的重要性体现在哪里

在饭店企业重视品牌营销的今天，没有 VI 设计，就意味着饭店特有的市场形象将淹没于商海之中，让人辨别不清；也意味着饭店产品将缺乏个性，无法培育忠实顾客；同时还意味着饭店没有健全与其市场定位相符的企业文化，这会影响饭店的营收和市场开发。

设计到位、实施科学的视觉识别系统，是传播饭店企业经营理念、建立企业知名度、塑造企业形象、开展品牌营销的便捷之路。

饭店 VI 设计的作用主要体现在以下几方面：

（1）饭店 VI 设计可以确立饭店明显的行业特征，将本饭店与其他饭店区分开来，确保饭店在经济活动中的独立性和不可替代性。它是饭店企业无形资产的重要组成部分。

（2）饭店 VI 设计可以传达饭店的经营理念和企业文化，以形象的视觉方式达到宣传饭店的目的。

（3）饭店 VI 设计可以使饭店特有的视觉符号系统吸引公众的注意力并产生记忆，

使消费者对饭店企业所提供的产品产生最高的品牌忠诚度。

（4）饭店 VI 设计可以提高饭店员工对企业的认同感，鼓舞士气。

## 三、饭店 VI 设计的主要内容是什么

饭店 VI 设计一般包括基础部分和应用部分两大内容。其中，基础部分包括：饭店的名称、标志、标准字体、主体色、辅助图形、标准印刷字体、禁用规则等；应用部分则包括：标牌旗帜、办公用品、公关用品、环境设计、员工服装、专用车辆等。

## 四、饭店 VI 设计的基本原则是什么

饭店企业 VI 设计不是机械的符号操作，而是要达到以企业文化为内涵生动表述的目的。VI 设计应多角度、全方位地反映饭店企业的经营理念。设计时，应掌握以下原则：

（1）风格统一的原则。

（2）起到视觉冲击效果的原则。

（3）人性化设计的原则。

（4）增强民族个性、尊重民族风俗的原则。

（5）可实施性原则，饭店的 VI 设计不能异想天开，而应具有较强的可实施性。如果设计过于沉重烦琐或因成本昂贵无法实施，再优秀的设计方案也会由于难以落实而成为纸上谈兵。

（6）符合审美规律的原则。

（7）严格管理的原则，饭店 VI 设计要充分注重系统管理的重要性，防止实施的随意性，保证不走样。

## 五、饭店 VI 设计都有哪些程序

### （一）准备阶段

首先应成立 VI 设计小组。设计小组的人数不在于多，而在于精干、重实效。一般来说，设计小组的负责人应由饭店企业的管理高层担任，此类人员对饭店情况了解透彻，宏观把握能力更强。组员应由各专业有经验的人士组成，以美工创作人员为主体，以市场营销人员和行政人员为辅助。如果条件许可，还可邀请美学、心理学方面的专业人士参与设计工作。

### （二）设计开发阶段

VI 设计小组成立后，小组成员应搜集相关信息，充分理解、消化饭店企业的文化内涵，寻找与 VI 设计的结合点，确定贯穿整个设计方案的基本形式。这一工作有赖于设计人员与饭店企业间进行充分沟通。各项工作准备就绪后，设计小组即可进入具体的设

计阶段。设计阶段分为以下三部分：

（1）反馈修正阶段：设计小组根据对饭店企业内涵的理解，制作多个备选方案，标明创意说明，并制定相应的标准制图和色彩效果图，筛选初步方案。

（2）调研阶段：在 VI 设计基本定型后，还要进行较大范围的调研，通过一定数量、不同层次的适用人群的信息反馈，来检验设计方案实施的可能性。

（3）编制饭店企业 VI 手册。

### （三）饭店 VI 设计项目

饭店的 VI 设计分为基础项目设计和应用项目设计两个方面。

#### 1. 基础项目设计

（1）饭店标志设计包括饭店标志及标志创意说明、标志墨稿、标志反白效果图、标志标准化制图、标志方格坐标制图、标志预留空间与最小比例限定、标志特定色彩效果展示。

（2）饭店标准字体包括饭店全称中文字体、饭店简称中文字体、饭店全称中文字体方格坐标制图、饭店简称中文字体方格坐标制图、饭店全称英文字体、饭店简称英文字体、饭店全称英文字体方格坐标制图、饭店简称英文字体方格坐标制图。

（3）饭店标准色包括饭店印刷标准色、辅助色、下属产业色彩识别、背景色使用规定、色彩搭配组合专用表、背景色色度和色相。

（4）饭店企业形象图形包括象征图形彩色稿、象征图形延展效果稿、象征图形使用规范、象征图形组合规范。

（5）专用印刷字体。

（6）基本项目组合规范。包括标志与标准字组合多种模式、标志与象形图形组合多种模式、标志与标准字和象征图形组合的多种模式、基本项目禁止组合多种模式等。

#### 2. 应用项目设计

（1）办公用品设计包括饭店各级人员名片、信封、信纸、便笺、传真纸、票据夹、合同夹、合同书规范格式、薪资袋、工号牌、工作证或识别卡、出入证、文件夹、文件袋、档案袋、备忘录规范格式、简报格式、签呈格式、文件题头、办公文具、内部用表格、岗位聘用书、奖状、公告格式、意见箱、纸杯、记事本、财产编号牌、店旗、店徽等。

（2）对客用品设计包括钥匙卡、各种对客表格版式、账单版式、各类价目表及内页版式、菜单和酒水单内页版式、各种服务须知和说明、指示牌和区域标志等。

（3）公关赠品设计包括贺卡、明信片、专用请柬、邀请函、手提袋、包装盒、礼品盒、礼赠用品、代金券或礼券、标志伞等。

（4）员工服装服饰规范包括各级人员服装及配饰的款式、颜色、质地、外勤人员服装、工作帽、安全盔等。

（5）车体外观设计包括自用车辆、客用车辆外观设计等。

（6）标志符号指示系统包括饭店大门外观、停车场指示牌、道路指示牌、饭店服务示意图、户外招牌、名称标志牌、大门入口指示、残疾人指示牌、玻璃门防撞条、楼层标志牌、方向指引牌、公共设施标志、欢迎标语牌、立地式灯箱、资料架、房号牌、警示牌、办公室标牌、电梯楼层指示牌等。

（7）广告宣传规范包括外立面灯箱或霓虹灯广告、户外标志夜间效果、促销品陈列、宣传册和宣传单版式规范、横竖条幅广告、店内立地式POP广告、悬挂式POP广告、电视广告标志定格、报纸广告系列版式规范、广播广告规范、杂志广告规范、网络主页和分类网页版式规范等。

## 第二节　饭店各种指示性标牌设计

饭店的各种指示用标牌的设计和制作必须使用公共信息图形符号，使在店的所有人对标志的含义能够清晰明了。以下结合了GB/T10001.1和GB/T10001.2标志用公共信息图形符号的第一部分通用符号和第二部分旅游设施与服务符号的部分内容进行详细说明，饭店也可委托专业的供应商协助制作各种对客指示用标志牌。

 商务中心（Business Center），表示可提供电传、传真打字、复印文秘、翻译等项服务的场所。

 国内直拨电话（Domestic Direct Dial），表示可以与国内各地直接通话的电话。

 国际直拨电话（International Direct Dial），表示可以与国外各地直接通话的电话。

 客房送餐服务（Room Service），表示可以为住店客人提供送餐的服务。

 残疾人客房（Room for disabled person），表示可供残疾人使用的客房。

 迪斯科舞厅（Disco），表示可供跳迪斯科舞的娱乐场所。

 麻将室（Mahjong Room），表示可以提供进行麻将娱乐服务的场所。

 电子游戏中心（TV Game Center），表示可以提供电子游戏服务的场所。

 摄影冲印（Film Developing），表示可以提供摄像、照相及冲洗胶卷服务的场所。

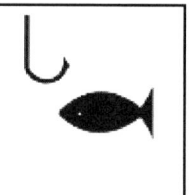 钓鱼（Angling），表示可以钓鱼的场所。

 划船（Rowing），表示可以划船的场所。

 骑马（Horse Riding），表示可以提供骑马娱乐服务的场所。

 狩猎（Hunting），表示可以提供狩猎娱乐服务的场所。

 射击馆（Shooting Gallery），表示可以提供射击娱乐服务的场所。

 缓跑（Jogging Track），表示可以进行缓跑的路径或场所。

 贵宾服务（VIP），表示专为贵宾提供服务的场所。

 团队接待（Group Reception），表示专门接待团队、会议客人的场所。

 订餐处（Banquet Reservation），表示客人可以订餐的场所或提供订餐服务。

 计程车（Taxi），表示提供计程车服务的场所。

 自行车停放处（Parking For Bicycle），表示供停放自行车的场所。

 废物箱（Rubbish Receptacle），表示供人们扔弃废物的设施。

 安全保卫（Guard），表示安全保卫人员或指明安全保卫人员值勤的地点，如警卫室等。

 紧急呼救电话（Emergency Call），表示紧急情况下，需要他人救援或帮助时使用的电话。

 紧急呼救设施（Emergency Signal），表示紧急情况下，供人们发出警报，以请求救援或帮助的设施。不用于发出特殊警报（如火情警报）的设施。

 火情警报设施（Fire Alarm），表示能产生听觉或视觉警报信号的火情警报设施。不代表与消防部门通信联系的设施。

 灭火器（Fire Extinguisher），表示灭火器。

 方向（Direction），表示方向。

 入口（Entrance），表示入口位置或指明进去的通道。

 出口（Exit），表示出口位置或指明出去的通道。

 紧急出口（Emergency Exit），表示紧急情况下安全疏散的出口或通道。

 楼梯（Stairs），表示上下共用的楼梯。不表示自动扶梯。

 上楼楼梯（Stairs Up），表示仅允许上楼的楼梯。不表示自动扶梯。

 下楼楼梯（Stairs Down），表示仅允许下楼的楼梯。不表示自动扶梯。

 自动扶梯（Escalator），表示自动扶梯。不表示楼梯。

 电梯（Elevator）或（Lift），表示公用电梯。

 残疾人设施（Facilities for disabled person），表示供残疾人使用的设施，如轮椅、坡道等。

 卫生间（Toilet），表示卫生间。

 男性专用（Male 或 Man），表示专供男性使用的设施，如男卫生间、男浴室等。

 女性专用（Female 或 Woman），表示专供女性使用的设施，如女卫生间、女浴室等。

 男更衣室（Men's Locker），表示专供男性更衣或存放衣帽等物品的场所，如男更衣室、男试衣室等。

 女更衣室（Women's Locker），表示专供女性更衣或存放衣帽等物品的场所，如女更衣室、女试衣室等。

 饮用水（Drinking water），表示可以饮用的水。

 邮箱（Mail Box），表示可以投寄信件的邮政信箱。不表示邮箱以外的其他邮政业务、设施。

 邮政（Postal Service）表示出售邮票或邮寄各种邮件的场所，如邮局（邮电局）、商店、宾馆中办理此业务的部门。

 电话（Telephone），表示供人们使用电话的场所。

 手续办理（接待）：英文名称（Check-in 或 Reception），表示办理手续或提供接待服务的场所，如宾馆、饭店等服务机构的前台接待处，机场的手续办理处等。

 问讯（Information），表示提供问讯服务的场所。

 货币兑换（Currency Exchange），表示提供各种外币兑换服务的场所。

 收银（Cashier），表示用现金或支票进行结算的场所，如宾馆、饭店的前台结账处，商场等场所的付款处等。

 失物招领（Lost And Found），表示丢失物品的登记或认领场所。

 行李寄存（Left Luggage），表示临时存放行李的场所。

 行李手推车（Luggage Trolley），表示供旅客使用的行李手推车的存放地点。

 洗衣（Laundry），表示洗衣场所或服务。不表示干衣、熨衣。

 干衣（Drying），表示干衣场所或服务。不表示洗衣、熨衣。

 熨衣（Ironing）表示熨衣场所或服务。不表示洗衣、干衣。

 理发/美容）（Barber/Beauty），表示提供理发、美容服务的场所，如理发厅（馆）等。

 西餐（Western Restaurant），表示提供西式餐饮服务的场所，如西餐厅等。不表示中餐。

 中餐（Chinese Restaurant），表示提供中式餐饮服务的场所，如中餐厅、中餐馆等。不表示西餐。

 快餐（Snack Bar），表示提供快餐服务的场所。不表示酒吧、咖啡厅。

 酒吧（Bar），表示饮酒及其他饮料的场所。不表示咖啡厅、快餐。

 咖啡厅（Coffee Shop），表示喝咖啡及其他饮料的场所。不表示酒吧。

 花店（Flower Shop），表示出售各种花卉的场所，如商店的售花部或花店等。

 书店（Book Shop），表示出售各种书报的场所，如书报厅、书店等。

 会议室（Conference Room），表示供召开会议的场所。

 舞厅（Dance Hall），表示供跳舞娱乐的场所。

 卡拉OK厅（Karaoke Hall），表示供卡拉OK娱乐的场所，如卡拉OK歌厅等。

 电影院（Cinema），表示供观赏电影的场所，如电影院、电影观赏室等。

 桑拿中心（Sauna Center），表示提供桑拿浴设施的场所。

 按摩：英文名称（Massage），表示提供按摩服务的场所，如按摩室、按摩间等。

 游泳池（Swimming Pool），表示供游泳娱乐或比赛的场所，如游泳馆等。

 棋牌室（Chess And Cards Room），表示供棋牌娱乐或比赛的场所，如棋牌间等。

 乒乓球室（Table tennis Room），表示供乒乓球娱乐或比赛的场所，如乒乓球馆等。

 台球室：英文名称（Billiards Room），表示供台球娱乐或比赛的场所，如台球厅等。

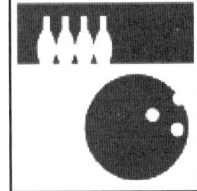 保龄球馆（Bowling Center），表示供保龄球娱乐或比赛的场所。

 高尔夫球（Golf），表示供高尔夫球娱乐或比赛的场所，如高尔夫球场等。

 壁球（Squash 或 Racket Ball），表示供壁球娱乐或比赛的场所，如壁球室等。不表示乒乓球、网球、羽毛球等。

 健身（Gymnasium），表示供健身锻炼的场所，如健身房、健身中心等。

 运动场所（Sporting Activities）表示供体育活动而设置的场所。

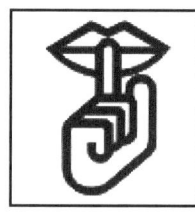 安静（Silence），表示应保持安静的场所。

 允许吸烟（Smoking Allowed），表示允许吸烟的场所。

 禁止吸烟（No Smoking），表示不允许吸烟的场所。

 网球（Tennis），表示供网球娱乐或比赛的场所，如网球场等。不表示乒乓球、壁球、羽毛球等。

# 饭店开业经营预算管理

## 第一节 几点必须了解的知识

### 一、对饭店经营预算进行管理的目的是什么

饭店的三重收益是指饭店的经营收益、不动产收益和资本收益,它们分别对应饭店经营管理者、饭店业主和饭店资本市场的投资者,角色的差异造成了他们对饭店收益的需求有所不同:饭店经营管理者注重的是经营毛利润(GOP),业主和投资者则更关注投资回报率。但是,不管是经营毛利润还是投资回报率,都是通过饭店每个经营年度的经营预算体现出来的,从另一个方面说,每一个年度的经营预算就是饭店这个年度的利润计划。

饭店开业筹备的一个重要目标是使进入市场的饭店企业能够按照预期创造经营效益,完成既定的经营管理目标,而这个预期就是指经营预算的具体指标和要求。对于饭店的投资者来说,经营预算的完成情况是衡量经营管理者业务水平与能力的标尺;而对于经营管理者来说,经营预算就是饭店经营计划的核心,实行经营预算管理本身就是实行计划管理的一部分。

### 二、编制经营预算的原则有哪些

饭店开业筹备管理者在编制饭店开业后第一个经营年度的经营预算时,应遵循统筹兼顾、全面安排、实事求是、综合平衡,先进合理、措施充分、指标分解、责任落实,强调控制、保障有力的原则。

经营预算作为饭店最重要的一项利润计划,包含了饭店在经营年度中所有的收入来源、成本及费用支出项目,它是饭店经营管理者关注的计划管理的重中之重。预算管理既然是计划管理的重点,就应体现出管理者对其控制体系能否准确把握。

在预算编制的过程中,饭店内的所有经营管理者都会亲身参与从制定、执行到完成这一过程，它使饭店高层、中层和基层管理人员的经营目标更加一致，协作也更加紧密，从而让任何一级的管理人员不是被动接受这些指标，而是更加主动地去完成这些计划。

## 三、编制经营预算的基本条件是什么

经营预算编制的时段是以一个标准的财务年度来计算的，一般与公历的1年相同，即从每年的1月1日至12月31日。

编制经营预算，应建立在详尽市场调研的基础上。需要编制者最大限度地掌握市场动态，准确预测市场价格变化，根据客源结构的变化而做出市场预测。饭店的经营部门必须完成相应的年度经营计划，管理部门则制订出费用控制计划，并分析可能影响经营预算执行期间业务活动的内外部因素，从而为确定经营预算找出合理的依据。

编制经营预算不能脱离市场。出于发展的需求，对市场的预测可以是乐观的，但预算的经济任务指标不能定得过高，应在力所能及的目标上适当体现力争上游。尤其是新进入市场的饭店，其发展规律应符合饭店市场发展的普遍规律，即任何一家饭店都要经过市场开拓期、市场发展期，最后才能达到市场成熟期，而从第一个时期到第三个时期之间是要有一定的时间性的。一般来说，市场开拓期需要1至2年才能形成，市场发展期也需要2至3年的时间，故对饭店经营初期过高的预期会产生反作用力，甚至会使管理人员只重视经济任务，而忽略饭店的其他基础建设，使饭店的可持续发展动力下降或难以形成。

饭店应在每年的10月开始制定下一年的经营预算，经过讨论与修订，12月初左右形成完整的预算方案报业主公司或董事会审批，经审批通过的预算方案将在下一年度实行，并在预算的执行期间做一到二次的调整，以保证预算中既定的各项指标符合市场变化的需要。

对饭店经营管理者来说，一个好的经营预算在没有大的市场变化的前提下，其完成率应与前期预算各项指标相差不大，是可控的。如果实际的完成情况与前期预算差距过大，不管其经营指标超过还是落后于预期指标，都不能被看做是一个合格的经营预算。

## 四、各层级人员在编制经营预算时有哪些权责

在饭店，经营预算管理实行的是三级管理制，即饭店决策层、部门执行层和班组操作层。

饭店可以通过设置预算编制组的形式来规划编制经营预算的组织机构，即由饭店总经理为主导，协同副总经理、驻店经理、总经理助理等决策领导形成饭店决策层，负责经营预算的统筹安排；由作为饭店经营部门的前厅部、客房部、餐饮部、康乐部、销售部等和作为饭店管理部门的公关部、总办、工程部、安保部、财务部、人力资源部等各部门经理级管理人员组成部门执行层，负责经营预算的具体分类编制工作；由各部门的基层管理人员和广大员工一起组成班组操作层，负责预算的落实执行。

### 1. 饭店决策层的权责

（1）遵守国家和地方的各项法律法规，依法开展业务经营活动，按照饭店行业的发

展规律制定经营预算的各项目标任务。

（2）执行饭店既定的经营思想和经营方针，努力完成业主公司或董事会确定的财务目标，提高资金使用率，提高资产运营水平，使饭店的业务活动在可控制的范围内又好又快地发展。

（3）督导饭店各部门严格执行预算，对阶段的执行结果加以分析研究，并根据市场变化及时做出相应调整，保证管理有效、经营顺畅。

（4）依据市场经济发展趋势、市场调研和饭店的中长期发展目标，确定饭店营业收入、营业成本、营业费用、管理费用和经营毛利润（GOP）等各项指标。

（5）做好预算指标的分解和综合平衡工作。

（6）按照业主公司或董事会批准的预算方案，合理调配饭店的人、财、物，提高饭店经营效益。

（7）分析预算编制的基础数据的合理性，包括饭店市场定位、客源结构预测、价格政策体系、成本费用控制体系等。

（8）在预算执行过程中协调各部门的业务关系，及时解决预算执行中出现的问题，考核分析预算阶段完成情况，并根据完成情况进行奖惩。

### 2. 部门执行层的权责

（1）根据饭店决策层领导对本部门预算管理的要求，结合本部门的实际情况，编制本部门的经营预算。

（2）认真做好预算前期的调研分析，掌握市场动态变化，分析市场需求，制订合理的经营管理计划。

（3）贯彻落实上级下达的经营预算，在本部门内进行各项指标的再分解，组织部门所属各班组实施预算管理工作。

（4）对于预算要求的人、财、物等所有涉及业务活动的支出，必须按照预算要求进行控制，保证预算中既定的各项指标和经济任务顺利完成。

（5）结合下发的预算方案，制订本部门中的成本和费用控制方案。

（6）按照预算要求，制订预算完成的日计划、周计划、月计划，督导所属班组执行预算。

（7）考核分析预算指标的阶段完成情况，对指标在本部门内的完成情况进行奖惩。

### 3. 班组操作层的权责

（1）知晓本部门本班组的经营预算指标。

（2）带领本班组的员工按预算中既定的经济任务进行业务经营活动。

（3）贯彻执行部门的成本和费用控制方案。

（4）对预算执行过程中出现的问题有建议权。

## 五、编制经营预算要经过哪些程序

（1）作为预算编制组的最高管理者，总经理根据饭店的中长期发展规划和业主公司

或董事会的要求，做出《饭店年度经营计划任务书》，召开由饭店决策层和部门执行层全体人员参加的预算编制会议，提出饭店开业后下一经营年度的经营指标，并交会议讨论。

（2）年度经营计划经讨论后，实行主指标分解并下发各部门，由各部门在规定的时间内提交经营计划和成本费用控制计划。

（3）各部门负责人在接到下发的经营指标和任务要求后，展开市场调研和分析，编写各部门的预算报告，并上报饭店预算编制组决策层。

（4）饭店预算编制组决策层汇集各部门的预算报告，就报告内容的可操作性进行审批，对照原任务书中的指标进行调整并征询各部门的意见和建议。如果部门的预算不符合决策层的经营方针，决策层必须把要修正的部分退回到部门并要求重新调整，经调整后，部门应在规定时间内再次上报预算。

（5）经讨论成型后的各部门预算报告如基本合格，可交财务部整理出台《饭店经营预算草案》，再次提交预算编制组进行讨论。

（6）各部门在接到《饭店经营预算草案》后，继续搜集编制预算综合平衡所需要的各种数据和资料，提出整改方案。

（7）饭店预算编制组根据整改后的《饭店经营预算草案》正式形成《饭店经营预算方案》。

（8）饭店总经理把《饭店经营预算方案》提交业主公司或董事会审批。

（9）经批复后的《饭店经营预算方案》如无改动，则形成正式经营管理文件，由决策层就其主指标进行正式分解，形成《饭店经营预算部门执行方案》下发各部门。在方案中，应明确规定各阶段业务活动安排、负责人、执行人等条款。

# 第二节　如何编制经营预算

## 一、预算编制会议应解决的问题

编制经营预算时，应召开饭店预算会议。会议应讨论确定下列主要议题：

### 1. 编制计划任务书

任何一家饭店企业都会有明确的投资回报计划和中长期发展计划，这些计划应反映饭店企业发展的客观规律，明确饭店企业在某一发展阶段内的经济任务。

总经理根据业主公司或董事会提出的经济任务和市场的发展趋势提出参考性的意见和建议，并尽可能与领导机构达成共识，再综合计划指标情况，为饭店制定框架性的任务书。

任务书应包含以下主要内容：营业收入预测、营业收入的结构、营业成本的构成及比例、营业费用的构成及比例、管理费用的构成及比例、经营毛利润（GOP）的预测、经营毛利润率等。

### 2. 分析饭店的经营条件

宏观上，会议应对经济形势和政治条件进行分析。经济形势分析包括诸如区域旅游行业的发展是否迅速、入境旅游和国内旅游客源增长是否可以为饭店提供更多的机会等；政治条件分析可以揭示国家和地方的政策与立法有无变化，例如新的《中华人民共和国劳动合同法》的实施是否会增加人力资源成本等问题。

微观上，会议应对饭店的预期经营进行分析，找出饭店经营的优势、劣势、风险和机会等因素，对能够产生影响的潜在因素应制定相应的防范预案。

### 3. 研究竞争市场

对饭店所在区域周边饭店市场进行研究，包括有无新开业的同档次、同规模的饭店企业，列出主要的竞争对手，分析竞争对手的市场经营情况和特点，找出同竞争对手之间的主要优劣势等。

### 4. 制定价格政策

就本饭店的硬件设施和软件服务进行价格分析，结合市场需求确定最合理的价格体系。该体系主要包括客房销售价格、会议会展价格、餐饮产品价格、康乐产品价格和其他产品的价格，建立一种可行的最优化的价格组合，并对价格的调整制定一个相应的时间表。

### 5. 分解主指标

经过讨论，饭店预算计划任务书中的各项主指标定型后，由决策层根据对应业务部门实行主指标分解，分解后的指标作为分指标由各部门在随后的预算报告中进行细化。

## 二、编制部门预算报告应把握哪些要点

（1）编制部门预算报告时用到的各项指标必须是在预算编制会议上确定的数据。

（2）财务部门负责向其他部门提供一份有关成本和费用的基本信息。这些信息通常包括工资薪金标准、福利计划、保险计划、税金标准等。

（3）经营部门在制定部门预算时，测算收入和支出的依据是本部门提交的经营计划；管理部门在制定部门预算时，测算费用支出的依据是本部门提交的费用控制计划中的相关数据。

（4）部门预算报告应以月度计划的形式加以体现，结合行业经营特点，特别是淡、平、旺季经营的特点预测经营情况。

（5）在制定部门预算时，相关部门搜集整理的资料和数据必须真实有效，并应妥善保管、存档。

（6）部门预算报告中涉及特别项目额外增加成本和费用的，必须说明其来源和出处，保证所有的项目都是合理的。对于重大收入计划，应说明其可操作性和必要性。

## 三、如何执行经营预算

（1）饭店总经理根据审批下发并执行的《饭店经营预算方案》做出收支预测，由财

务部编制流动资金使用计划并做好资金申请工作。

（2）部门执行层应由主要负责人对《饭店经营预算部门执行方案》进行签收，并做好对部门班组的方案讲解工作。

（3）饭店决策层制定预算执行的审批权限和贯彻措施。

（4）决策层和执行层分别就预算指标和预期完成情况制定经济责任奖惩考核办法。

（5）决策层制定预算执行的控制预案，保证预算顺利实施。

（6）对预算指标完成情况的考核工作可分解到月，有营业收入的经营部门收入指标可分解到周，班组收入指标有条件的可分解到日，管理部门的指标分解到周。对重大业务经营活动的支出和收入必须具体详细，并附实施方案说明。

（7）在预算执行过程中，决策层可根据市场变化情况和实际需求对《饭店经营预算方案》进行调整，调整后的方案要报业主公司或董事会同意后方可执行。

## 四、为什么要对经营预算的实施过程进行控制

对经营预算的实施过程进行控制，其目的在于分析和研究预算数据和实际经营结果之间是否存在较大偏差，以及产生较大偏差的原因和解决偏差的行动方案。

在饭店的实际经营活动中，几乎所有的预算执行结果都会与预测指标有所偏差，这是很正常的事情，当二者之间存在较大偏差时，管理者就应采取相应措施。

预算指标与实际结果间产生较大差异的原因有许多，除去宏观不可控的市场因素外，饭店管理者应该更加关注饭店内部环境变化对预算的影响，如销售手段是否符合市场需求、价格政策的制定是否符合目标客源市场的需求、饭店的业务流程设计是否合理、经营用品的损耗是否增加等。

为了使预算能够被有效地用于控制，饭店决策层应该为部门提供一个标准，即当月度实际经营结果与月度预算指标出现多少百分比的差异时将被视为"较大偏差"，这将有助于各部门及时确认偏差的程度并采取相应措施。

## 五、经营预算的主要指标有哪些

1. **经营毛利润（GOP）**

对于饭店经营管理者来说，其所能控制的饭店收益就是经营毛利润（GOP），衡量饭店经营业绩的主要指标也是经营毛利润，而非经营费用如固定资产折旧、无形资产摊销、其他资产摊销、土地使用费、董事会费用、房产税、保险费、审计费、律师费、上缴管理费、利息净支出等费用，是不受饭店经营管理者控制的。非经营费用应在产生经营毛利润（GOP）后由业主公司或董事会进行计算和提取。

有关经营毛利润和经营毛利润率的计算公式如下列算式所示：

$$经营毛利润（GOP）= 营业收入 - 营业成本 - 营业费用 - 营业税金 - 管理费用$$

经营毛利润率（GOP 率）＝经营毛利润额/营业收入总额×100%

### 2. 营业收入

饭店营业收入，是饭店年度业务经营活动中，由于提供劳务或销售商品等所取得的收入。在实际经营中，饭店通常会根据取得收入的部门来计算营业收入总额。营业收入包括客房收入、餐饮收入、康乐收入、商品收入、洗衣收入、电信电话收入、商务服务收入、车船出租收入、出租营业场所收入和其他收入等。

### 3. 营业成本

饭店营业成本，是饭店在经营过程中发生的各项直接支出，它是对应产生这部分成本的直接收入而言的。营业成本通常包括客房成本、餐饮成本、康乐成本、商品成本等。有一点需要提请经营管理者注意，客房成本主要是指客房内迷你吧（小酒吧）的成本，其他费用不应计入客房成本中去，这也是饭店客房成本从数据上看通常很低的主要原因。

### 4. 人力资源成本

饭店人力资源成本，是饭店经营中用于人力资源的各项支出。包括工资总额、效益工资（奖金）、福利费、工会经费、教育附加费、培训费、劳动保护费、五险一金、置装费、工作餐费等。

人力资源成本率的计算公式如下：

人力资源成本率＝人力资源成本合计/当期营业收入总额×100%

### 5. 营业费用

饭店营业费用，是饭店各经营部门在业务经营过程中发生的各项费用。营业费用主要包括营业费用中人力资源成本、洗涤费、办公费、差旅费、广告宣传费、装饰用品费、包装费、保管费、装卸费、运输费、租赁费、修理费、邮电费、能源消耗费、物料消耗、低值易耗品摊销、通信费、表演费、音乐制品费、娱乐管理费、版权使用费、商品消耗、养路过桥费、行车补助费、出团住宿费、交际应酬费、清洁卫生费、绿化费、其他营业费用等。

### 6. 管理费用

饭店管理费用，是为组织管理经营活动而发生的管理部门和由饭店统一负担的各项费用。管理费用包括管理费用中人力资源成本、洗涤费、办公费、差旅费、会议费、交际应酬费、外事费、广告宣传费、咨询费、诉讼费、技术转让费、坏账损失费、存货损失费、运输费、通信费、保管费、修理费、邮电费、能源消耗费、物料费、员工住宿费、租赁费、网站维护费、低值易耗品摊销、排污费、绿化费、清洁卫生费、各种税费、管理公司管理费等。

## 六、经营部门指标测算的主要科目有哪些

### （一）客房部经营预算指标测算

#### 1. 客房资源测算

客房资源包括客房总数、各房型数量（含总统套房、行政套房、套房、标准间、单

人间等)、可出租天数、团队入住间天数、散客入住间天数、月平均房价、年平均房价、月平均出租率、年平均出租率等。

### 2. 客房营业收入预算

客房部营业收入是将所测算的客房资源状况交由销售部并配合销售部进行预算细化。这部分营业收入包括客房收入、迷你吧收入、洗衣收入和其他收入四个部分。

$$客房收入 = 客房总数 \times 年平均房价 \times 年平均出租率 \times 可出租天数$$

$$迷你吧收入 = 平均日销售收入 \times 可出租天数$$

$$洗衣收入 = 平均日收入 \times 可出租天数$$

其他收入包括公寓写字楼出租收入、服务费收入等项目。

### 3. 客房营业费用预算

客房营业费用包括固定营业费用和变动营业费用两部分。

固定营业费用基本不受客房出租率的影响。这部分费用是客房部在日常经营中所必须列支的费用,包括人力资源成本中相对固定的部分(剔除效益工资和临时用工产生的人力资源成本)、差旅费、办公费、低值易耗品摊销、物料消耗、清洁卫生费、邮电费、通信费和其他符合此标准的费用。

变动营业费用的主要发生额取决于客房经营情况的好坏。这部分费用的变化与客房出租率成正比,包括人力资源成本中变动的部分(主要指效益工资和临时用工产生的人力资源成本)、清洁卫生费、洗涤费、物料消耗和其他符合此标准的费用。

### 4. 客房部经营利润

客房部经营利润包括客房部保本点出租率测算、客房部营业收入保本点测算、目标出租率测算及目标营业收入测算等。

$$客房部经营利润 = 客房营业收入 - 营业成本 - 营业费用 - 营业税金及附加$$

## (二)餐饮部经营预算指标测算

### 1. 餐饮资源测算

餐饮资源包括餐厅吧室数量、各餐厅吧室餐位数量、年经营天数、各餐厅吧室上座率、各餐厅吧室人均消费、会议会展设施、宴会设施等。

### 2. 餐饮营业收入预算

$$餐厅收入 = 餐位数量 \times 上座率 \times 人均消费 \times 年经营天数$$

$$吧室收入 = 吧室座位数量 \times 上座率 \times 人均消费 \times 年经营天数$$

测算会议会展收入和宴会收入时,应根据经营计划书中所列出的活动方案进行。

### 3. 餐饮营业成本预算

餐饮营业成本是指餐饮业务经营中耗用的食品、饮品原材料的直接费用,饭店通常会对餐饮业务经营的食品和饮品的毛利率限定一个相应的指标,即食品毛利率和酒水毛利率,对同时销售食品饮品的餐厅还要设定一个综合毛利率,以保证餐饮的经营利润。

食品成本率一般在40%~50%。从整体上看,中餐的成本率略高于西餐和其他风味餐。食品成本率是由厨师长根据菜单上所有菜品的加工制作及用料流程先行编制食品成本卡来进行测算的，成本卡是食品成本率的设定依据。卡中应明确标明菜品的主料、配料、辅料和调料的名称、用量及简述加工制作手法。酒水成本率同样由酒水部的负责人提交酒水成本卡，表明销售的各种酒水的名称、用量及简述加工制作手法。

成本卡编制完成后，交财务部留存以备经营中根据实际销售情况查验和分析，或按照财务规定的标准成本法进行测算。

$$餐饮营业成本＝餐饮收入×综合成本率$$

#### 4. 餐饮部营业费用预算

餐饮部营业费用包括固定营业费用和变动营业费用两部分。

固定营业费用的发生基本不受餐饮收入和上座率的影响，是餐饮部开展业务经营必需的费用。它包括人力资源成本中相对固定的部分（剔除效益工资和临时用工产生的人力资源成本）、差旅费、办公费、广告宣传费、租赁费、装饰用品费、低值易耗品摊销、物料消耗、清洁卫生费、邮电费、通信费、音乐制品费、版权使用费、娱乐管理费和其他符合此标准的费用。

变动营业费用的主要发生额取决于餐饮收入和上座率，这部分费用的变化与餐饮收入成正比。它包括人力资源成本中变动的部分（主要指效益工资和临时用工产生的人力资源成本）、包装费、燃料费、表演费、商品消耗、交际应酬费、清洁卫生费、洗涤费、物料消耗和其他符合此标准的费用。

#### 5. 餐饮部经营利润

餐饮部经营利润包括餐饮部保本营业收入测算及目标营业收入测算等。

$$餐饮部经营利润＝餐饮营业收入－营业成本－营业费用－$$
$$营业税金及附加$$

### （三）康乐部经营预算指标测算

#### 1. 康乐部资源预算

对康乐部资源进行预算时，可按其对客设置的娱乐项目进行分项统计，包括但不限于保龄球、乒乓球、台球、沙狐球、壁球等室内球类项目，高尔夫、网球等室外球类项目，卡拉OK厅、歌舞厅等歌舞类项目，桑拿、保健按摩、健身房等保健项目，美容美发厅、视听室等配套服务项目。

#### 2. 康乐部收入预算

进行康乐部收入预算时，要对应饭店所设置的娱乐项目进行分项测算，测算的依据是估算日接待人数和人均消费。

#### 3. 康乐部营业成本预算

康乐部营业成本主要指康乐部业务经营中耗用的食品、饮品、原材料，可采用营业收入与成本率相乘的方法进行测算。

#### 4. 康乐部营业费用预算

康乐部营业费用包括固定营业费用和变动营业费用两部分。

固定营业费用的发生基本不受营业收入和接待人数的影响，是康乐部开展业务经营工作过程中必需的费用。它包括人力资源成本中相对固定的部分（剔除效益工资和临时用工产生的人力资源成本）、差旅费、办公费、广告宣传费、租赁费、装饰用品费、低值易耗品摊销、物料消耗、清洁卫生费、邮电费、通信费、音乐制品费、版权使用费、娱乐管理费和其他符合此标准的费用。

变动营业费用的主要发生额取决于康乐收入和接待人数，这部分费用的变化与收入成正比，包括人力资源成本中变动的部分（主要指效益工资和临时用工产生的人力资源成本）、包装费、燃料费、表演费、商品消耗、交际应酬费、清洁卫生费、洗涤费、物料消耗和其他符合此标准的费用。

### （四）商品及商务服务项目的经营预算指标测算

商品部及商务服务项目的经营预算比较简单，其中，营业收入可以简单采用住店客人消费预测的方法，商品收入可按其进价计算其成本等。

## 第三节 经营预算编制案例分析

### 一、饭店管理费用预算（表10-1）

### 二、饭店行政部管理费用预算（表10-2）

### 三、饭店市场部管理费用预算（表10-3）

### 四、饭店财务部管理费用预算（表10-4）

### 五、饭店经营预算（表10-5）

### 六、饭店餐饮部经营预算（表10-6）

### 七、饭店客务部经营预算（表10-7）

表10-1 饭店管理费用预算（1月—12月）

单位：元

| 序号 | 名称 | % | 预算 | 1月 | 2月 | 3月 | 4月 | 5月 | 6月 | 7月 | 8月 | 9月 | 10月 | 11月 | 12月 |
|---|---|---|---|---|---|---|---|---|---|---|---|---|---|---|---|
| 1 | 薪金工资 | 25.27 | 864,000.00 | 72,000.00 | 72,000.00 | 72,000.00 | 72,000.00 | 72,000.00 | 72,000.00 | 72,000.00 | 72,000.00 | 72,000.00 | 72,000.00 | 72,000.00 | 72,000.00 |
| 2 | 福利费 | 3.54 | 120,960.00 | 10,080.00 | 10,080.00 | 10,080.00 | 10,080.00 | 10,080.00 | 10,080.00 | 10,080.00 | 10,080.00 | 10,080.00 | 10,080.00 | 10,080.00 | 10,080.00 |
| 3 | 工作餐 | 3.65 | 124,800.00 | 10,400.00 | 10,400.00 | 10,400.00 | 10,400.00 | 10,400.00 | 10,400.00 | 10,400.00 | 10,400.00 | 10,400.00 | 10,400.00 | 10,400.00 | 10,400.00 |
| 4 | 水费 排污费 | 11.54 | 394,596.00 | 32,883.00 | 32,883.00 | 32,883.00 | 32,883.00 | 32,883.00 | 32,883.00 | 32,883.00 | 32,883.00 | 32,883.00 | 32,883.00 | 32,883.00 | 32,883.00 |
| 5 | 电费 | 26.61 | 909,792.00 | 75,816.00 | 75,816.00 | 75,816.00 | 75,816.00 | 75,816.00 | 75,816.00 | 75,816.00 | 75,816.00 | 75,816.00 | 75,816.00 | 75,816.00 | 75,816.00 |
| 6 | 印刷品 | 0.28 | 9,600.00 | 800.00 | 800.00 | 800.00 | 800.00 | 800.00 | 800.00 | 800.00 | 800.00 | 800.00 | 800.00 | 800.00 | 800.00 |
| 7 | 招待费 | 2.11 | 72,000.00 | 6,000.00 | 6,000.00 | 6,000.00 | 6,000.00 | 6,000.00 | 6,000.00 | 6,000.00 | 6,000.00 | 6,000.00 | 6,000.00 | 6,000.00 | 6,000.00 |
| 8 | 办公费 | 0.62 | 21,272.04 | 1,772.67 | 1,772.67 | 1,772.67 | 1,772.67 | 1,772.67 | 1,772.67 | 1,772.67 | 1,772.67 | 1,772.67 | 1,772.67 | 1,772.67 | 1,772.67 |
| 9 | 制装 | 0.00 | — | — | — | — | — | — | — | — | — | — | — | — | — |
| 10 | 工服洗涤 | 0.36 | 12,288.00 | 1,024.00 | 1,024.00 | 1,024.00 | 1,024.00 | 1,024.00 | 1,024.00 | 1,024.00 | 1,024.00 | 1,024.00 | 1,024.00 | 1,024.00 | 1,024.00 |
| 11 | 电话费 | 1.26 | 43,200.00 | 3,600.00 | 3,600.00 | 3,600.00 | 3,600.00 | 3,600.00 | 3,600.00 | 3,600.00 | 3,600.00 | 3,600.00 | 3,600.00 | 3,600.00 | 3,600.00 |
| 12 | 广告宣传费 | 1.32 | 45,000.00 | 15,000.00 | | | 5,000.00 | 10,000.00 | | | | 5,000.00 | 5,000.00 | 5,000.00 | |
| 13 | 装饰费 | 0.00 | — | — | — | — | — | — | — | — | — | — | — | — | — |
| 14 | 低值易耗品 | 0.07 | 2,400.00 | 200.00 | 200.00 | 200.00 | 200.00 | 200.00 | 200.00 | 200.00 | 200.00 | 200.00 | 200.00 | 200.00 | 200.00 |
| 15 | 清洁用品 | 0.04 | 1,230.00 | 130.00 | 130.00 | 130.00 | 130.00 | 130.00 | 130.00 | 130.00 | 130.00 | 130.00 | 130.00 | 130.00 | 130.00 |
| 16 | 差旅费 | 0.83 | 28,400.04 | 2,366.67 | 2,366.67 | 2,366.67 | 2,366.67 | 2,366.67 | 2,366.67 | 2,366.67 | 2,366.67 | 2,366.67 | 2,366.67 | 2,366.67 | 2,366.67 |

续表

| 序号 | 名称 | % | 预算 | 1月 | 2月 | 3月 | 4月 | 5月 | 6月 | 7月 | 8月 | 9月 | 10月 | 11月 | 12月 |
|---|---|---|---|---|---|---|---|---|---|---|---|---|---|---|---|
| 17 | 管理公司费用 | 8.93 | 305,324.07 | 5,671.27 | 3,468.63 | 16,903.79 | 25,938.64 | 31,703.05 | 30,192.99 | 26,432.24 | 28,671.37 | 36,276.73 | 33,572.41 | 31,222.92 | 35,270.04 |
| 18 | 员工宿舍用品 | 0.18 | 6,000.00 | 500.00 | 500.00 | 500.00 | 500.00 | 500.00 | 500.00 | 500.00 | 500.00 | 500.00 | 500.00 | 500.00 | 500.00 |
| 19 | 汽车使用费 | 1.05 | 36,000.00 | 3,000.00 | 3,000.00 | 3,000.00 | 3,000.00 | 3,000.00 | 3,000.00 | 3,000.00 | 3,000.00 | 3,000.00 | 3,000.00 | 3,000.00 | 3,000.00 |
| 20 | 汽车维修费 | 0.14 | 4,800.00 | 400.00 | 400.00 | 400.00 | 400.00 | 400.00 | 400.00 | 400.00 | 400.00 | 400.00 | 400.00 | 400.00 | 400.00 |
| 21 | 交通费 | 0.60 | 20,400.00 | 1,700.00 | 1,700.00 | 1,700.00 | 1,700.00 | 1,700.00 | 1,700.00 | 1,700.00 | 1,700.00 | 1,700.00 | 1,700.00 | 1,700.00 | 1,700.00 |
| 22 | 培训费 | 0.00 | — | — | — | — | — | — | — | — | — | — | — | — | — |
| 23 | 工会经费 | 0.00 | — | — | — | — | — | — | — | — | — | — | — | — | — |
| 24 | 教育经费 | 0.73 | 24,894.00 | 2,074.50 | 2,074.50 | 2,074.50 | 2,074.50 | 2,074.50 | 2,074.50 | 2,074.50 | 2,074.50 | 2,074.50 | 2,074.50 | 2,074.50 | 2,074.50 |
| 25 | 职工保险 | 8.47 | 289,536.72 | 24,128.06 | 24,128.06 | 24,128.06 | 24,128.06 | 24,128.06 | 24,128.06 | 24,128.06 | 24,128.06 | 24,128.06 | 24,128.06 | 24,128.06 | 24,128.06 |
| 26 | 设备设施大修 | 0.00 | — | — | — | — | — | — | — | — | — | — | — | — | — |
| 27 | 维修费 | 1.61 | 55,000.00 | 4,583.33 | 4,583.33 | 4,583.33 | 4,583.33 | 4,583.33 | 4,583.33 | 4,583.33 | 4,583.33 | 4,583.33 | 4,583.33 | 4,583.33 | 4,583.37 |
| 28 | 卫生防疫 | 0.34 | 11,580.00 | 965.00 | 965.00 | 965.00 | 965.00 | 965.00 | 965.00 | 965.00 | 965.00 | 965.00 | 965.00 | 965.00 | 965.00 |
| 29 | 垃圾清运 | 0.21 | 7,200.00 | 600.00 | 600.00 | 600.00 | 600.00 | 600.00 | 600.00 | 600.00 | 600.00 | 600.00 | 600.00 | 600.00 | 600.00 |
| 30 | 消防维修费 | 0.25 | 8,400.00 | 700.00 | 700.00 | 700.00 | 700.00 | 700.00 | 700.00 | 700.00 | 700.00 | 700.00 | 700.00 | 700.00 | 700.00 |
| 31 | 财务费用 | 0.00 | | — | — | — | — | — | — | — | — | — | — | — | — |
| 32 | 其他 | 0.00 | | — | — | — | — | — | — | — | — | — | — | — | — |
| 33 | 合计 | 100.00 | 3,419,002.87 | 276,394.50 | 259,191.86 | 272,627.02 | 286,661.87 | 297,426.28 | 285,916.22 | 282,155.47 | 284,394.60 | 296,999.96 | 294,295.64 | 291,946.15 | 290,993.31 |

表 10-2 饭店行政部管理费用预算（1—12 月）

单位：元

| 序号 | 名称 | % | 预算 | 1月 | 2月 | 3月 | 4月 | 5月 | 6月 | 7月 | 8月 | 9月 | 10月 | 11月 | 12月 |
|---|---|---|---|---|---|---|---|---|---|---|---|---|---|---|---|
| 1 | 薪金工资 | 17.17 | 475,200.00 | 39,600.00 | 39,600.00 | 39,600.00 | 39,600.00 | 39,600.00 | 39,600.00 | 39,600.00 | 39,600.00 | 39,600.00 | 39,600.00 | 39,600.00 | 39,600.00 |
| 2 | 福利费 | 2.40 | 66,528.00 | 5,544.00 | 5,544.00 | 5,544.00 | 5,544.00 | 5,544.00 | 5,544.00 | 5,544.00 | 5,544.00 | 5,544.00 | 5,544.00 | 5,544.00 | 5,544.00 |
| 3 | 工作餐 | 2.48 | 68,640.00 | 5,720.00 | 5,720.00 | 5,720.00 | 5,720.00 | 5,720.00 | 5,720.00 | 5,720.00 | 5,720.00 | 5,720.00 | 5,720.00 | 5,720.00 | 5,720.00 |
| 4 | 水费、排污费 | 14.26 | 394,596.00 | 32,883.00 | 32,883.00 | 32,883.00 | 32,883.00 | 32,883.00 | 32,883.00 | 32,883.00 | 32,883.00 | 32,883.00 | 32,883.00 | 32,883.00 | 32,883.00 |
| 5 | 电费 | 32.87 | 909,792.00 | 75,816.00 | 75,816.00 | 75,816.00 | 75,816.00 | 75,816.00 | 75,816.00 | 75,816.00 | 75,816.00 | 75,816.00 | 75,816.00 | 75,816.00 | 75,816.00 |
| 6 | 印刷品 | 0.00 | — | | | | | | | | | | | | |
| 7 | 招待费 | 1.95 | 54,000.00 | 4,500.00 | 4,500.00 | 4,500.00 | 4,500.00 | 4,500.00 | 4,500.00 | 4,500.00 | 4,500.00 | 4,500.00 | 4,500.00 | 4,500.00 | 4,500.00 |
| 8 | 办公费 | 0.13 | 3,600.00 | 300.00 | 300.00 | 300.00 | 300.00 | 300.00 | 300.00 | 300.00 | 300.00 | 300.00 | 300.00 | 300.00 | 300.00 |
| 9 | 制装 | 0.00 | — | | | | | | | | | | | | |
| 10 | 工服洗涤 | 0.23 | 6,336.00 | 528.00 | 528.00 | 528.00 | 528.00 | 528.00 | 528.00 | 528.00 | 528.00 | 528.00 | 528.00 | 528.00 | 528.00 |
| 11 | 电话费 | 0.48 | 13,200.00 | 1,100.00 | 1,100.00 | 1,100.00 | 1,100.00 | 1,100.00 | 1,100.00 | 1,100.00 | 1,100.00 | 1,100.00 | 1,100.00 | 1,100.00 | 1,100.00 |
| 12 | 广告宣传费 | 0.00 | — | | | | | | | | | | | | |
| 13 | 装饰费 | 0.00 | — | | | | | | | | | | | | |
| 14 | 低值易耗品 | 0.09 | 2,400.00 | 200.00 | 200.00 | 200.00 | 200.00 | 200.00 | 200.00 | 200.00 | 200.00 | 200.00 | 200.00 | 200.00 | 200.00 |
| 15 | 清洁用品 | 0.04 | 1,200.00 | 100.00 | 100.00 | 100.00 | 100.00 | 100.00 | 100.00 | 100.00 | 100.00 | 100.00 | 100.00 | 100.00 | 100.00 |
| 16 | 差旅费 | 0.72 | 20,000.04 | 1,666.67 | 1,666.67 | 1,666.67 | 1,666.67 | 1,666.67 | 1,666.67 | 1,666.67 | 1,666.67 | 1,666.67 | 1,666.67 | 1,666.67 | 1,666.67 |

续表

| 序号 | 名称 | % | 预算 | 1月 | 2月 | 3月 | 4月 | 5月 | 6月 | 7月 | 8月 | 9月 | 10月 | 11月 | 12月 |
|---|---|---|---|---|---|---|---|---|---|---|---|---|---|---|---|
| 17 | 管理公司费用 | 11.03 | 305,324.07 | 5,671.27 | 3,468.63 | 16,903.79 | 25,938.64 | 31,703.05 | 30,192.99 | 26,432.24 | 28,671.37 | 36,276.73 | 33,572.41 | 31,222.92 | 35,270.04 |
| 18 | 员工宿舍用品 | 0.22 | 6,000.00 | 500.00 | 500.00 | 500.00 | 500.00 | 500.00 | 500.00 | 500.00 | 500.00 | 500.00 | 500.00 | 500.00 | 500.00 |
| 19 | 汽车使用费 | 1.30 | 36,000.00 | 3,000.00 | 3,000.00 | 3,000.00 | 3,000.00 | 3,000.00 | 3,000.00 | 3,000.00 | 3,000.00 | 3,000.00 | 3,000.00 | 3,000.00 | 3,000.00 |
| 20 | 汽车维修费 | 0.17 | 4,800.00 | 400.00 | 400.00 | 400.00 | 400.00 | 400.00 | 400.00 | 400.00 | 400.00 | 400.00 | 400.00 | 400.00 | 400.00 |
| 21 | 交通费 | 0.13 | 3,600.00 | 300.00 | 300.00 | 300.00 | 300.00 | 300.00 | 300.00 | 300.00 | 300.00 | 300.00 | 300.00 | 300.00 | 300.00 |
| 22 | 培训费 | 0.00 | — | | | | | | | | | | | | |
| 23 | 工会经费 | 0.00 | — | | | | | | | | | | | | |
| 24 | 教育经费 | 0.90 | 24,894.00 | 2,074.50 | 2,074.50 | 2,074.50 | 2,074.50 | 2,074.50 | 2,074.50 | 2,074.50 | 2,074.50 | 2,074.50 | 2,074.50 | 2,074.50 | 2,074.50 |
| 25 | 职工保险 | 10.46 | 289,536.72 | 24,128.06 | 24,128.06 | 24,128.06 | 24,128.06 | 24,128.06 | 24,128.06 | 24,128.06 | 24,128.06 | 24,128.06 | 24,128.06 | 24,128.06 | 24,128.06 |
| 26 | 设备设施大修 | 0.00 | — | | | | | | | | | | | | |
| 27 | 维修费 | 1.99 | 55,000.00 | 4,583.33 | 4,583.33 | 4,583.33 | 4,583.33 | 4,583.33 | 4,583.33 | 4,583.33 | 4,583.33 | 4,583.33 | 4,583.33 | 4,583.33 | 4,583.37 |
| 28 | 卫生防疫 | 0.42 | 11,580.00 | 965.00 | 965.00 | 965.00 | 965.00 | 965.00 | 965.00 | 965.00 | 965.00 | 965.00 | 965.00 | 965.00 | 965.00 |
| 29 | 垃圾清运 | 0.26 | 7,200.00 | 600.00 | 600.00 | 600.00 | 600.00 | 600.00 | 600.00 | 600.00 | 600.00 | 600.00 | 600.00 | 600.00 | 600.00 |
| 30 | 消防维修费 | 0.30 | 8,400.00 | 700.00 | 700.00 | 700.00 | 700.00 | 700.00 | 700.00 | 700.00 | 700.00 | 700.00 | 700.00 | 700.00 | 700.00 |
| 31 | 财务费用 | 0.00 | — | | | | | | | | | | | | |
| 32 | 其他 | 0.00 | — | | | | | | | | | | | | |
| 33 | 合计 | 100.00 | 2,767,826.83 | 210,879.83 | 208,677.19 | 222,112.35 | 231,147.20 | 236,911.61 | 235,401.55 | 231,640.80 | 233,879.93 | 241,485.29 | 238,780.97 | 236,431.48 | 240,478.64 |

表 10-3　饭店市场部管理费用预算（1—12 月）

单位：元

| 序号 | 名称 | % | 预算 | 1月 | 2月 | 3月 | 4月 | 5月 | 6月 | 7月 | 8月 | 9月 | 10月 | 11月 | 12月 |
|---|---|---|---|---|---|---|---|---|---|---|---|---|---|---|---|
| 1 | 薪金工资 | 47.68 | 140,400.00 | 11,700.00 | 11,700.00 | 11,700.00 | 11,700.00 | 11,700.00 | 11,700.00 | 11,700.00 | 11,700.00 | 11,700.00 | 11,700.00 | 11,700.00 | 11,700.00 |
| 2 | 福利费 | 6.67 | 19,656.00 | 1,638.00 | 1,638.00 | 1,638.00 | 1,638.00 | 1,638.00 | 1,638.00 | 1,638.00 | 1,638.00 | 1,638.00 | 1,638.00 | 1,638.00 | 1,638.00 |
| 3 | 工作餐 | 5.30 | 15,600.00 | 1,300.00 | 1,300.00 | 1,300.00 | 1,300.00 | 1,300.00 | 1,300.00 | 1,300.00 | 1,300.00 | 1,300.00 | 1,300.00 | 1,300.00 | 1,300.00 |
| 4 | 水费,排污费 | 0.00 | — | | | | | | | | | | | | |
| 5 | 电费 | 0.00 | — | | | | | | | | | | | | |
| 6 | 印刷品 | 2.04 | 6,000.00 | 500.00 | 500.00 | 500.00 | 500.00 | 500.00 | 500.00 | 500.00 | 500.00 | 500.00 | 500.00 | 500.00 | 500.00 |
| 7 | 招待费 | 6.11 | 18,000.00 | 1,500.00 | 1,500.00 | 1,500.00 | 1,500.00 | 1,500.00 | 1,500.00 | 1,500.00 | 1,500.00 | 1,500.00 | 1,500.00 | 1,500.00 | 1,500.00 |
| 8 | 办公费 | 3.56 | 10,472.04 | 872.67 | 872.67 | 872.67 | 872.67 | 872.67 | 872.67 | 872.67 | 872.67 | 872.67 | 872.67 | 872.67 | 872.67 |
| 9 | 制装 | 0.00 | — | | | | | | | | | | | | |
| 10 | 工服洗涤 | 0.33 | 960.00 | 80.00 | 80.00 | 80.00 | 80.00 | 80.00 | 80.00 | 80.00 | 80.00 | 80.00 | 80.00 | 80.00 | 80.00 |
| 11 | 电话费 | 6.11 | 18,000.00 | 1,500.00 | 1,500.00 | 1,500.00 | 1,500.00 | 1,500.00 | 1,500.00 | — | — | 1,500.00 | 1,500.00 | 1,500.00 | 1,500.00 |
| 12 | 广告宣传费 | 15.28 | 45,000.00 | 15,000.00 | | | 5,000.00 | 10,000.00 | | | | 5,000.00 | 5,000.00 | 5,000.00 | |
| 13 | 装饰费 | 0.00 | — | | | | | | | | | | | | |
| 14 | 低值易耗品 | 0.00 | — | | | | | | | | | | | | |
| 15 | 清洁用品 | 0.00 | — | | | | | | | | | | | | |
| 16 | 差旅费 | 2.85 | 8,400.00 | 700.00 | 700.00 | 700.00 | 700.00 | 700.00 | 700.00 | 700.00 | 700.00 | 700.00 | 700.00 | 700.00 | 700.00 |

续表

| 序号 | 名称 | % | 预算 | 1月 | 2月 | 3月 | 4月 | 5月 | 6月 | 7月 | 8月 | 9月 | 10月 | 11月 | 12月 |
|---|---|---|---|---|---|---|---|---|---|---|---|---|---|---|---|
| 17 | 管理公司费用 | 0.00 | — | | | | | | | | | | | | |
| 18 | 员工宿舍用品 | 0.00 | — | | | | | | | | | | | | |
| 19 | 汽车使用费 | 0.00 | — | | | | | | | | | | | | |
| 20 | 汽车维修费 | 0.00 | — | | | | | | | | | | | | |
| 21 | 交通费 | 4.07 | 12,000.00 | 1,000.00 | 1,000.00 | 1,000.00 | 1,000.00 | 1,000.00 | 1,000.00 | 1,000.00 | 1,000.00 | 1,000.00 | 1,000.00 | 1,000.00 | 1,000.00 |
| 22 | 培训费 | 0.00 | — | | | | | | | | | | | | |
| 23 | 工会经费 | 0.00 | — | | | | | | | | | | | | |
| 24 | 教育经费 | 0.00 | — | | | | | | | | | | | | |
| 25 | 职工保险 | 0.00 | — | | | | | | | | | | | | |
| 26 | 设备设施大修 | 0.00 | — | | | | | | | | | | | | |
| 27 | 维修费 | 0.00 | — | | | | | | | | | | | | |
| 28 | 卫生防疫 | 0.00 | — | | | | | | | | | | | | |
| 29 | 垃圾清运 | 0.00 | — | | | | | | | | | | | | |
| 30 | 消防维修费 | 0.00 | — | | | | | | | | | | | | |
| 31 | 财务费用 | 0.00 | — | | | | | | | | | | | | |
| 32 | 其他 | 0.00 | — | | | | | | | | | | | | |
| 33 | 合计 | 100.00 | 294,488.04 | 35,790.67 | 20,790.67 | 20,790.67 | 25,790.67 | 30,790.67 | 20,790.67 | 20,790.67 | 20,790.67 | 25,790.67 | 25,790.67 | 25,790.67 | 20,790.67 |

表10-4 饭店财务部管理费用预算(1—12月)

单位:元

| 序号 | 名称 | % | 预算 | 1月 | 2月 | 3月 | 4月 | 5月 | 6月 | 7月 | 8月 | 9月 | 10月 | 11月 | 12月 |
|---|---|---|---|---|---|---|---|---|---|---|---|---|---|---|---|
| 1 | 薪金工资 | 69.64% | 248,400.00 | 20,700.00 | 20,700.00 | 20,700.00 | 20,700.00 | 20,700.00 | 20,700.00 | 20,700.00 | 20,700.00 | 20,700.00 | 20,700.00 | 20,700.00 | 20,700.00 |
| 2 | 福利费 | 9.75% | 34,776.00 | 2,898.00 | 2,898.00 | 2,898.00 | 2,898.00 | 2,898.00 | 2,898.00 | 2,898.00 | 2,898.00 | 2,898.00 | 2,898.00 | 2,898.00 | 2,898.00 |
| 3 | 工作餐 | 11.37% | 40,560.00 | 3,380.00 | 3,380.00 | 3,380.00 | 3,380.00 | 3,380.00 | 3,380.00 | 3,380.00 | 3,380.00 | 3,380.00 | 3,380.00 | 3,380.00 | 3,380.00 |
| 4 | 水费,排污费 | 0.00% | — | | | | | | | | | | | | |
| 5 | 电费 | 0.00% | — | | | | | | | | | | | | |
| 6 | 印刷品 | 1.01% | 3,600.00 | 300.00 | 300.00 | 300.00 | 300.00 | 300.00 | 300.00 | 300.00 | 300.00 | 300.00 | 300.00 | 300.00 | 300.00 |
| 7 | 招待费 | 0.00% | — | | | | | | | | | | | | |
| 8 | 办公费 | 2.02% | 7,200.00 | 600.00 | 600.00 | 600.00 | 600.00 | 600.00 | 600.00 | 600.00 | 600.00 | 600.00 | 600.00 | 600.00 | 600.00 |
| 9 | 制装 | 0.00% | — | | | | | | | | | | | | |
| 10 | 工服洗涤 | 1.40% | 4,992.00 | 416.00 | 416.00 | 416.00 | 416.00 | 416.00 | 416.00 | 416.00 | 416.00 | 416.00 | 416.00 | 416.00 | 416.00 |
| 11 | 电话费 | 3.36% | 12,000.00 | 1,000.00 | 1,000.00 | 1,000.00 | 1,000.00 | 1,000.00 | 1,000.00 | 1,000.00 | 1,000.00 | 1,000.00 | 1,000.00 | 1,000.00 | 1,000.00 |
| 12 | 广告宣传费 | 0.00% | — | | | | | | | | | | | | |
| 13 | 装饰费 | 0.00% | — | | | | | | | | | | | | |
| 14 | 低值易耗品 | 0.00% | — | | | | | | | | | | | | |
| 15 | 清洁用品 | 0.01% | 30.00 | 30.00 | 30.00 | 30.00 | 30.00 | 30.00 | 30.00 | 30.00 | 30.00 | 30.00 | 30.00 | 30.00 | 30.00 |
| 16 | 差旅费 | 0.00% | — | | | | | | | | | | | | |

续表

| 序号 | 名称 | % | 预算 | 1月 | 2月 | 3月 | 4月 | 5月 | 6月 | 7月 | 8月 | 9月 | 10月 | 11月 | 12月 |
|---|---|---|---|---|---|---|---|---|---|---|---|---|---|---|---|
| 17 | 管理公司费用 | 0.00% | — | | | | | | | | | | | | |
| 18 | 员工宿舍用品 | 0.00% | — | | | | | | | | | | | | |
| 19 | 汽车使用费 | 0.00% | — | | | | | | | | | | | | |
| 20 | 汽车维修费 | 0.00% | — | | | | | | | | | | | | |
| 21 | 交通费 | 1.35% | 4,800.00 | 400.00 | 400.00 | 400.00 | 400.00 | 400.00 | 400.00 | 400.00 | 400.00 | 400.00 | 400.00 | 400.00 | 400.00 |
| 22 | 培训费 | 0.00% | — | | | | | | | | | | | | |
| 23 | 工会经费 | 0.00% | — | | | | | | | | | | | | |
| 24 | 教育经费 | 0.00% | — | | | | | | | | | | | | |
| 25 | 职工保险 | 0.00% | — | | | | | | | | | | | | |
| 26 | 设备设施大修 | 0.00% | — | | | | | | | | | | | | |
| 27 | 维修费 | 0.00% | — | | | | | | | | | | | | |
| 28 | 卫生防疫 | 0.00% | — | | | | | | | | | | | | |
| 29 | 垃圾清运 | 0.00% | — | | | | | | | | | | | | |
| 30 | 消防维修费 | 0.00% | — | | | | | | | | | | | | |
| 31 | 财务费用 | 0.00% | — | | | | | | | | | | | | |
| 32 | 其他 | 0.00% | — | | | | | | | | | | | | |
| 33 | 合计 | 100.00% | 356,688.00 | 29,724.00 | 29,724.00 | 29,724.00 | 29,724.00 | 29,724.00 | 29,724.00 | 29,724.00 | 29,724.00 | 29,724.00 | 29,724.00 | 29,724.00 | 29,724.00 |

表 10-5 饭店经营预算（1月—12月）

单位：元

| 序号 | 项目 | % | 预算 | 1月 | 2月 | 3月 | 4月 | 5月 | 6月 | 7月 | 8月 | 9月 | 10月 | 11月 | 12月 |
|---|---|---|---|---|---|---|---|---|---|---|---|---|---|---|---|
| 一、营业收入 | | | | | | | | | | | | | | | |
| 1 | 客务收入 | 84.66 | 10,339,835.60 | 186,426.60 | 107,415.04 | 571,641.64 | 888,144.60 | 1,099,716.40 | 1,031,401.20 | 895,654.40 | 968,924.80 | 1,239,437.44 | 1,124,270.80 | 1,036,858.48 | 1,189,944.20 |
| 2 | 餐务收入 | 15.34 | 1,873,127.32 | 40,424.00 | 31,330.03 | 104,509.90 | 149,400.96 | 168,405.66 | 176,318.40 | 161,635.07 | 177,930.10 | 211,631.92 | 218,625.44 | 212,058.48 | 220,857.36 |
| 3 | 营业收入合计 | 100.00 | 12,212,962.92 | 226,850.60 | 138,745.07 | 676,151.54 | 1,037,545.56 | 1,268,122.06 | 1,207,719.60 | 1,057,289.47 | 1,146,854.90 | 1,451,069.36 | 1,342,896.24 | 1,248,916.96 | 1,410,801.56 |
| 二、营业成本 | | | | | | | | | | | | | | | |
| 4 | 客务成本 | 0.11 | 11,349.29 | 204.18 | 117.86 | 627.14 | 974.82 | 1,207.12 | 1,132.18 | 982.93 | 1,063.49 | 1,360.79 | 1,234.04 | 1,138.14 | 1,306.58 |
| 5 | 餐务成本 | 60.00 | 1,032,280.61 | 22,128.00 | 17,117.81 | 57,726.96 | 81,566.16 | 91,663.20 | 97,032.96 | 88,636.80 | 98,022.00 | 116,523.36 | 120,775.20 | 117,318.96 | 123,769.20 |
| 6 | 营业成本合计 | | 1,043,629.90 | 22,332.18 | 17,235.67 | 58,354.10 | 82,540.98 | 92,870.32 | 98,165.14 | 89,619.73 | 99,085.49 | 117,884.15 | 122,009.24 | 118,457.10 | 125,075.78 |
| 三、营业税金及附加 | | | | | | | | | | | | | | | |
| 7 | 客务税金 | 5.50 | 568,690.96 | 10,253.46 | 5,907.83 | 31,440.29 | 48,847.95 | 60,484.40 | 56,727.07 | 49,260.99 | 53,290.86 | 68,169.06 | 61,834.89 | 57,027.22 | 65,446.93 |
| 8 | 餐务税金合计 | | 103,022.00 | 2,223.32 | 1,723.15 | 5,748.04 | 8,217.05 | 9,262.31 | 9,697.51 | 8,889.93 | 9,786.16 | 11,639.76 | 12,024.40 | 11,663.22 | 12,147.15 |
| 9 | 营业税金合计 | | 671,712.96 | 12,476.78 | 7,630.98 | 37,188.33 | 57,065.01 | 69,746.71 | 66,424.58 | 58,150.92 | 63,077.02 | 79,808.81 | 73,859.29 | 68,690.43 | 77,594.09 |
| 四、工资及福利 | | | | | | | | | | | | | | | |
| 10 | 薪金工资 | 6.51 | 795,600.00 | 66,300.00 | 66,300.00 | 66,300.00 | 66,300.00 | 66,300.00 | 66,300.00 | 66,300.00 | 66,300.00 | 66,300.00 | 66,300.00 | 66,300.00 | 66,300.00 |
| 11 | 职工福利 | 0.91 | 111,384.00 | 9,282.00 | 9,282.00 | 9,282.00 | 9,282.00 | 9,282.00 | 9,282.00 | 9,282.00 | 9,282.00 | 9,282.00 | 9,282.00 | 9,282.00 | 9,282.00 |
| 12 | 工作餐 | 1.35 | 165,360.00 | 13,780.00 | 13,780.00 | 13,780.00 | 13,780.00 | 13,780.00 | 13,780.00 | 13,780.00 | 13,780.00 | 13,780.00 | 13,780.00 | 13,780.00 | 13,780.00 |
| 13 | 工资及福利合计 | 8.78 | 1,072,344.00 | 89,362.00 | 89,362.00 | 89,362.00 | 89,362.00 | 89,362.00 | 89,362.00 | 89,362.00 | 89,362.00 | 89,362.00 | 89,362.00 | 89,362.00 | 89,362.00 |
| 五、营业费用 | | | | | | | | | | | | | | | |
| 14 | 低值易耗品 | 0.00 | — | — | — | — | — | — | — | — | — | — | — | — | — |

续表

| 序号 | 项目 | % | 预算 | 1月 | 2月 | 3月 | 4月 | 5月 | 6月 | 7月 | 8月 | 9月 | 10月 | 11月 | 12月 |
|---|---|---|---|---|---|---|---|---|---|---|---|---|---|---|---|
| 15 | 布草洗涤 | 2.30 | 281,085.95 | 8,566.73 | 4,023.25 | 17,558.68 | 24,851.98 | 28,545.75 | 27,225.52 | 25,504.54 | 26,897.44 | 29,783.25 | 29,535.75 | 27,373.02 | 31,220.04 |
| 16 | 棉织品 | 0.00 | — | — | — | — | — | — | — | — | — | — | — | — | — |
| 17 | 客用品 | 3.20 | 390,577.31 | 11,227.24 | 4,973.89 | 23,867.67 | 34,250.66 | 39,377.30 | 37,844.32 | 35,224.80 | 37,423.01 | 41,839.11 | 41,623.56 | 38,816.26 | 44,109.50 |
| 18 | 清洁用品 | 0.87 | 106,767.31 | 3,258.02 | 2,459.58 | 6,487.26 | 8,974.42 | 9,863.55 | 9,735.28 | 9,630.51 | 10,538.18 | 11,336.43 | 11,212.26 | 11,867.52 | 12,096.29 |
| 19 | 印刷品 | 0.36 | 44,142.33 | 1,487.77 | 574.67 | 2,897.99 | 3,812.90 | 4,499.42 | 4,237.37 | 4,048.84 | 4,198.17 | 4,721.83 | 4,843.30 | 4,414.98 | 4,405.08 |
| 20 | 制装 | 0.00 | — | — | — | — | — | — | — | — | — | — | — | — | — |
| 21 | 电话传真 | 0.34 | 41,984.76 | 1,895.61 | 1,082.67 | 2,965.59 | 3,647.46 | 4,213.56 | 3,941.22 | 3,820.86 | 3,898.89 | 4,259.46 | 4,346.16 | 3,973.75 | 3,939.53 |
| 22 | 玻瓷银 | 0.06 | 7,598.57 | 217.49 | 110.73 | 467.47 | 635.27 | 736.23 | 723.48 | 679.66 | 722.30 | 831.96 | 855.99 | 802.00 | 815.97 |
| 23 | 差旅费 | 0.00 | — | — | — | — | — | — | — | — | — | — | — | — | — |
| 24 | 办公费 | 0.11 | 13,107.81 | 397.69 | 184.13 | 824.69 | 1,108.15 | 1,292.35 | 1,251.49 | 1,182.53 | 1,246.20 | 1,424.00 | 1,463.63 | 1,358.99 | 1,373.95 |
| 25 | 装饰与鲜花 | 0.12 | 14,400.00 | 1,200.00 | 1,200.00 | 1,200.00 | 1,200.00 | 1,200.00 | 1,200.00 | 1,200.00 | 1,200.00 | 1,200.00 | 1,200.00 | 1,200.00 | 1,200.00 |
| 26 | 餐具炊具 | 0.00 | — | — | — | — | — | — | — | — | — | — | — | — | — |
| 27 | 燃料费 | 0.84 | 102,000.00 | 8,500.00 | 8,500.00 | 8,500.00 | 8,500.00 | 8,500.00 | 8,500.00 | 8,500.00 | 8,500.00 | 8,500.00 | 8,500.00 | 8,500.00 | 8,500.00 |
| 28 | 工服洗涤 | 0.22 | 26,400.00 | 2,200.00 | 2,200.00 | 2,200.00 | 2,200.00 | 2,200.00 | 2,200.00 | 2,200.00 | 2,200.00 | 2,200.00 | 2,200.00 | 2,200.00 | 2,200.00 |
| 29 | 招待费 | 0.10 | 12,000.00 | 1,000.00 | 1,000.00 | 1,000.00 | 1,000.00 | 1,000.00 | 1,000.00 | 1,000.00 | 1,000.00 | 1,000.00 | 1,000.00 | 1,000.00 | 1,000.00 |
| 30 | 其他 | 0.00 | — | — | — | — | — | — | — | — | — | — | — | — | — |
| 31 | 营业费用合计 | 8.52 | 1,040,064.04 | 39,950.55 | 26,308.93 | 67,969.34 | 90,180.85 | 101,605.16 | 98,192.68 | 92,714.74 | 97,340.20 | 107,174.04 | 107,086.66 | 100,680.53 | 110,860.36 |
| 六 | 经营利润 | 68.66 | 8,385,212.02 | 62,729.08 | −1,792.51 | 423,277.76 | 718,396.72 | 914,537.87 | 855,575.20 | 727,442.08 | 797,990.18 | 1,056,840.35 | 950,579.05 | 871,726.90 | 1,007,909.34 |
| 七 | 管理费用 | 27.99 | 3,419,002.88 | 276,394.50 | 259,191.86 | 272,627.02 | 286,661.87 | 297,426.28 | 285,916.22 | 282,155.47 | 284,394.60 | 296,999.96 | 294,295.64 | 291,946.15 | 290,993.31 |
| 八 | 利润总额 | 40.66 | 4,966,209.14 | −213,665.42 | −260,984.37 | 150,650.74 | 431,734.85 | 617,111.59 | 569,658.98 | 445,286.61 | 513,595.58 | 759,840.39 | 656,283.41 | 579,780.75 | 716,916.03 |

表10-6 饭店餐饮部经营预算（1月—12月）

单位：元

| 序号 | 项目 | % | 预算 | 1月 | 2月 | 3月 | 4月 | 5月 | 6月 | 7月 | 8月 | 9月 | 10月 | 11月 | 12月 |
|---|---|---|---|---|---|---|---|---|---|---|---|---|---|---|---|
| 一、营业收入 | | | | | | | | | | | | | | | |
| 1 | 食品 | 82.31 | 1,541,746.40 | 32,680.00 | 25,116.40 | 86,938.00 | 122,998.00 | 138,300.00 | 145,428.00 | 133,040.00 | 146,630.00 | 173,448.00 | 179,260.00 | 173,658.00 | 184,250.00 |
| 2 | 饮料、烟 | 9.54 | 178,721.28 | 4,200.00 | 3,413.28 | 9,273.60 | 12,945.60 | 14,472.00 | 16,293.60 | 14,688.00 | 16,740.00 | 20,757.60 | 22,032.00 | 21,873.60 | 22,032.00 |
| 3 | 合计 | 91.85 | 1,720,467.68 | 36,880.00 | 28,529.68 | 96,211.60 | 135,943.60 | 152,772.00 | 161,721.60 | 147,728.00 | 163,370.00 | 194,205.60 | 201,292.00 | 195,531.60 | 206,282.00 |
| 4 | 场租 | 2.25 | 42,223.00 | 1,773.00 | 1,650.00 | 2,500.00 | 3,800.00 | 4,000.00 | 4,200.00 | 3,800.00 | 4,000.00 | 4,000.00 | 4,000.00 | 4,500.00 | 4,000.00 |
| 5 | 足疗、茶室收入 | 5.90 | 110,436.64 | 1,771.00 | 1,150.35 | 5,798.30 | 9,657.36 | 11,633.66 | 10,396.80 | 10,107.07 | 10,560.10 | 13,426.32 | 13,333.44 | 12,026.88 | 10,575.36 |
| 6 | 营业收入合计 | 100.00 | 1,873,127.32 | 40,424.00 | 31,330.03 | 104,509.90 | 149,400.96 | 168,405.66 | 176,318.40 | 161,635.07 | 177,930.10 | 211,631.92 | 218,625.44 | 212,058.48 | 220,857.36 |
| 二、营业成本 | | | | | | | | | | | | | | | |
| 7 | 餐务综合成本 | 60.00 | 1,032,280.61 | 22,128.00 | 17,117.81 | 57,726.96 | 81,566.16 | 91,663.20 | 97,032.96 | 88,636.80 | 98,022.00 | 116,523.36 | 120,775.20 | 117,318.96 | 123,769.20 |
| 8 | 餐务成本合计 | | 1,032,280.61 | 22,128.00 | 17,117.81 | 57,726.96 | 81,566.16 | 91,663.20 | 97,032.96 | 88,636.80 | 98,022.00 | 116,523.36 | 120,775.20 | 117,318.96 | 123,769.20 |
| 三、营业税金及附加 | | | | | | | | | | | | | | | |
| 9 | 营业税金 | 5.50 | 103,022.00 | 2,223.32 | 1,723.15 | 5,748.04 | 8,217.05 | 9,262.31 | 9,697.51 | 8,889.93 | 9,786.16 | 11,639.76 | 12,024.40 | 11,663.22 | 12,147.15 |
| 10 | 餐务税金合计 | | 103,022.00 | | | | | | | | | | | | |
| 四、工资及福利 | | | | | | | | | | | | | | | |
| 11 | 薪金工资 | 18.39 | 344,400.00 | 28,700.00 | 28,700.00 | 28,700.00 | 28,700.00 | 28,700.00 | 28,700.00 | 28,700.00 | 28,700.00 | 28,700.00 | 28,700.00 | 28,700.00 | 28,700.00 |
| 12 | 职工福利 | 2.57 | 48,216.00 | 4,018.00 | 4,018.00 | 4,018.00 | 4,018.00 | 4,018.00 | 4,018.00 | 4,018.00 | 4,018.00 | 4,018.00 | 4,018.00 | 4,018.00 | 4,018.00 |
| 13 | 工作餐 | 3.16 | 59,280.00 | 4,940.00 | 4,940.00 | 4,940.00 | 4,940.00 | 4,940.00 | 4,940.00 | 4,940.00 | 4,940.00 | 4,940.00 | 4,940.00 | 4,940.00 | 4,940.00 |
| 14 | 工资及福利合计 | 24.13 | 451,896.00 | 37,658.00 | 37,658.00 | 37,658.00 | 37,658.00 | 37,658.00 | 37,658.00 | 37,658.00 | 37,658.00 | 37,658.00 | 37,658.00 | 37,658.00 | 37,658.00 |

续表

| 序号 | 项目 | % | 预算 | 1月 | 2月 | 3月 | 4月 | 5月 | 6月 | 7月 | 8月 | 9月 | 10月 | 11月 | 12月 |
|---|---|---|---|---|---|---|---|---|---|---|---|---|---|---|---|
| 五、营业费用 | | | | | | | | | | | | | | | |
| 15 | 低值易耗品 | 0.00 | — | | | | | | | | | | | | |
| 16 | 布草洗涤 | 1.09 | 20,400.00 | 900.00 | 800.00 | 1,500.00 | 1,800.00 | 2,000.00 | 1,900.00 | 1,900.00 | 1,900.00 | 2,000.00 | 2,000.00 | 1,800.00 | 1,900.00 |
| 17 | 棉织品 | 0.00 | — | | | | | | | | | | | | |
| 18 | 客用品 | 1.77 | 33,154.35 | 715.50 | 554.54 | 1,849.83 | 2,644.40 | 2,980.78 | 3,120.84 | 2,860.94 | 3,149.36 | 3,745.88 | 3,869.67 | 3,753.44 | 3,909.18 |
| 19 | 清洁用品 | 2.60 | 48,701.31 | 1,051.02 | 814.58 | 2,717.26 | 3,884.42 | 4,378.55 | 4,584.28 | 4,202.51 | 4,626.18 | 5,502.43 | 5,684.26 | 5,513.52 | 5,742.29 |
| 20 | 印刷品 | 0.40 | 7,492.51 | 161.70 | 125.32 | 418.04 | 597.60 | 673.62 | 705.27 | 646.54 | 711.72 | 846.53 | 874.50 | 848.23 | 883.43 |
| 21 | 制装 | 0.00 | — | | | | | | | | | | | | |
| 22 | 电话传真 | 0.43 | 8,000.00 | 666.00 | 666.00 | 666.00 | 666.00 | 666.00 | 666.00 | 666.00 | 666.00 | 666.00 | 666.00 | 666.00 | 674.00 |
| 23 | 玻瓷银 | 0.21 | 3,933.57 | 84.89 | 65.79 | 219.47 | 313.74 | 353.65 | 370.27 | 339.43 | 373.65 | 444.43 | 459.11 | 445.32 | 463.80 |
| 24 | 差旅费 | 0.00 | — | | | | | | | | | | | | |
| 25 | 办公费 | 0.28 | 5,244.76 | 113.19 | 87.72 | 292.63 | 418.32 | 471.54 | 493.69 | 452.58 | 498.20 | 592.57 | 612.15 | 593.76 | 618.40 |
| 26 | 装饰与鲜花 | 0.00 | — | | | | | | | | | | | | |
| 27 | 餐具炊具 | 0.00 | — | | | | | | | | | | | | |
| 28 | 燃料费 | 5.45 | 102,000.00 | 8,500.00 | 8,500.00 | 8,500.00 | 8,500.00 | 8,500.00 | 8,500.00 | 8,500.00 | 8,500.00 | 8,500.00 | 8,500.00 | 8,500.00 | 8,500.00 |
| 29 | 工服洗涤 | 0.45 | 8,400.00 | 700.00 | 700.00 | 700.00 | 700.00 | 700.00 | 700.00 | 700.00 | 700.00 | 700.00 | 700.00 | 700.00 | 700.00 |
| 30 | 招待费 | 0.00 | — | | | | | | | | | | | | |
| 31 | 其他 | 0.00 | — | | | | | | | | | | | | |
| 32 | 营业费用合计 | 12.67 | 237,326.50 | 12,892.30 | 12,313.96 | 16,863.22 | 19,524.49 | 20,724.14 | 21,040.35 | 20,268.00 | 21,125.12 | 22,997.84 | 23,365.70 | 22,820.28 | 23,391.10 |
| 六 | 经营利润 | 2.59 | 48,602.21 | -34,477.62 | -37,482.89 | -13,486.33 | 2,435.26 | 9,098.01 | 10,889.58 | 6,182.34 | 11,338.82 | 22,812.97 | 24,802.14 | 22,598.03 | 23,891.91 |

表10-7 饭店客务部经营预算（1月—12月）

单位：元

| 序号 | 项目 | % | 预算 | 1月 | 2月 | 3月 | 4月 | 5月 | 6月 | 7月 | 8月 | 9月 | 10月 | 11月 | 12月 |
|---|---|---|---|---|---|---|---|---|---|---|---|---|---|---|---|
| 1 | 可供出租客房 | | 80,665 | 5,525 | 6,851 | 6,188 | 6,851 | 6,630 | 6,851 | 6,630 | 6,851 | 6,851 | 6,630 | 6,851 | 7,956 |
| 2 | 预计出租间数 | | 44,996 | 1,037 | 560 | 2,790 | 4,005 | 4,612 | 4,400 | 4,101 | 4,343 | 4,827 | 4,784 | 4,443 | 5,094 |
| 3 | 客房出租率 | | 55.08% | 18.77% | 8.17% | 45.09% | 58.46% | 69.56% | 64.22% | 61.81% | 63.39% | 70.46% | 72.16% | 64.85% | 64.03% |
| 4 | 平均房价/间 | | 222.10 | 179.00 | 191.33 | 204.35 | 221.27 | 237.94 | 233.92 | 217.89 | 222.61 | 256.28 | 234.50 | 232.88 | 233.18 |
| 一、营业收入 | | | | | | | | | | | | | | | |
| 5 | 房费 | 99.78% | 10,317,536.00 | 185,621.00 | 107,146.00 | 570,130.00 | 886,199.00 | 1,097,382.00 | 1,029,258.00 | 893,572.00 | 966,812.00 | 1,237,086.00 | 1,121,854.00 | 1,034,675.00 | 1,187,801.00 |
| 6 | 其他 | 0.22% | 22,299.60 | 805.60 | 269.04 | 1,511.64 | 1,945.60 | 2,334.40 | 2,143.20 | 2,082.40 | 2,112.80 | 2,351.44 | 2416.8 | 2183.48 | 2,143.20 |
| 7 | 营业收入合计 | 100.00% | 10,339,835.60 | 186,426.60 | 107,415.04 | 571,641.64 | 888,144.60 | 1,099,716.40 | 1,031,401.20 | 895,654.40 | 968,924.80 | 1,239,437.44 | 1,124,270.80 | 1,036,858.48 | 1,189,944.20 |
| 二、营业成本 | | | | | | | | | | | | | | | |
| 8 | 客务成本 | 0.11% | 11,349.29 | 204.18 | 117.86 | 627.14 | 974.82 | 1,207.12 | 1,132.18 | 982.93 | 1,063.49 | 1,360.79 | 1,234.04 | 1,138.14 | 1,306.58 |
| 9 | 客务成本合计 | | 11,349.29 | 204.18 | 117.86 | 627.14 | 974.82 | 1,207.12 | 1,132.18 | 982.93 | 1,063.49 | 1,360.79 | 1,234.04 | 1,138.14 | 1,306.58 |
| 三、营业税金及附加 | | | | | | | | | | | | | | | |
| 10 | 客务税金 | 5.50% | 568,690.96 | 10,253.46 | 5,907.83 | 31,440.29 | 48,847.95 | 60,484.40 | 56,727.07 | 49,260.99 | 53,290.86 | 68,169.06 | 61,834.89 | 57,027.22 | 65,446.93 |
| 11 | 客务税金合计 | 5.50% | 568,690.96 | 10,253.46 | 5,907.83 | 31,440.29 | 48,847.95 | 60,484.40 | 56,727.07 | 49,260.99 | 53,290.86 | 68,169.06 | 61,834.89 | 57,027.22 | 65,446.93 |
| 四、工资及福利 | | | | | | | | | | | | | | | |
| 12 | 薪金工资 | 4.36% | 451,200.00 | 37,600.00 | 37,600.00 | 37,600.00 | 37,600.00 | 37,600.00 | 37,600.00 | 37,600.00 | 37,600.00 | 37,600.00 | 37,600.00 | 37,600.00 | 37,600.00 |
| 13 | 职工福利 | 0.61% | 63,168.00 | 5,264.00 | 5,264.00 | 5,264.00 | 5,264.00 | 5,264.00 | 5,264.00 | 5,264.00 | 5,264.00 | 5,264.00 | 5,264.00 | 5,264.00 | 5,264.00 |
| 14 | 工作餐 | 1.03% | 106,080.00 | 8,840.00 | 8,840.00 | 8,840.00 | 8,840.00 | 8,840.00 | 8,840.00 | 8,840.00 | 8,840.00 | 8,840.00 | 8,840.00 | 8,840.00 | 8,840.00 |
| 15 | 工资及福利合计 | 6.00% | 620,448.00 | 51,704.00 | 51,704.00 | 51,704.00 | 51,704.00 | 51,704.00 | 51,704.00 | 51,704.00 | 51,704.00 | 51,704.00 | 51,704.00 | 51,704.00 | 51,704.00 |

续表

| 序号 | 项目 | % | 预算 | 1月 | 2月 | 3月 | 4月 | 5月 | 6月 | 7月 | 8月 | 9月 | 10月 | 11月 | 12月 |
|---|---|---|---|---|---|---|---|---|---|---|---|---|---|---|---|
| 五、营业费用 | | | | | | | | | | | | | | | |
| 16 | 低值易耗品 | 0.00% | | | | | | | | | | | | | |
| 17 | 布草洗涤 | 2.52% | 260,685.95 | 7,666.73 | 3,223.25 | 16,058.68 | 23,051.98 | 26,545.75 | 25,325.52 | 23,604.54 | 24,997.44 | 27,783.25 | 27,535.75 | 25,573.02 | 29,320.04 |
| 18 | 棉织品 | 0.00% | — | | | | | | | | | | | | |
| 19 | 客用品 | 3.46% | 357,422.96 | 10,511.74 | 4,419.35 | 22,017.84 | 31,606.26 | 36,396.52 | 34,723.48 | 32,363.86 | 34,273.65 | 38,093.23 | 37,753.89 | 35,062.82 | 40,200.32 |
| 20 | 清洁用品 | 0.56% | 58,066.00 | 2,207.00 | 1,645.00 | 3,770.00 | 5,090.00 | 5,662.00 | 5,485.00 | 5,151.00 | 5,428.00 | 5,912.00 | 5,834.00 | 5,528.00 | 6,354.00 |
| 21 | 印刷品 | 0.35% | 36,649.82 | 1,326.07 | 449.35 | 2,479.95 | 3,215.30 | 3,825.80 | 3,532.10 | 3,402.30 | 3,486.45 | 3,875.30 | 3,968.80 | 3,566.75 | 3,521.65 |
| 22 | 制装 | 0.00% | — | | | | | | | | | | | | |
| 23 | 电话传真 | 0.33% | 33,984.76 | 1,229.61 | 416.67 | 2,299.59 | 2,981.46 | 3,547.56 | 3,275.22 | 3,154.86 | 3,232.89 | 3,593.46 | 3,680.16 | 3,307.75 | 3,265.53 |
| 24 | 玻瓷银 | 0.04% | 3,665.00 | 132.60 | 44.94 | 248.00 | 321.53 | 382.58 | 353.21 | 340.23 | 348.65 | 387.53 | 396.88 | 356.68 | 352.17 |
| 25 | 差旅费 | 0.00% | — | | | | | | | | | | | | |
| 26 | 办公费 | 0.08% | 7,863.05 | 284.50 | 96.41 | 532.06 | 689.83 | 820.81 | 757.80 | 729.95 | 748.00 | 831.43 | 851.48 | 765.23 | 755.55 |
| 27 | 装饰与鲜花 | 0.14% | 14,400.00 | 1,200.00 | 1,200.00 | 1,200.00 | 1,200.00 | 1,200.00 | 1,200.00 | 1,200.00 | 1,200.00 | 1,200.00 | 1,200.00 | 1,200.00 | 1,200.00 |
| 28 | 餐具炊具 | 0.00% | — | | | | | | | | | | | | |
| 29 | 燃料费 | 0.00% | — | | | | | | | | | | | | |
| 30 | 工服洗涤 | 0.17% | 18,000.00 | 1,500.00 | 1,500.00 | 1,500.00 | 1,500.00 | 1,500.00 | 1,500.00 | 1,500.00 | 1,500.00 | 1,500.00 | 1,500.00 | 1,500.00 | 1,500.00 |
| 31 | 招待费 | 0.12% | 12,000.00 | 1,000.00 | 1,000.00 | 1,000.00 | 1,000.00 | 1,000.00 | 1,000.00 | 1,000.00 | 1,000.00 | 1,000.00 | 1,000.00 | 1,000.00 | 1,000.00 |
| 32 | 其他 | 0.00% | — | | | | | | | | | | | | |
| 33 | 营业费用合计 | 7.76% | 802,737.54 | 27,058.25 | 13,994.97 | 51,106.12 | 70,656.36 | 80,881.02 | 77,152.33 | 72,446.74 | 76,215.08 | 84,176.20 | 83,720.96 | 77,860.25 | 87,469.26 |
| 六、 | 经营利润 | 80.63% | 8,336,609.81 | 97,206.70 | 35,690.38 | 436,764.09 | 715,961.47 | 905,439.86 | 844,685.62 | 721,259.74 | 786,651.36 | 1,034,027.39 | 925,776.91 | 849,128.87 | 984,017.43 |

# 作者简介

盛鹏,大学学历,1992年进入酒店业工作,曾先后在多家高星级酒店任职,历任部门经理、总监、驻店经理、总经理等职。其间参与和主持了多家酒店的筹备开业工作,具有丰富的酒店筹备和管理经验。

2003年进入酒店顾问公司,曾参与和主持了北京华腾美居酒店、辽宁辽展饭店等多家酒店的定位策划方案;北京金融街威斯汀酒店、北京湖南大厦、北京金融街丽思·卡尔顿酒店等多家酒店的前期功能布局优化设计;北京首都机场希尔顿酒店、北京朗豪酒店、2014年APEC接待酒店、北京日出东方凯宾斯基酒店等多家酒店的OS&E专家评审工作。在酒店的前期定位和产品策划、功能布局优化设计、开业筹备管理、经营管理评估等专业领域取得了一定成就,并获得了业界的认可。其间取得了瑞士洛桑酒店管理教育学院的高级经理认证、中国饭店协会高级职业经理人,并被聘为中瑞酒店管理学院高级培训师,发表的专业文章在《中国旅游报》上获得多期连载。